MEMOIRES

POUR SERVIR 'A

L'HISTOIRE

DE NOTRE TEMS,

PAR-RAPPORT 'A

LA REPUBLIQUE

DES PROVINCES UNIES,

RECUEILLIS

DU HOLLANDOIS.

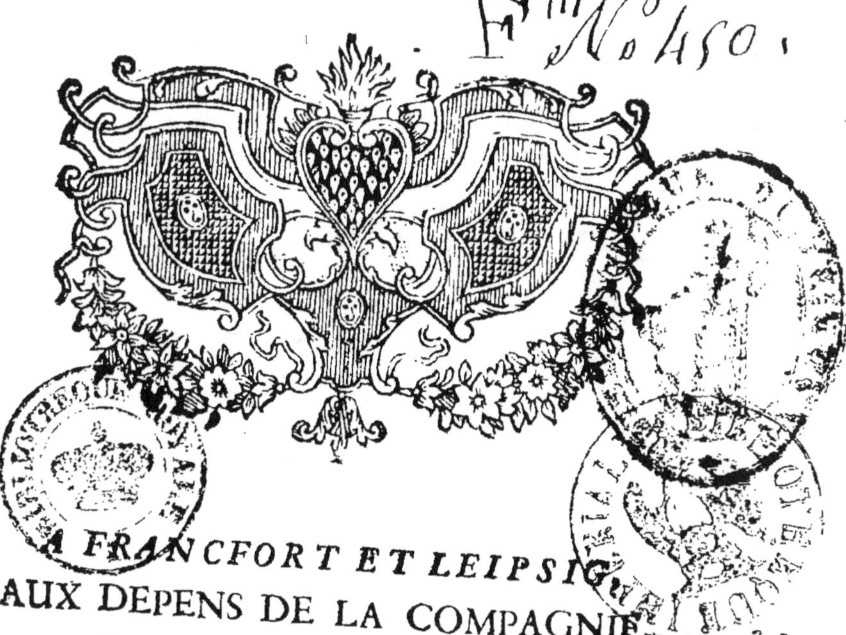

A FRANCFORT ET LEIPSIG,

AUX DEPENS DE LA COMPAGNIE.

MDCCLIX.

MEMOIRES

POUR SERVIR 'A
L'HISTOIRE
DE NOTRE TEMS,
PAR-RAPPORT 'A
LA HOLLANDE.

INTRODUCTION.
ELOGE DE LA NEUTRALITE, PAR UN MEMBRE DE LA REGENCE DE LA REPUBLIQUE.

SI jamais la neutralité à été salutaire à un peuple ou à un Empire, elle l'eſt à preſent ſur tout à nous. Rendons en graces à la louable ſageſſe des Peres de la Patrie, nous tous, dans les veines deſquels il coule un ſang pur.

Ils

* Qu'on ne s'étonne point du *Stile* poetique de cette Piéce, puis qu'elle eſt traduite du *Poëme Hollandois*, intitulé *Lóf der Neutraliteit.*

A 2

Ils nous conservent la paix; ils ne veulent pas la guerre; contents de l'étendue de leur domination, pourvu quelle soit assurée & tranquille, ils ne pensent point à l'augmenter. Quelle obligation la Patrie ne leur a-t-elle pas! Ils conservent la Patrie dans son eclat, les troubles sont hors d'elle, & demeureront éloignés d'elle, s'ils soutiennent la neutralité. C'est ce qu'ils ont fait, & le font encore avec soin pour l'amour de leur peuple. Le feu de la guerre s'alluma hors de nos frontières & la Paix nous console. La Neutralité, nous est une muraille d'airain, un Rampart très fort, à l'abri duquel nous réposons en toute seureté: cette heureuse neutralité éloigne de nos cheres côtes toute guerre. C'est elle, qui est le fondement sur lequel le marchand batit, en confiant ses navires à la mer. Le commerce est toujours le Nerf de ce Païs, & le marchand peut-il gagner dans le feu de la guerre? C'est ainsi que la Meuse & l'Y fleurissent, toujours couvertes de mille vaisseaux rangés en hayes. La neutralité nous donne la *jouissance* de toutes ces choses, c'est pourquoi je veux chanter sa louange. On ne peut assez remercier les Etats de leur fidele administration, qui garantit le Citoyen de tous les malheurs que la guerre entraine avec elle. C'est la neutralité qui nous met à Couvert de

tous

tous ces maux; nous ne sommes pas effrayés du bruit des trompettes ni du tonnère foudroyant qui retentit dans les Camps.   On ne sauroit assez la celebrer, nous lui devons nôtre Répos & le plaisir de joüir des fruits de nos campagnes, qu'une main ennemie ne moissonne point, le païsan respire tranquilement à l'abri des monceaux de ses grains & nous avons droit de voguer sur l'empire de Neptune sans craindre les dangers ni les Insultes.

Elle est un puissant appui du Bien public, une seureté pour les Commerçans du Païs; elle leur ouvre des trésors & double le gain des Marchands. Notre Flandre fleurit; *Flacqué* n'est pas dans le malheur, qu'il éprouva autrefois lorsque la France vint fondre sur nous, pour nous punir d'avoir envoié nos trouppes contre elle. La Neutralité est une source de bien pour l'Etat dans cette circonstance.   Nous haïssons la guerre comme amis de la paix; si nous la conservons, tous les autres biens suivront.

Quel traité pouvions-nous conclure? & avec quelle Puissance voudroit on nous engager à prendre parti dans cette guerre? Pour quelle raison l'Etat devroit-il rompre la Paix, & troubler le repos des citoyens en se mêlant dans des querelles étrangères? Si d'autres peuples se plaisent sur le théatre des massacres, ce

A 3   n'est

n'eſt point ainſi que doit penſer la Hollande, elle n'a point d'alliance qui l'oblige à ſe trahir elle même pour aſſiſter les autres. Pourquoi engager la Patrie dans une guerre dont le feu conſumeroit nos forces & nos frontières? Pourquoi la forcer d'y prendre part contre ſes intérèts? Et ſi toute fois on devroit prendre un parti, à qui donneroit t-on des trouppes? Au Pruſſien? Quel traité l'exige de nous? il n'eſt deja que trop fort, & s'il venoit à l'etre davantage, nous ſérions expoſés à ſa prédominance. Ou devroit on ſecourir l'Angleterre & donner nos trouppes à un peuple qui opprime nôtre Commerce & enléve nos vaiſſeaux; qui ſans avoir égard au Pavillon ni à la Parole des Capitaines, les arrête dans leur courſe, ou les rançonne? nos trouppes doivent - elles être la recompenſe de pareils attentats? qui peut donc nous porter à la ſecourir? s'il c'eſt la Religion que l'on y profeſſe, il faudroit faire voir à nos peuples un fondement légitime de ce motif. Le Roi de Pruſſe n'a-t-il pas lui même jugé ce différend? n'eſt-il pas clair, que la guerre ne procede pas de là; Pourquoi voudroit-on y mèler ce Païs, ſous l'apparence d'une alliance? C'eſt donc avec Raiſon que l'Etat de Hollande ſe tient tranquille & demeure impartial dans cette guerre. Si quelques
mecon-

mécontens en sont envieux, qu'importe; le ciel même ne peut pas contenter un chacun. Où est le peuple qui n'a pas de mécontens? Il y en a partout & surtout dans les Païs libres; & ceux qui ont le gouvernement en main, ont rarement toutes les qualités, & ils sont quelques fois assez malheureux de devenir le sacrifice de la haine d'un peuple furieux. Athene nous en fournit des exemples, elle a banni ses défenseurs comme des scelerats : ce malheur est arrivé à plusieurs; heureux encore s'ils en avoient été quittes pour cela, & si on avoit respecté leurs jours.   Lacedemone nous en donne aussi plus d'un exemple.   Combien de Heros n'y a-t-on pas vû, innocemment ou bannis, ou immolés par le peuple fougueux? Ces nuages de sedition ont obscurci fort souvent l'ancienne Rome.   Un Marcus Furius avec bien d'autres Héros, éprouverent la rage insensée d'une populace effrenée.   Les plus grands Héros qui avoient fait par leur courage & par la valeur de leur bras le bonheur de la Patrie, pour récompence de leurs Exploits ont été exilés ou enfermés; quelquefois la haine d'un peuple inconstant alloit même jusqu'à les condamner comme traitres,   indignes des charges, des honneurs, de la liberté & de la vie, qu'on leur arrachoit.

A 4

Com-

Comment la Patrie peut-elle affez louer les Etats, qui ne faifant pas attention à ce que le vulgaire loue ou condamne, n'envifagent que le Bien public; qui étant juftifiés par leur Confcience, ne craignent pas la haine du peuple. Quelle marque de Réconnoiffance la patrie leur peut-elle donner, de ce qu'ils prennent des mefures fages, qui affurent la fortune & le repos des citoyens? Quelle Réconnóiffance ne leur doivent pas les negotians, que la guerre ne contraint point à être errans, mais joüiffant des fruits de la paix dans le Païs, voient briller leurs pavillons fur une mer tranquile. Ils envoient librement leurs flottes dans toutes les parties du monde, ils ne craignent pas des gens de guerre, qui troublent leur répos, ils portent leur commerce en tout lieu, fans rien craindre, fi ce n'eft la violence des vagues orageufes. C'eft la neutralité qui leur procure l'avantage d'ôfer naviger librement, de confier fans crainte leurs vaiffeaux aux ondes, comme fi toute la terre étoit en paix. La neutralité entretient le commerce dans ce païs. La louange des Etats eft écrite dans les Cœurs fideles des Commerçans de Hollande, & durera auffi long tems qu'on verra en ce païs le Soleil fe lever & fe coucher. Erigeons un monument

ment en l'honneur de la Régence, qui fait ceder fon intérêt propre à l'intérêt commun,
& méprife la haine du peuple mal intentioné;
qui fe repofant fur la pureté de fa Confcience,
remet fon deftin au ciel; contente de nous delivrer de la guerre & de conferver par la Neutralité le répos de l'Etat, elle épargne notre argent, & le Commerce fleurit pas fes foins;
les violences & l'epée de l'ennemi demeurent
éloignées de nous, & nos femmes ne font pas
deshonorées, ni la corde jettée au col de la
Pucelle de Hollande. Nous voyons le glaive
de loin avec douleur, quoiqu'il ne foit pas ai-
guifé pour nous. Nous fémons, nous moifon-
nons fans aucun empêchement. Aucun Général d'Armée ne vient inquietter nos Ports,
tout eft fûr, tranquile & fans apprehenfion.
Nous dormons fur nos duvets à l'ombre des
oliviers verds. Nous ne craignons ni feu, ni
epée, ni Cavàllier, ni foldat. Nous nous
couchons & nous nous levons fans crainte; la
Neutralité a diffipé nos frayeurs, & nous
a donné le Calme; la Neutralité nous eft une
Cidatelle imprennable, un précieux tréfor.

A 5   De

De quoi murmure-t-on ? Pourquoi fait-on courrir dans la plûpart des Villes des pasquinades & des papiers féditieux ? Pourquoi depeint-on comme mauvais la conduite de plufieurs des Régens ? trahiffent-ils la Patrie ? leurs actions font-elles puniffables ? pourquoi ne pas parler à cœur ouvert & publiquement ? tout ordre & toute fubordination font boulverfés par une façon d'agir auffi perverfe.   On voit la lumière & on choifit l'obfcurité comme le hibou, qui fuit le plein jour & ne paroit que dans les tenebres, qui font horreur aux autres ; Auffi ce monftre ne vole que de nuit, & jamais quand il fait jour ; il n'a ni honneur ni confideration. Il accufe contre toute Raifon, les fideles Régens.   Il tache de jetter l'effroi dans les cœurs du peuple timide, en effaïant de lui perfuader que les Seigneurs, qu'il nomme, trahiflent la Patrie, & s'entendent avec la France.   Il reprefente la France comme perfide envers les Etats, & Louis XV. comme un Prince fur la bonne foi du quel on ne devroit pas fe répofer. Il déchire les Regens du Païs, les nomme une engence de Louvenftein, & il mord dans fa
rage

rage tous ceux qu'il rencontre dans son chemin. On l'entend prononcer les mots : Faction, trahison, aussi inconnus à lui, qu'à l'Abbé.... l'Esquif Turc : il crie aux Arminiens, à la perfidie, & ceux qui ne veulent pas se liguer avec lui, sont ennemis de l'Etat.   Ces gens veulent qu'on leve des trouppes, qu'on dresse des Camps! qui s'y oppose, disent-ils, cherche la perte de la Hollande.   Cela est-il bien vrai? Pourquoi donc n'accuse-t-on pas ces Messieurs devant le juge? ils seront ajournés, & alors il faudra prouver ce que l'on répend contre eux.   S'il y a une faction contre l'Etat, démontrez-la,   on connoit encore la justice dans le Païs.   La populace est comme un cheval sans bride,   si par un mal entendu elle venoit à se soulever contre ses superieurs: C'est ce qu'on cherche d'effectuer, c'est l'objet & le but des discours de ces gens ; Mais Dieu en préserve le peuple.   Le chemin de la Justice est libre à chacun, & ce chemin est le plus sûr; tacher d'exciter le peuple&le faire attrouper contre quelqu'un qui a pû commettre une faute, c'est ce que font ceux, qui manquant de preuves, recourent à la calomnie & au mensonge.

Nous

Nous vivons dans un païs où nous avons des juges, exacts obfervateurs de leur dévoir, un traitre de la Patrie ne demeurera pas impuni; Mais ceux qui, femblables aux chiens, aboïent à un chacun, & attaquent la raifon même, ne méritent pas d'être écoutés des Souverains, & encore moins que le juge y faffe attention. Un bon juge, qui obferve fidelement fon dévoir, condamnera toujours dans fon ame de telles gens.   Il ne voudra pas faire récherche d'un accufé, quand l'accufateur cache fon nom, n'ayant garde de fe faire connoitre ni au juge ni au peuple.   Car il fe rend lui même fufpect dès qu'il veut détracter la reputation d'autrui, exciter par méchanceté le zéle du juge, & cacher fon nom, de crainte d'être puni.   Un juge ne prononce que fur les chofes qui lui font démontrées, non pas fur un écrit, dont l'auteur lui même femble avoir peur, qu'il difperfe de nuit dans les rues, afin que les citoyens le trouvent quand le foleil répand fes rayons fur la terre, & par cette rufe foyent excités à une Revolte contre leurs fupe-rieurs, par un Méchant qui ne prouve n'i ne

peut

peut prouver rien devant le juge, & qui fera abhorré de tous ceux qui nous veulent du bien.   Quiconque a des intentions pures, prendra le droit chemin pour affermir nôtre repos & notre feureté commune.

Si quelqu'un de ces Meffieurs, que vous calomniez dans vos écrits, avoit l'ame auffi baffe & auffi vile que vous, pour foulever le peuple & la Patrie que vous trahiffez, & fi l'on difoit qu'avides de gain laches, & perfides, Vous rempliffez vos bourfes de l'argent de l'Etat, que vous étes d'intelligence avec l'ennemi, que vous vendez le fang innocent, & mettez aux fers & aux cachots les bons citoiens ; que diriez-vous ? ne crieriez vous pas vangeance, en vous plaignant au juge d'une fi grande injure ? ne demanderiez-vous pas réparation d'honneur, en criant hautement au meurtre! à l'Affaffin! Ne penfez-vous donc pas, que ces Meffieurs en difent autant, & qu'ils ne portent vôtre action devant le tribunal de Dieu! Prouvez donc vos accufations; ou croiez-vous convaincu de calomnie. Taifez-vous à l'avenir, & faites un meilleur ufage de vôtre plume, en

ne

ne vomiſſant plus des injures contre vos compa-triotes ; emploiez mieux le tems qui s'envole, afin que le public ne ſoit plus troublé par vous, ni le ſang innocent en danger d'etre verſé au lieu du vôtre, qui ſeul eſt coupable: ne vous mettez plus en peine de ce qui eſt au de là de vôtre ſphere ; laiſſez le ſoin du gouvernement à vos legitimes ſuperieurs: ce ſera le moyen le plus ſûr & le plus raiſonnable, de vivre en paix, & vous joüirez du répos, de la liberté & du bonheur, que nous donne à preſent la Neutralité, quoique la moitié du monde ſoit deſolé par la guerre.*

* Les dernières pages font alluſion à une pas-quinade imprimée, & repandue la nuit dans les rues de la Haye, contre Mr. de Back, que la Cour Stad-houdrienne a démis un an après de ſes Charges.

MEMOIRES
POUR SERVIR 'A
L'HISTOIRE
DE NOTRE TEMS,
PAR-RAPPORT 'A
LA HOLLANDE.

2.

PRÉCIS DES FAITS, PAR RAPPORT AUX TROUBLES PRÉSENTS DE LA HOLLANDE.

*Lettre d'un Seigneur Hollandois.**

MONSIEUR!

Vous voulez que je dise mon sentiment sur l'augmentation proposée des troupes de la Republique, & que je detaille les raisons qui pourroient la faire admettre ou rejetter?

Quand on considere la conduite que ceux qui s'appellent *Stadhoudersgezinde*, amis du Stadhouder, ont tenu, & comme ils ont tâché de noircir tous ceux qui ne pensoient pas comme

B

* L'Original est intitulé: *Missive van een Hollandsch Heer.*

me eux, en les nommant *Franschgesinde Louvesteiners* * (nom, qui n'auroit jamais dû être connu, ou du moins qui devroit être enseveli dans un éternel oubli.) Quand on considere dis-je, d'un œil attentif, la conduite de ces écrivains, on y voit, clairement, une envie decidée d'exciter des troubles & des discordes, & de soulever les membres de la Republique contre leurs Superieurs legitimes.

Au Commencement des hostilités entre la France & l'Angleterre, quelques citoyens étoient d'avis qu'il falloit se ranger du parti de la Cour de Londres. Si ce Conseil avoit été suivi, la Republique se seroit engagée dans une guerre si ruineuse, que vraisemblablement elle seroit à present à la veille de sa perte, si cela n'étoit déja fait. Et qu'arriva-t-il alors? On vit d'abord paroître quantité d'Ecrits, qui décidoient hardiment non seulement une question, sur laquelle les Souverains déliberoient encore, mais qui ôsoient même réprésenter de la manière

* Partisans de la France & de la Faction de Louvestein. *Louvestein*, dont il est parlé ici, est une Forteresse située sur la Meuse, au dessus de Dord. C'est là que du tems de De Witt le Stadhouder a fait emprisonner ceux qui s'étoient opposés à ses volontés, comme ceux qui l'ont empêché de se rendre maitre de la Ville d'Amsterdam. Le Parti Stadhoudrien & Anglois, a nommé depuis *Faction de Louvestein* & de la France, tous ceux qu'il croit contraires au Stadhouder.

niére la plus odieuse ceux qui se déclaroient contre le secours qu'ils vouloient qu'on donnât à
l'Angleterre; on les dépeignit comme des *Traitres,*
partisans de la France & de la Faction de Lou-
vestein, Ennemis de la Patrie, de la Liberté &
de la Religion. Que peut-on juger d'une pareille maniére d'agir, si non que ces gens ont taché
de persuader au peuple, qu'on étoit obligé
d'envoyer au secours de l'Angleterre des trouppes
& des vaisseaux, & d'occasionner une revolte
par leurs propos seditieux, si les Chefs de l'Etat
n'avoient pas la même idée.

Mais heureusement le peuple ne s'est pas laissé persuader, il s'est tenu tranquille, & les Etats
du Païs conclurent de ne point envoyer du secours à l'Angleterre, & d'observer de l'autre
côté une Neutralité exacte; d'où il arriva, que
ceux qui pensoient ainsi, furent envain decriés
comme partisans de la France, & ennemis de
la Patrie, & ils ont été justifiés pas l'événement,
parceque c'est par leurs avis que notre République a conservé le repos & la Paix, pendant
qu'une grande partie de l'Europe est consumée
par le feu devorant de la guerre.

Mais ces gens qui vouloient alors qu'on en-
voiât des secours à l'Angleterre, se sont-ils te-
nus tranquilles? Point du tout. On vit vers
la fin de l'an 1756. paroître un livre, dont
l'objet étoit d'exciter une sedition en animant
ceux du parti Anglois. P. Le Clerc trouva

B 2

bon

bon de peindre le Caractère du Grand Penfion-
naire de *Witt*, & la faction de *Louveftein*, avec
les Couleurs les plus odieufes, & tachoit même,
de faire fur l'efprit du peuple une impreffion
qui lui fit croire que la plûpart des Regens du
Pais panchoient pour cette pretendue *faction
pernicieufe à la patrie*, (c'eft ainfi qu'ils la nom-
moient:) Et fi quelqu'un entreprenoit de juftifier la memoire de ce grand Homme d'Etat,
on voyoit auffi-tôt fortir de cette fource, une
foule de brochures, l'une plus odieufe que l'autre, mais difant toutes, que beaucoup de citoyens & une grande partie de la Régence,
ayant les mêmes Maximes que defunt de Witt,
étoient d'un fentiment préjudiciable & pernicieux à la Liberté & à la Religion.

Ce deffein, d'exciter querelle & fédition, heu-
reufement a echoüé. Touttes ces Calomnies,
cette furie, ces clameurs contre la faction ap-
pellée de Louveftein, n'a fait aucune impreffion fur l'efprit des bons patriotes, & nôtre
chere patrie eft démeuré en répos au dedans
auffi bien qu'au déhors. Les mutins voyant par
la tranquilité qui regnoit, que leurs projets ne
pouvoient réuffir, emploierent d'autres moyens
pour atteindre leur but. On vit déchirer d'a-
bord, d'une maniere deteftable, dans une pas-
quinade intitulée *Avertiffement*, le brave *Mr.
de Back*, ce fidele Magiftrat, comme le chef
du Parti de Louveftein. Et comme fi cela ne
fuf-

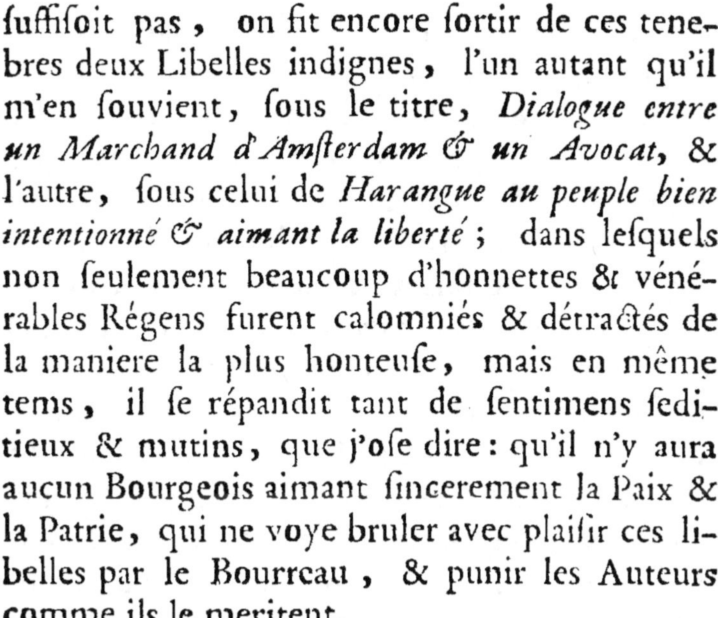

ſuffiſoit pas , on fit encore ſortir de ces tenebres deux Libelles indignes , l'un autant qu'il
m'en ſouvient, ſous le titre, *Dialogue entre
un Marchand d'Amſterdam & un Avocat*, &
l'autre, ſous celui de *Harangue au peuple bien
intentionné & aimant la liberté*; dans leſquels
non ſeulement beaucoup d'honnettes & véné-
rables Régens furent calomniés & détractés de
la maniere la plus honteuſe, mais en même
tems, il ſe répandit tant de ſentimens ſeditieux & mutins, que j'oſe dire : qu'il n'y aura
aucun Bourgeois aimant ſincerement la Paix &
la Patrie, qui ne voye bruler avec plaiſir ces libelles par le Bourreau , & punir les Auteurs
comme ils le meritent.

Voilà Monſieur, l'enchainement des écrits
publiés depuis trois ans ſur les affaires politiques de nôtre païs; d'où, je crois, vous n'aurez pas manqué de voir clairement le deſſein
des Ecrivains, s'ils ne l'avoient pas aſſez fait
connoitre dans leurs écrits. Je remets auſſi à
vôtre jugement, Monſieur, ſi l'on doit attribuer à ce principe ou non, la publication des
Remarques Patriotiques, ainſi que *des propoſitions
de Son Alteſſe Royale, ſur une augmentation à
faire*, qui ſe ſont répanduës: on m'a même
aſſuré que ces productions ont été diſtribuées &
luës dans les maiſons & ruës écartées, & même
dans les Cabarets, afin d'exciter le peuple à une
Révolte contre ſes Régens; je ne puis penſer,

B 3

que

que la Princesse sache la moindre particularité de ces indignes manœuvres. Cependant, quoique je sois d'avis, que dans un Etat libre, les esprits, les langues & les plumes doivent être libres & sans contrainte, pourvû qu'on demeure dans les bornes de la bienséanse; quoique, dis je, je sois de ce sentiment, comme un des plus grands partisans de la liberté, je crois néanmoins, qu'un bon citoyen ne voudra pas abuser de la liberté pour décider dans des écrits publics ce qui est actuellement encore le sujet des déliberations des superieurs; d'autant plus, que de ces décisions prématurées il peut résulter de dangereuses suites pour la République. Supposé Monsieur, que *les Rémarques Patriotiques* eussent fait sur les Esprits des Hollandois l'effet qu'on en esperoit, & qu'elles les eussent persuadé, qu'une augmentation étoit absolument nécessaire au bien de la Patrie, (ce qui est au moins l'objet des écrivains,) qu'est ce qu'il en résulteroit? Ou que les Etats seroient gênés, par là, dans leurs délibérations, & contraints de suivre un sentiment opposé à l'intérêt public: ou qu'ils s'attireroient la haine du peuple en regardant la chose tout autrement, & resolvant de ne point faire d'augmentation. Par là nôtre Païs se verroit de nouveau exposé aux tumultes, aux revoltes & à tous les desastres qui d'ordinaire viennent des troubles intestins.

Ce-

Cependant c'eſt pour effacer la mauvaiſe impreſſion, que les *Rémarques Patriotiques* pourroient avoir faites, que j'ai pris le parti de faire imprimer ma lettre, parceque je m'imagine qu'elle pourra être utile en quelque façon à mes concitoïens. Car, la *propoſition de Son AlteſſeRoyale* étant répandue parmi tout le peuple, & les *Rémarques Patriotiques* ayant été pareillement imprimées & publiées quelque tems après, pour perſuader aux citoyens, qu'il étoit abſolument néceſſaire de faire une augmentation des forces militaires de l'Etat; je crois qu'il eſt à propos, auſſi, que ce que l'on peut dire contre l'augmentation, ſoit rendû public. Et tout convaincu que je ſuis, que S. A. Royale n'a propoſé & tant preſſé l'augmentation dans l'Aſſemblée de Leurs Hautes Puiſſances, que pour l'amour & pour le Bien de la Patrie; & tout enclin que je ſuis de croire que les Arguments ſur leſquels ſe fonde la *Propoſition* de S. A. Royale, ſont d'un grand Poids; Je crois pourtant auſſi, que ceux de l'Aſſemblée qui ne veulent pas conſentir à l'augmentation, ſont animés par le même Zele pour le Bien public, & ne s'y ſont oppoſés, par aucune autre raiſon, que parce qu'ils la croyoient impoſſible & inutile. Comme donc les Argumens contre l'augmentation m'ont ſemblé les plus forts & de plus de poids, J'ai jugé, qu'il ne ſeroit pas deſagréable à mes Concitoyens, de les leur expoſer un peû am

B 4

ple-

plement, pour éclairer les moins experimentés, & non pas, pour perſuader que l'augmentation ne doit abſolument pas ſe faire, (car la deciſion en appartient aux Etats du Païs); mais uniquement pour faire voir aux citoyens, qu'il y a autant de fortes Raiſons qui diſſuadent l'augmentation, qu'il y en a qui la répreſentent comme neceſſaire.

Je n'entrerai donc pas dans une ample Réfutation des *Rémarques Patriotiques*, parceque je comprends, que tout ce, que les Ecrivains ont tiré d'elles, ſera renverſé par les mêmes argumens qui combattent l'augmentation; C'eſt ce que je ne tâcherai de faire voir dans la ſuite de cette Lettre. Je ne ſaurois pourtant omettre une obſervation ſur ces *Rémarques Patriotiques*: ſavoir, qu'à juger par le Style, elles ſont écrites par un homme groſſier plûtôt que par un gentilhomme de Gueldre; & que l'Ecrivain, en nous nommant, page 7. *ſujets de Son Alteſſe Royale*, tandis que nous ne le ſommes que des Loix, il paroit par là, qu'il n'eſt guères informé de la Conſtitution ni de la forme du Gouvernement de nôtre Païs; ou qu'il eſt un lâche flatteur, qui n'a pas honte de ſe rendre lui même eſclave, de libre citoyen qu'il étoit.

Mais je paſſe à l'augmentation même, & je tacherai de démontrer, qu'elle eſt

d'un

d'un coté impraticable ou impoſſible, & inutile de l'autre.

L'augmentation propoſée eſt impraticable, dès-là qu'il n'y a ni argent ni trouppes à avoir.

D'abord, pour ce qui eſt de l'argent neceſſaire à une augmentation ſi conſiderable de nos forces militaires ; il eſt généralement connu, que les finances du Pais ſont dans un tel état, que dans la Province de Hollande, la plus puiſ-ſante de toutes, elles ſuffiſent à peine à paier les intérêts des dettes que l'Etat a contractées dans & avant la dernière guerre ; & à ſup-porter les fraix néceſſaires pour l'entretien de nos forces de terre & par mer, pour les forti-fications & autres depenſes indiſpenſables : & dans quelques unes des autres elles ſont dans un état ſi déplorable, que le pais eſt fort en arrière pour le payement de ſon Contingent à la Géné-ralité. Il eſt connu auſſi à chacun, que la Pro-vince de Zeelande demeure encore en reſte de plus de deux ans du payement de ſa milice ; & que les Etats de cette Province ont même refor-mé dernièrement, quoique, à mon jugement, ſans raiſon, deux hommes de chaque Com-pagnie, pour depenſer moins. Ce que je dis ici, ne part pas de l'opiniatreté : le defaut de pouvoir paroît aſſez, puis que cette Pro-vince s'eſt offerte il y a long tems d'expoſer la ſituation de ſes finances aux autres Etats, pour

B 5

les

les convaincre, qu'elle n'est pas même en état de porter les charges journalieres. Et quoique les autres Provinces ne soyent pas aussi considerablement en arrière, il est néanmoins bien certain, qu'il n'y en a aucune, qui n'ait besoin de tous ses révenus, pour soutenir les depenses ordinaires.

Où donc, je vous prie Monsieur, trouveroit-on un fonds, pour faire une augmentation de vingt à trente mille hommes? il n'en faut pas moins, si on veut mettre la Republique dans l'état rédoutable, qu'on dit être l'objet de l'augmentation.

Veut-on charger les citoyens de nouveaux impôts? Cela n'est pas possible. Car ces impots ne séroient pas legers; il faudroit qu'ils fussent très considerables, pour former un fonds nécessaire & suffisant à cette augmentation. Cependant les choses, sur lesquelles on pourroit imposer quelques droits, sont déja tellement chargées, qu'elles n'en peuvent pas supporter d'avantage. On paye encore les mêmes impots que l'on paioit pendant la dernière guerre. Ils n'ont point diminué depuis, que du 50. Pénning sur les maisons; cela est peu considerable, comme on le sait: nôtre commerce cependant est moins florissant qu'il n'étoit autrefois; nos terres produisent moins de fruits qu'auparavant, à cause de la mortalité de nôtre bétail. La manière de vivre au contraire, entre Grands & Petits

tits, Nobles & Bourgeois dévient plus diſpen-
dieuſe qu'elle n'étoit.   Pluſieurs d'entre nous
depenſent au dela de leurs revenus, & par conſéquent contractent quantité de dettes. Bourgeois
& Artiſans cependant ſont mal payés & menent
une vie dure, il y en a de ſi embarraſſés qu'ils
ne ſavent pas eux mêmes comment ils vivent ?
Chargera-t on encore d'avantage des citoyens,
qui ſont deja courbés ſous de ſi péſans fardeaux ?
Qui après cela pourra douter que l'augmentation n'eſt pas poſſible ?

Je voudrois bien ſavoir, quelle ſorte d'impots on introduiroit ; Rehauſſera-t'on ceux
qui ſont ſur les biens communs ?

Chargera-t'on encore plus le vin, la bière,
le pain, les fruits &c. cela ſeroit bien dur pour
le peuple, qui ſeroit par là mis entierement
hors d'état de ſe ſoutenir, puiſqu'à peine le peut-
il aujourd'hui.

Voudroit'on charger d'avantage les fonds de
terre, les maiſons & Obligations ? cela eſt auſſi
impoſſible.   Les charges qu'elles portent ſont
deja ſi grandes, & les revenus au contraire ſi
minces, que ceux, qui ne vivent que de ſemblables biens, ſe trouvent deja dans l'état le
plus affreux.   Et pour dire encore un mot touchant les obligations, qui ſont deja chargées
d'un centiéme, & d'un deux centieme pour-
cent; ſi on les vouloit encore charger, il en
réſulteroit, que ceux des habitans dont les poſ-
ſeſ-

feffions confiftent en argent ou en Effets, en-verroient leurs Capitaux hors du Païs, (comme plufieurs ont deja fait) où ils ont autant de feureté, & moins de charges qu'ici; & par là le Païs feroit privé d'argent & de toute Refour-ce dans un tems de Néceffité.

Mais cela eft poffible dira t-on; & j'ai ren-contré des gens qui prétendent qu'on devroit faire une Capitation, que par ce moyen chacun fe-roit chargé à proportion de fes révenus. J'a-voue que ce plan chargeroit le plus les per-fonnes opulentes & feroit moins oneréux au peuple. Mais, Monfieur, un tel moyen feroit-il plus praticable? Nullement. Car fi on veut l'examiner, on trouvera que prefque toutes les Perfonnes qui depenfent le plus dans nôtre Païs, vivent des Révenus de leurs charges, ou de leurs fonds. Quant aux charges, vous favez, Mon-fieur, & il eft notoire à tous ceux qui ont quel-que connoiffance des affaires de notre Païs, qu'il n'y a pas un Etat au monde, où les Régens & Officiers retirent moins d'honoraires de leurs miniftères, que dans nôtre République. Il y a à peine dans toute la Province de Hollande dix Charges, qui raportent de quoi faire fubfifter honnêtement ceux qui les rempliffent.

D'ailleurs tous les Emplois font tellement chargés par l'Introduction des divers *Amt-gelden*, *Kwartaal-Korting &c.* qu'on ne peut y rien ajouter, à moins qu'on ne veuille les laif-

fer

fer mourir de faim; ou les forcer, de fuivre la manière de ceux qui Officient dans les Indes O-rientales, & d'arracher par des voies prohibées ce qu'ils ne peuvent perçevoir fuivant leur ob-ligation & leur ferment.

Pour ce qui eft de ceux qui n'ont pour vivre que les Revenus de leurs fonds, Combien ne font-ils pas chargés déja par les hypotheques fur les maifons, & fur les fonds de terres, par le centieme & deux centieme pr. ct. fur les obligations, & par les impôts fur les Moiens communs, dont chacun porte fa part à mefu-re de la confommation qu'il en fait? Je m'ima-gine donc, que cela prouve affez, qu'une Ca-pitation ou d'autres impots, qui chargeroient particulièrement les Perfonnes de cette façon, ne fauroient être introduits, pour peû qu'on ne veuille pas les réduire, à entaffer dettes fur dettes, & de fe ruiner elles mêmes & leurs familles.

Outre cela, tous ces impots qui chargeroient principalement les Perfonnes de Confideration, cauferoient plus de domage au menû peuple qu'on ne penfe peut-être. Au moins, à con-fiderer la manière de vivre d'aujourd'hui, on apperçevra, qu'il y a peu de citoyens, qui ne foient obligés de faire une dépenfe, qui excéde le revenû de leurs Biens fonds ou de leurs Em-plois. Il arrive de là que plufieurs font fi endet-tés, qu'ils ne peuvent paier aux Bourgeois &

aux

aux Ouvriers les livraisons ou le salaire des Ouvrages qu'ils leur ont faits; & qui par cette raison sont mis pareillement hors d'état de vivre avec leurs familles. Quelles seroient donc les suites, si on vouloit charger encore plus les personnes dont on parle? les ouvriers seroient encore moins paiés qu'à présent; ceux qui sont encore en état de donner de l'ouvrage à l'Artisan, & de le payer, se verroient obligés de rétrancher toute depense, telle qu'elle puisse être, & à ne rien faire faire, & de n'acheter, que ce dont ils auroient indispensablement bésoin: Cela ne laisseroit pas d'influer sur le Commerce & les manufactures, sur le boucher, la circulation de l'argent, & de rendre plus pénibles & plus difficiles les moyens de subsister, pour le menu peuple, qui gagne sa vie de la dépense des gens riches.

Je crois donc, Monsieur, avoir suffisamment demontré, qu'il est absolument impossible de trouver un fonds pour l'augmentation proposée, par le moyen de nouveaux impots, si l'on ne veut pas charger les habitans du Païs au-de-là de leurs forces. Mais dira-t-on peut-être; L'Etat a encore assez de Credit, pour trouver par le moien d'un emprunt, un fonds necessaire à l'augmentation proposée. Je crois bien, Monsieur, que le crédit de l'Etat est encore assez grand, & que l'on pourroit faire assez d'argent, mais sur quel pied devroit-on emprunter? Il
fau-

faudroit au moins donner autant d'intérêts des Capitaux fournis, que l'on en donne en France ou en Angleterre, pour determiner les Hollandois de verser leur argent dans notre propre fonds plûtôt que de l'envoïer hors du pais. Je suppose donc, Monsieur, que la Republique négociât quelques millions, pour l'effect de l'augmentation; où prendroit - on l'argent necessaire pour païer les Intérêts annuels? Comment les Provinces, dont les finances sont déja dans un si pitoïable état, pourront - elles livrer au Comptoir de la Généralité tous les ans, leurs Contingents pour le Paiement de ces interêts? Et si l'on veut tenir ces trouppes sur pied pendant quelques années, ne se verra - t - on pas obligé, de faire d'année à autre un nouvel emprunt de quelques millions? à augmenter ainsi les dettes de l'Etat de plus en plus, & se trouver de jour en jour plus embarrassé du payement des intérêts de ces dettes? Et ne seroit - il pas même à craindre, que de pareils emprunts n'affoiblissent peu à peu le crédit de la République, & avec le tems ne la ruinent entièrement? Un Etat qui a plus de trouppes sur pied qu'il ne peut entretenir & qui est obligé à de continuels emprunts, pour subvenir à l'entretien de ces trouppes, fait une aussi triste figure, qu'un particulier, qui emprunte de l'argent d'un côté, afin d'en payer ses dettes de l'autre; l'Etat & le particulier sont dans les mêmes circonstances,

&

& feront reduits fans reffource à faire banque-
route. Chacun peut juger que, fi la Republique eft obligée de faire de jour en jour des dettes en tems de paix, que n'eft-il pas à apprehender, quand elle viendra à être engagée dans
une guerre? ne fe pourroit-il pas, qu'argent &
credit manquaffent à la fois? Pour moi, je crois
qu'oui, & c'eft pourquoi je penfe que nos
Magiftrats ont agi bien fagement, après la fin
de la dernière guerre, en cherchant de ménager
fur toutes depenfes; & fi cela continue, l'Etat
aura bientôt acquitté la plus grande partie de fes
dettes; les habitans, n'etant plus chargés de
nouveaux impots à caufe d'elles, commence-
ront à refpirer; & dans le cas que nous férions
un jour inopinement engagés dans une guerre,
nous contribuerions tous avec un nouveau Courage & avec nouvelle force à tout ce qui eft
néceffaire & qui tend à foutenir la Liberté & la
Religion.

MÉMOIRES
POUR SERVIR 'A
L'HISTOIRE
DE NOTRE TEMS,
PAR-RAPPORT 'A
LA HOLLANDE.

3.

SUITE DU PRÉCIS DES FAITS, PAR-RAPPORT AUX TROUBLES PRÉSENTS DE LA HOLLANDE:

IL faut que je releve ici un Raisonnement que j'ai entendu faire par quelques-personnes. Elles pretendent qu'il n'est pas aussi impossible qu'on se l'imagine, que la République tienne toujours sur pied des forces suffisantes par terre & par mer. Le Grand Pensionaire *van Slingeland* avoit fait un projet, suivant lequel nôtre Etat pourroit entretenir en tout tems, soixante milles hommes de milice, & vingt vaisseaux de guerre : Pourquoi cela ne se pourroit-il pas aussi aujourd'hui ?

C

Qu'on

Qu'on me permette de repondre à cela premierement; que s'il est vrai, que Monsieur *van Slingeland* ait fait un tel projèt, ce n'a été qu'un projèt; & qu'il arrive fort souvent en fait de politique, que des Projets qui se démontrent admirablement bien sur le Papier, ne se trouvent pas aussi faciles dans l'execution. Si ce grand Homme d'Etat avoit dû executer son plan, il auroit peut-être rencontré beaucoup de difficultés, qui en auroient rendu l'execution impossible, & auxquelles il n'avoit pas pensé auparavant.

De plus, les gens qui parlent de la sorte, ne considerent pas la grande difference qu'il y a entre le tems où Monf. *van Slingeland*, à ce qu'on dit, a fait ce projet, & celui où nous vivons. Considere-t-on, en raisonnant comme cela, que du depuis la République a eu à soutenir la guerre ruineuse qui fut terminée par la Paix d'Aix la Chapelle, & par laquelle ses dettes sont plus considerablement accrües, qu'elles n'etoient après la Paix d'Utrecht & du tems que ce Monfieur étoit grand Pensionnaire? Considere-t-on, que le Commerce a fort diminué depuis, & que nombre de Campagnes ont été ruinées par des inondations & la mortalité des bestiaux? ce qui a beaucoup diminué les Révenus de l'Etat. Considere-t-on enfin, qu'après la Revolution de 1747. la Republique a été assujettie à des depenses, qui n'exin'exiſtoient pas du tems de Mr. *van Slingland?* Certainement, lorſqu'on conſiderera bien tout cela, on reconnoitra, que ce qui étoit encore poſſible après la Paix d'Utrecht, eſt abſolument impraticable à preſent. Je me perſuade au moins, que toutes les Perſonnes qui ont du bon ſens réprouveront comme imaginaire & chimerique, le projet d'entretenir maintenant tant de trouppes & de vaiſſeaux.

Mais, j'abandonne ce Raiſonnement; & je penſe en avoir aſſez dit, pour démontrer l'Impoſſibilité de trouver un fonds neceſſaire à l'augmentation propoſée. Cependant ſuppoſons que ce fonds eſt trouvé, où prendre les trouppes dont on a beſoin? J'avoue que je n'y comprends rien. Car nôtre propre Païs, comme Perſonne ne l'ignore, n'eſt pas en état de livrer les milices néceſſaires à l'augmentation. En Hollande, en Seelande, & dans une grande partie de Friſe & Grŏninge, les hommes qui ne trouvent pas leur entretien dans le Païs, ſont emploiés au ſervice ſur mer. Pour la Gueldre, Utrecht & Overyſſel, les Provinces ſont trop denuées d'hommes pour pouvoir livrer le Contingent requis pour une telle augmentation. On n'a qu'à conſiderer, que la plus grande partie des trouppes nationales que nous avons aujourd'hui ſur pied, conſiſtent en Allemands & autres étrangers, & que parmi nos domeſtiques nous avons

C 2

plus

plus d'étrangers que de nationaux. Si l'on tourne la vuë vers l'Allemagne, qui de tout tems a été la pépiniere des Récruës qui ont presque toujours composé les armées de la Republique, on comprendra que, tous les Princes étant engagés par l'Empereur, dans cette guerre, on ne peut esperer de faire la moindre levée dans l'Allemagne.

Mais, dira-t-on, il y a encore assez de moyens d'avoir autant de trouppes qu'on voudra, en récevant au service les Deserteurs qui viennent à nous en grand nombre, des differentes Armées des Puissances belligerantes ; on les pourroit mêler parmi les Regimens que nous avons, & de cette manière mettre sur pied le nombre de trouppes désiré. Je laisse donc juger, quelle belle milice ce seroit, qui consisteroit pour la plûpart en déserteurs ? ce que l'on en pourroit s'attendre en cas de bésoin ? est s'il vaut bien la peine, de charger de nouveau l'Etat de dettes, pour entretenir une armée de gens rammassés, qui s'eniroient aussi-tôt qu'il y auroit du danger, & causeroient plus de dommage aux habitans que l'ennemi lui même ?

Voila donc en gros les Raisons par lesquelles l'augmentation proposée me semble impossible. Pour savoir, si elle est necessaire, ou non, nous n'avons qu'à examiner sur quoi on en fonde la nécessité : Car alors on trouvera, à ce que je crois, que cela n'est point assez fort pour rendre l'augmentation absolument nécessaire. Nôtre République, dit-on, est neutre, & doit demeurer neutre; mais il faut qu'elle ait les forces suffisantes pour démeurer independente, & pour défendre son territoire contre toute invasion. J'avoue bien, qu'il seroit fort à souhaiter, que l'Etat pût continuellement entretenir des forces suffisantes par terre & par mer, pour garentir la navigation & le Commerce des citoyens de toute oppression & violence, & pour défendre les frontières de la République contre un chacun, de sorte que la neutralité de leur territoire ne soit jamais violée. Mais comme cela est impossible, avant que nos finances ne soient mises dans un meilleur état par une Paix de longue durée; il s'agit actuellement de savoir si la Republique se trouve effectivement dans un état assez critique, pour que l'augmentation fut absolument nécessaire, pour sa propre seureté? Quelqu'un l'oblige-t'il de se départir de la neutralité qu'elle a acceptée, & à se mêler dans les troubles présens? C'est ce que je nie; parceque cela n'est, ni ne peut être.

Car premierement, je comprends, que l'on ne veut l'augmentation que pour un terme, c'est-à-dire aussi long tems, que la nécessité de la présente guerre le requiert. Or il me semble, à observer d'un œil attentif la disposition des

C 3

Prin-

Princes belligerans, qu'on n'a pas lieu d'esperer
si tôt une Paix générale.   Du moins il n'est
aucune de ces Puissances, qui puisse se vanter
d'avoir remporté quelque avantage considerable
durant cette guerre, & tous au contraire ont
soufferts de grandes pertes.   Leurs Provinces
sont épuisées & d'argent & d'hommes; Le poids
de la guerre qu'ils ont sur les bras, leur est si
pésant, que la pluspart succomberoit sous le
faix, pour peû que la guerre durât encore long-
tems : une Paix générale, que tous les Princes engagés dans cette guerre desirent, n'est
donc pas éloignée comme on peut en juger.
Nous augmenterions donc nos forces, lorsque
la Paix est prochaine ! Si on prénoit cette Résolution, d'augmenter les trouppes de l'Etat,
il n'y auroit pas apparence que la Paix fut alors
prochaine, mais seulement que nous voulons
lever une armée. Je laisse à penser, si le nombre
d'hommes proposé se trouveroit ? Je crois
donc , que l'augmentation est bien moins
nécessaire à présent que dans le commencement
de ces troubles.   Nous avons vû par l'événement
qu'elle n'etoit pas necessaire , puisque la
Republique est démeuré jusqu'ici dans une neutralité & dans une Paix parfaite, sans qu'aucun
des Princes belligerants lui ait voulu faire le
moindre mal.

Ajoutons encore, que l'augmentation n'est
plus aussi nécessaire à présent, qu'elle l'étoit
lors-

lorſque ſon Alteſſe Royale en faiſoit la propoſition. Car alors il y avoit deux Armées conſidérables ſur les frontières de l'Etat, & ſur le
point de ſe livrer Bataille; Et il y avoit lieu
d'apprehender, que le parti qui auroit le deſſous,
auroit pû ſe rétirer dans le territoire de l'Etat.
Mais ces armées ont été aux Priſes, & la Rétraite ſur le territoire de l'Etat qu'on avoit craint,
n'a pas eû lieu; actuellement les Armées ſont
aſſez éloignées de nos frontières pour n'en avoir
rien à craindre. Par conſequent, la raiſon qui
ſubſiſtoit alors pour l'augmentation, ceſſe à
préſent: & je crois, par cette Raiſon, pouvoir
conclure avec fondement, qu'elle n'eſt abſolument pas néceſſaire.

Ne ſe pourroit il pas, qu'une telle augmentation des forces militaires de l'Etat eut même
quelques mauvaiſes Suites? Ce n'eſt pas
que je penſe, que la France ou quelque autre
Puiſſance auroit ſujet de s'en offencer. Non,
nôtre République eſt libre & independente; aucun Prince du monde ne peut lui faire un crime, de ce qu'elle veille à ſa propre
ſeureté; outre que ce ne ſeroit pas de l'intérêt
de la France de nous embrouiller dans cette
guerre. Mais ſi nous avions des forces conſiderables ſur pied, ne ſe pourroit-il pas, que
nous ſerions peut-être d'un autre coté contraints de prendre part à la guerre? Perſonne
n'ignore, que nos voiſins les Anglois, au com-

C 4

men-

mencement de ces troubles, auroient été bien aiſes, de nous voir prendre leur parti. Mais quelle étoit donc la grande raiſon, qui nous en a rétenu? Certainement, nôtre foibleſſe. Pour moi au moins, je tiens pour certain, qu'alors, il y en auroit eu beaucoup d'avis, de ſatisfaire l'Angleterre en cas que ce Royaume demandât du ſecours, s'ils n'avoient pas compris, que la République ſeroit engagée par là dans la guerre, & que dépourvue de forces militaires, elle étoit par ſa ſituation la première qui auroit été attaquée. Il pourroit néanmoins arriver dans la ſuite, qu'on nous ſollicitât de nouveau, à prendre part dans la guerre; ce qui ne pourroit jamais être que préjudiciable à nôtre Païs. Mais cela n'eſt pas à appréhender, tant que nous n'avons pas de plus grandes forces qu'à preſent. Chacun réconnoitra donc & comprendra ce paradoxe: que nôtre force conſiſte en nôtre foibleſſe.

Avant que de finir, j'ajoute encore une conſideration: Il eſt ſûr, que ni la France ni quelque autre Puiſſance ne peut avoir aucune Raiſon de donner une explication deſavantageuſe à une augmentation pour nôtre propre ſeureté. En cas pourtant que l'affaire eut une autre iſſue, comme dit la première propoſition de S.A.R., ſi dis-je l'un ou l'autre des Princes belligérants jugeoit à propos de ſe ſervir du prétexte de l'augmentation de nôtre milice, pour nous

at-

attaquer , en ce cas l'augmentation fe-
roit-elle alors neceffaire pour écarter tout défaftre de la République? Oui, fi le Prince, qui
nous veut attaquer à caufe de l'augmentation ,
attend qu'elle foit faite , & que nous
nous foyons réellement renforcés : autrement
l'augmentation ne ferviroit de rien. De plus,
un Corps de trouppes ramaffées feroit-il en état
de faire tête & de reprimer un ennemi préparé
à nous attaquer? Ou bien Dieu & l'Armée Hanovrienne nous défendront'ils encore? comme il
a été dit par derifion dans un de ces écrits diffamatoires qui ont paru il y a quelque tems.

Pour moi , je crois que Dieu ne
fait pas toujours des Miracles; & je penfe , à
l'egard de l'armée Hanovrienne, qu'il eft plus
utile & plus feur pour nous, que nôtre Commerce fleuriffe en Paix & dans la Neutralité ,
que d'être aidé des Hanovriens ou de quelque autre armée dans une guerre ruineufe. Nous a-
vons déja éprouvé plus d'une fois, ce qui a re-
fulté des Guerres que nous avons faites en
qualité d'Alliés , principalement avec les Anglois.

J'ai donc demontré à ce que je penfe , d'un
coté l'impoffibilité, & de l'autre l'inutilité de
l'augmentation propofée.

Je ne force perfonne d'adopter mon fentiment fur ce point, chacun a la liberté d'en jugera fon gré. Je fouhaite feulement que la let-

C 5

tre que je publie devienne le contrepoison de desseins seditieux, & que mes Concitoïens soyent convaincus, qu'il y a des argumens aussi forts contre l'augmentation que pour elle. Je m'estimerois heureux, d'avoir rempli mon objet, qui étoit uniquement de garantir mes Compatriotes de toutes mauvaises impressions, que des esprits inquiets, qui se prévalent toujours des changements, tachent de faire sur eux. J'attendrai respectueusement, ce que la Régence de nôtre Patrie jugera bon de faire touchant ce differend; nous sommes obligés tous d'y acquiescer en bons Citoyens. Cependant prions le Tout Puissant qu'il veuille benir, les Conseils des superieurs qui veillent au Bien de nôtre chère Patrie, & qu'il lui plaise couronner leurs Décrets, quel qu'ils soyent, d'une heureuse issuë, afin que nous jouissions encore long tems en répos des precieux gages de la Liberté & de la Religion.

Voici

Voici la Copie de la Piéce importante dont on se plaint ci-deſſus, qu'elle a été diſtribuée juſques dans les Carrefours, quoiqu'elle dût reſter reſervée à la Connoiſſance des Seigneurs Etats, à qui elle étoit addreſſée, ainſi que le porte le titre:

Harangue que Son Alteſſe Royale Madame la Princeſſe a prononcé dans l'Aſſemblée de leurs Hautes Puiſſances les Etats de Hollande & Weſtfriſe, ſur la neceſſité d'une Augmentation de Troupes de Terre: le 7. de Juin 1758.

HAUTS ET PUISSANS SEIGNEURS.

COmme il n'y a rien qui me tienne plus à Cœur que le Bien public, mon prémier ſoin a de tout tems été dirigé vers ſa Conſervation. C'eſt un devoir, auquel mon Caractère m'oblige, & d'ailleurs mon inclination naturelle, m'excite à ne rien négliger, de tout ce qui peut contribuer à ſon affermiſſement.

C'eſt par ce principe, que, dés le commencement des troubles touchant Amerique entre la France & la Grande Brétagne, qui vraiſemblablement devoient paſſer bien-tôt en Europe, comme l'evenement l'a juſtiffié: quoique ces querelles fuſſent étrangeres à la République je répréſentai à leurs Hautes Puiſſances, que,

pour

pour empecher qu'elles ne vinssent jusqu'à elles, le moien le plus efficace consistoit dans une augmentation de troupes de terre.

En effet ces troubles à-peine passés en Europe se sont tellement accrus, par les dissentions des autres Puissances, que presque tous les principaux Princes de ce Continent s'y trouvent enveloppés, par des vuës & par des Raisons diverses.

J'ai taché de faire voir les suites qui pourroient résulter des Camps Autrichiens & François qui apparemment se formeroient en Braband, dans le Duché de Cleve, & dans la Gueldre Prussienne; j'ai pressenti aussi sur le danger, qui pourroit menacer la Republique.

Voici ces Camps formés; l'état critique où ils ont mis les Païs voisins de nous, vous est connû, Hauts & Puissans Seigneurs, de même que les justes allarmes qu'ils ont causé deja, & causent encore, à quelques uns de nos alliés, en ce qui s'est passé en Flandre à leur occasion? Geldre & Overyssel, pénétrés du danger, où le sort changeant de la guerre, & des événemens imprevûs, pourroient jetter la Re-

pub-

publique, qui bon gré mal gré verroit à fon
tour violé fon territoire, infiftent à une augmentation, pour la fureté & la deffenfe de l'Etat,
& démandent mon appui & mon Affiftence.
Comme je fuis pleinement convaincue que leur
démande eft fondée, & j'en ai depuis trois
ans moi même donné des marques affez
claires, comment pourrois - je être indiffe-
rente à leurs juftes inftances, dont le motif devient tous les jours plus preffant? Les Enfrain-
tes d'une Neutralité mal affurée fe
font deja voir de loin, les alliés aïant paffé le
Rhin il y a peu de jours, dans le deffein d'appro-
cher l'Armée Françoife & Autrichienne, & de
f'attaquer; & en cas qu'ils en viendroient aux
mains, il pourroit aifement arriver, que le
Parti qui auroit le deffous, cherchât fa fûreté
fur le territoire de la Republique, qui dépour-
vuë de forces fuffifantes pour l'en détourner,
feroit affez malheureufe de voir tranfporter fur
fon territoire le théatre d'une guerre, où elle ne
veut prendre aucune part directement ni indirectement. L'un & l'autre m'a donc fait
prendre la Refolution de vous entretenir de

cette

cette importante affaire, & d'inviter la pluspart
des deputés des Villes, de la derniere féance,
de comparoitre dès le prémier jour dans l'Affemblée qui fe tient aujourd'hui, pour vous ré-
prefenter, le plus fortement, Hauts & Puiffans
Seigneurs, le preffant befoin d'une augmentation, telle que je l'ai propofée au Confeil d'E-
tat le 9. Juillet 1757. Ce n'eft pas pour
prendre part aux troubles, mais uniquement,
& dans la feule vue de foutenir la Neutralité,
& l'Independance de la Republique, & pour
mettre à couvert les frontieres de l'Etat contre
toute atteinte & invafion.

Je me crois d'autant plus obligée de renouveller cette propofition, Hauts & Puiffans
Seigneurs! que je reflechis ferieufement fur
ce que je dois à l'Etat, à moi même, à ma famille, aux bons citoyens de la République,
& même à la Pofterité: je dis que je ferois abfolument inexcufable, fi dans des Circonftances & dans une fituation auffi critique pour la
Republique, & dont il pourroit réfulter fa to-
tale Ruine, fi je ne faifois que la regarder
tranquilement, & la plaindré.

Non, il me convient, c'eft mon devoir,

Hauts

Hauts & Puiſſans Seigneurs, de montrer le danger eminent, & les moïens de le détourner; & ces moïens, ſont de nature à ne pas donner le moindre ombrage à aucune des Puiſſances voiſines belligerantes: on les aſſurera ſur tout, ſur l'ancienne bonne foi Hollandoiſe, qu'il n'y a point d'autres vuës dans cette augmentation que la propre ſureté & l'Independance naturelle de la Republique; auſſi ſuis-je bien perſuadé, qu'elle ne ſera pas priſe dans un autre ſens; & quand même, contre toute attente, on l'expliqueroit autrement, je comprens que les moïens propoſés ſont encore plus néceſſaires pour mettre la Patrie commune à l'abri de toute inſulte. Quand même pour cette raiſon elle ſe verroit chargée de quelques impots extraordinaires pour un tems, c'eſt une neceſſité forcée; & quel eſt le Patriote qui ne voudra pas de bon cœur en ſupporter ſa part, perſuadé qu'ils doivent ſervir à garantir la Republique de tout déſaſtre & pour ſoutenir ſa liberté & ſa Religion, independentes du Caprice d'autrui, ainſi qu'il convient à l'honneur d'un Etat libre?

Je

Je finis ce difcours, en recommandant encore du mieux poffible l'augmentation propofée, pour la Confervation de la préfente Neutralité, & pour le Bien de l'Etat & de l'Eglife. Je fouhaite, Hauts & Puiffans Seigneurs, que le Tout Puiffant vüeille benir Vos déliberations, & mes efforts!

MEMOIRES

POUR SERVIR 'A

L'HISTOIRE

DE NOTRE TEMS,

PAR - RAPPORT 'A

LA HOLLANDE.

4.

SECONDE HARANGUE DE SON AL-
TESSE ROYALE MADAME LA PRINCES-
SE GOUVERNANTE, PRONONCEE
DANS L'ASSEMBLE'E DE LEURS HAU-
TES ET GRANDES PUISSANCES
LES ETATS DE HOLLANDE ET
WESTFRISE LE 23. DE
JUIN 1758.

Par-Rapport à l'augmentation des Forces.

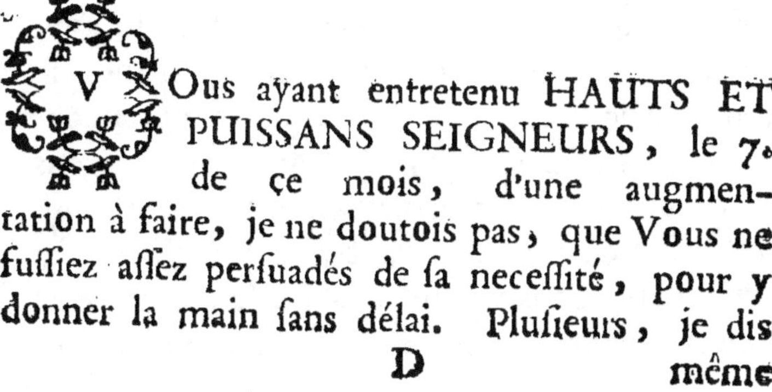

Ous ayant entretenu HAUTS ET PUISSANS SEIGNEURS, le 7. de ce mois, d'une augmen-tation à faire, je ne doutois pas, que Vous ne fussiez assez persuadés de sa necessité, pour y donner la main sans délai. Plusieurs, je dis

D   même

même la plûpart d'entre vous, HAUTS ET
PUISSANS SEIGNEURS, y ont fouscrit. Si
donc je reparois encore dans Vôtre Assemblée,
Messieurs! c'est moins pour répeter ce que je
proposai alors, que pour avertir, que depuis,
les Circonstances font devenues encore plus critiques pour la République, à plusieurs égards.
La Sureté non seulement, mais aussi l'honneur
de l'Etat exige, que cette affaire foit vuidée
promptement, & les membres qui ne font pas
encore préparés à donner leur Consentement
ne sauront trop se hater à le donner. Il feroit
superflu de Vous répresenter HAUTS ET
PUISSANS SEIGNEURS ce que c'est qu'un
Païs environné de troupes étrangeres, & qui
ne sauroit se défendre, dans le cas d'un accident imprevu! ce que c'est qu'un Commerce,
une navigation sur une Mer incertaine, & fans
deffense! Personne ne l'ignore; & pour peu
que quelcun y fasse reflexion il n'envisagera
pas avec moins d'inquietude que moi toutes les
suites qui peuvent réfulter de ces circonstances.
C'est pourquoi j'insiste sur l'augmentation, avec
tout l'empressement que m'inspire l'amour du
Bien public, aïant donné & donnant encore
des preuves assez claires, du soin que je prens
de la seureté de votre Navigation. L'un doit
être executé, sans que l'autre soit négligé; Et
si l'on veut transmettre à la Posterité cet Etat
conservé dans sa liberté & sa Religion, que
Per-

Perſonne ne s'imagine, que cela ſe puiſſe en laiſſant le Païs degarni de forces ſuffiſantes.

C'eſt pourquoi HAUTS ET PUISSANS SEIGNEURS, je n'ai pas laiſſé diſſoudre cette Aſſemblée, ſans récommender encore de la manière la plus ſerieuſe l'augmentation propoſée, afin qu'elle ſoit unanimement reſolue, & miſe à exécution ſans rétardement, ce qui mettra la République dans le cas de ne rien craindre, & perſonne ne l'obligera à ſe deſiſter de ſa Neutralité, pour prendre part aux troubles actuels.

Puiſſent donc mes Exhortations faire ſur vous l'impreſſion dont elles ſont ſuſceptibles, je verrois avec un grand Contentement la Patrie delivrée d'une ſituation auſſi critique, & mon attention, & mes ſoins rédoubleroient pour pourvoir, à l'aide de Dieu, à ſa félicité dans la ſuite du tems. Mais en Cas que l'augmentation ſoit encore conteſtée, & qu'il en arrive quelque deſaſtre, j'aurai du moins la ſatisfaction d'avoir montré le danger dans toute ſa grandeur, & d'avoir exhorté à l'éviter, lorſqu'il en étoit encore tems.

Re=

REFLEXIONS PATRIOTIQUES SUR LES TROUBLES PRESENTS. *

LEs sentimens des Citoyens ne répondent pas généralement aux sages mesures du Souverain, nôtre Etat se trouve à-peu-près dans le même cas, que l'ancienne République de Rhodes, du tems de la guerre entre Persée Roi de Macedoine & les Romains ses anciens alliés. Car les Rhodiens rémarquants qu'il régnoit une désunion entre le peuple, dont une partie favorisoit les Romains & l'autre les Macedoniens, ils jugerent qu'il étoit à propos de choisir la Neutralité entre ces deux Puissances qui se faisoient la guerre, & dont l'une comme l'autre briguoit leur assistence. C'est pourquoi les Magistrats ne réfusoient rien aux Romains & ne promettoient rien à Persée, faisant de sorte, que bien qu'ils eussent beaucoup d'égard pour l'alliance des Romains, ils ne fussent obligés à prendre les armes contre Persée, malgre qu'ils en eussent. Quoiqu'il soit vrai, & les Deputés mêmes des Rhodiens ont fait cet aveu au Senat Romain, que quelques inquiets citoyens ayant émû le peuple imprudent, à prendre le parti du Roi de Macedoine contre les Romains, les

Ma-

* On a crû ne devoir rien ôter de la naïveté des originaux Hollandois dans la traduction, afin que le lecteur aye l'agrément non seulement de connoitre l'Etat des choses par les Piéces, mais en outre voir par le stile & l'expression le Caractere Hollandois.

Magistrats se virent contraints de favoriser plus
qu'ils ne vouloient le Roi Persée, & qu'il
ne pourroit plaire aux Romains; ils n'en ont pourtant jamais rien fait volontairement ou de propos deliberé. Ainsi on entend de même dans
les discours de nos assamblées, soutenir tantot le
Parti de l'un, tantot de l'autre des Princes qui
se font la guerre: chacun propose, ce qui selon son jugement borné, ou ses préjugés, lui
semble le plus avantageux pour la République,
ou pense peut être disposer les autres par ses
Raisons, à épouser l'intérêt du Parti qu'il favorise; au lieu de reconnoître en bon Citoyen,
qu'il n'est pas de sa Sphere de decider
les affaires d'Etat, ou de juger des actions de nos
Sages Seigneurs Etats; comment pourront-ils
determiner avec fondement, ce qui est le plus
avantageux à nôtre République dans la suite de
tems, & que l'un aura le dessus ou l'autre. Le
meilleur donc que nous puissions faire, c'est de
remettre tout à Nos fideles & bons superieurs,
qui ont de tout tems bien veillé à la Conservation de nôtre liberté dans l'Etat civil comme
dans la Religion, & de prier Dieu, qu'il leur
donne l'Esprit de Sagesse, de Conseil & de force,
afin que par leurs prudentes Consultations les Affaires de l'Etat soyent toujours administrées de
manière, que nous demeurions en seureté contre toute force ou artifice de quelque Puissance
etrangère, & que ce precieux tresor de la *Liber-*

té dont nous avons joui jufqu'ici, & pour lequel nos Peres ont hazardé leurs Biens & leur Vie, contre les oppreffions qu'elle éprouvoit par la Puiffance du Prince, cette précieufe proprieté foit auffi tranfmife à la Pofterité la plus réculée.

Nous avons mille Raifons de témoigner nôtre Reconnoiffance à nos légitimes & bons fuperieurs, pour les fages & prudentes mefures qu'ils ont prifes dans ces circonftances critiques, où le feu de la guerre embrafe nos voifins, vû que nous jouiffons du Répos fans craindre jufqu'ici d'être privé de ce précieux gage de la liberté de l'Etat civil & de Religion par la Puiffance de quelque Prince étranger ; que nous refpirons librement dans une douce Paix, & pourrons à l'aide de Dieu reprendre les forces que nous avons perdu dans les troubles paffés, pendant que d'autres perdent les leurs & s'epuifent. Cependant il eft fort à plaindre qu'il fe trouve parmi nous encore tant de mécontents de ces prudentes mefures de nos Magiftrats; ce mécontentement provient d'un côté de l'ignorance, & de l'autre des Raifons qui ont pour but l'intérêt propre, parce qu'on croit s'enrichir dans les troubles de guerre, des biens & du Sang des habitans du Païs; de faire grande fortune en cette occafion, ou d'immortalifer fon nom, (ce qui eft encore le plus honnette), ou d'étendre fon pouvoir & fon autorité, ou de certaines vûes

fe-

sécretes, quelles qu'elles soyent, qu'on a pour but; j'ai jugé à propos de rappeller à mes Compatriotes le souvenir de la Neutralité que Messieurs les Etats, nôtre legitime & avec Dieu unique Souverain, ont choisi; afin qu'ils se conforment aussi, & soyent neutre dans ces differents entre nos Hauts Voisins, qui ne nous régardent pas; qu'ils se reposent sur la sage Conduite de nos légitimes superieurs, & se rangent à leurs sages Ordres.

Mais combien cela n'est-il pas éloigné de l'obéissance que nous dévons à nôtre Souverain; si nous témoignons par nos paroles & par nos actions, que nous n'aprouvons pas ses Mesures; si nous déclarons nôtre partialité, en apprenant la nouvelle d'une victoire remportée par le parti que nous favorisons, nous l'élévons jusqu'aux nuës, buvons rasade à sa santé, comme à celle des Chefs de nôtre Pais, (qui souvent sont oubliés,) nous lui souhaitons toute sorte de progrès nousmanifestons nôtre joye sur de pareillesvictoires par des feux d'artifices & d'autres réjouissances; nous la celebrons par des poësies éstropiées, & même faisons des médailles; pour en eterniser, autant qu'il est en nous, la mémoire. Au contraire nous tachons d'extenuer les avantages des armes du parti que nous haissons, & en sommes comme affligés. De plus, nous tachons de le rendre suspect, lorsqu'il en agit avec toute prévoiance possible, pour

D 4

de-

demeurer en paix & amitié avec nôtre Etat, nous le dépeignons avec les couleurs les plus odieuses, & faisons naître de cette manière une haine implacable entre ce Parti & nôtre République?

Ce n'est pas mon dessein, d'examiner, si la Neutralité est convenable en ce tems à nôtre Etat, & si elle doit être embrassée de nôtre Régence en cette guerre qui s'est élevée en Europe; Cela est une chose qu'il convient aux Superieurs de consulter, si la disposition de l'Etat le permet de démeurer neutre touchant les Differents des Princes voisins, ou s'il faut s'en meler: Ce seroit s'éloigner du dévoir d'un bon sujet, que de juger dans cet écrit-ci ou dans quelque autre, de ce qui est le plus convenable à cet Etat en ce cas-là: Il suffit, que nous savons, que Nos Seigneurs les Etats, à qui seuls il appartient le pouvoir suprème, avec le Droit de Paix & de Guerre dans nôtre République, ont jugé la Neutralité le plus utile en ces tems pour nôtre République, & que nôtre Regence au lieu de se meler dans la guerre, a choisi de se tenir tranquille, & de témoigner aux Parties belligerantes de part & d'autre l'amitié & l'honnetteté qui a lieu entre des Princes Souverains, qui sont en Paix.

Si donc c'est là la volonté de Nos Superieurs, de ne pas plus favoriser l'une des parties belligerantes que l'autre, nous sommes obligés en sujets obéissants, de demeurer absolument neutres,

tres, & de régarder ces troubles d'un œil indifferent, sans faire paroître dans nos discours ni peur, ni esperance pour la défaite de l'une ou de l'autre des parties belligerantes. Il ne nous est permis que de compatiau malheur de tant de gens, & de tant de sang versé, de rendre graces à Dieu du bonheur dont nous jouissons, par sa direction des cœurs de nos Magistrats à la Paix; Prions le Seigneur des légions, qu'il finisse la guerre, qu'il brise les arcs, qu'il brule les chariots, afin que son nom soit glorifié en paix par toute la terre!

Tous nos Augustes voisins sont amis & alliés de nôtre Etat. Pourquoi voulons nous donc, nous, sujets d'un Gouvernement pacifique, souhaiter plus de progrès aux armes de l'une de ces Puissances qu'à ceux de l'autre? Nous autres Citoyens de cet Etat avons-nous plus de connoissance de l'intérêt de nôtre Republique que ceux que Dieu a fait nos Maitres (& à qui nous dévons une parfaite obéissance, si nous ne voulons pas nous attirer la Colère de Dieu & sa malédiction) que ceux, dis-je, qui gouvernent l'Etat avec Grande sagesse, qui travaillent sans césse à son veritable intérêt & salut, & qui sacrifient leurs biens & leurs veilles au service de la République?

Mais si quelcun de nos Augustes Voisins faisoit tort en quelque façon à nôtre liberté, ou à nos possessions, nous pouvons en faire nos

D 5 plain-

plaintes à nôtre Souverain, & le prier de pour-
suivre nôtre droit & de faire cesser par son in-
tercession toute hostilité. En cas qu'on refuse
de faire satisfaction, il se servira du pouvoir
& des forces que Dieu lui à donné, pour defendre la liberté & se faire justice par les armes.
Et s'il y a des injustices faits à nous, sans nous
en faire satisfaction, ne sont elles pas vénue,
pour le présent aussi bien que dans les tems passés, de ceux qui sont le plus favorisés par les habitans de cet Etat? Et pourquoi donc nôtre République armeroit-elle contre ceux, qui loin de
nous offenser, témoignent de vouloir vivre dans
une Paix perpetuelle avec nous? pourroit-on
compter sur le secours de Dieu, en faisant usage d'armes si injustes?

On a vû paroitre quantité d'Ecrits à la louange des plus Excellens hommes qui ont jamais
gouverné l'Etat, on exaltoit leurs exploits;
mais ce n'étoit que dans le dessein de critiquer,
de calomnier les actions de nos Magistrats d'à-
present, & d'exciter, s'il étoit possible, le peuple à une revolte contre eux. Est ce-là suivre
les ordres des superieurs légitimes? Est ce-là le
dévoir d'un bon Citoyen? est-ce obéir au Commendement de Dieu? Ce sont des Effets plûtôt d'Esprits inquiets, qui poussés par l'ava-
rice & l'ambition, souvent parlent inconsidéré-
ment de choses dont ils n'ont aucune connoissance.

II

On fait, qu'il fe trouve de tels Efprits pervers, même d'entre nos prédicateurs, à qui il eft ferieufement defendu de fe mêler des affaires politiques, qui, au lieu d'exhorter, felon leur dévoir, le peuple d'être tranquille, fujet & obéiffant à fes Magiftrats légitimes, ôfent blâmer en toute manière, dans toutes les occafions & même ouvertement fur la chaire, la pacifique & prudente conduite de nôtre Magiftrat, & d'exciter ainfi le peuple contre leurs légitimes fuperieurs. Ils vont encore plus loin, ils rendent graces publiquement au Seigneur, des victoires remportées par le parti favori: n'eft ce pas ouvertement faire infulte au Magiftrat? De tels prédicateurs & d'autres femblables femeurs de difcorde n'éviteront pas la punition de Dieu, bien qu'on les épargne dans le tems pour de vues politiques, & pour éviter de plus grands desordres.

Pour rendre l'affaire, plaufible & pour mieux féduire le peuple peu inftruit, ces efprits turbulens veulent perfuader, que par l'inaction de cet Etat, la Religion Proteftante en Europe courroit rifque d'être entierement fupprimée; que la guerre avoit été concertée par les Princes Catholiques, afin d'entreprendre fur la force des Princes Proteftans, jufqu'à abolir enfin tout le Proteftantifme, & d'introduire la doctrine de l'Eglife Catholique Romaine par force toute part; ils veulent faire de cette guerre une guerre de Religion, dans laquelle nôtre Etat dévroit

pren-

prendre part, pour soutenir nôtre Réligion. Mais pour peu qu'on ait connoissance de la chose, ou qu'on fasse réflexion sur cette guerre, on trouvera que ce n'est qu'un vain prétexte. Ne voit-on pas une Puissance Protestante en guerre contre l'autre, uniquement pour étendre ses frontieres? Où les Pays Catholiques sont ils épargnés plus que les autres, des Puissances Catholiques? Comment cela s'accorde-t-il avec une guerre de Religion? Qui ne sera pas surpris de la hardiesse de ces esprits turbulens, de vouloir persuader au peuple, que la Religion Protestante étoit en danger, & à la veille d'être abolie, afin de faire mutiner le peuple ignorant & aveugle Zélateur de sa Réligion, en lui rendant suspect les prudentes mésures de nos Magistrats? Qui né réconnoitra pas, que c'est de nôtre liberté plustôt-que les Princes sont jaloux, que de nôtre Réligion? Je ne dirai rien des menaces ni des insultes faites à cet Etat par des Puissances voisines, protestantes; cela n'est que trop connu.   Souvenons nous, chers Compatriotes, que dans le Siecle passé un Prince qui avoit trouvé un asyle chez nous, osoit appliquer ces paroles, qu'autre fois ont dit les Romains jaloux de l'Etat florisant des Cathaginois, que même il y proposa les moyens, & presque les auroit effectués à nôtre entière ruine.   Y avoit'on en vue la réligion? D'autres de ces Esprits turbulens, voyant que le prétexte de Réligion

ligion n'auroit guères d'effet sur les Personnes de jugement, & qui, cachant leurs vues secretes, & portant envie à la Republique de la Neutralité si prudemment choisie, vouloient que nos Magistrats suivent l'exemple des Rhodiens dans la guerre entre les Romains & le Roi Persée, & fussent enfin engagés par les mécontens à faire des propositions de Paix aux deux parties, avec ménace qu'ils prendroient parti contre celui qui refuseroit de s'y ranger. Mais l'histoire de ces tems là nous apprend aussi, quelle étoit l'issue de leur presomption, & d'un langage aussi arrogant.

Il y a toujours du danger à être l'arbitre de Puissances qui se font la guerre; ce n'est que l'affaire des Etats qui surpassent de beaucoup les autres en pouvoir: mais la Neutralité, envers des Puissances belligerantes est souvent l'ouvrage de la plus grande prudence. Par ce moyen un pays est sauvé de sa perte éminente. L'histoire ancienne nous fournit bien des Exemples, que des Etats libres ont assuré leur liberté & même étendu leur Pouvoir en demeurant neutres, pendant que leurs Voisins se faisoient la guerre; que tous les Princes qui avoient des differens entre eux cherchoient leur amitié, & ont delivré leurs voisins des cruautés de leurs ennemis communs. Les mêmes Rhodiens, sans faire mention de quantité d'autres, nous pourront encore servir d'exemple, lorsque après

la

la mort d'Alexandre le Grand, ayant secoué le joug de la domination de Macedoine, & récouvré leur ancienne liberté, ils s'adonnerent entierement au Commerce & à la Navigation, la seule source de leur Puissance & de leurs Richesses : ce qui leur procura le Titre de Maitres de la mer. Ils éviterent de s'allier étroitement avec aucun des Belligerants. Ils jouirent par ce moyen d'une Paix & d'un répos agréable, pendant que leurs voisins épuisoient leurs forces par la guerre, & leur Puissance s'accrut de sorte, que dans la suite ils entreprirent à l'avantage de toute la Grece une guerre contre les Pirates, qui avoient inquietté depuis plusieurs années les Côtes de l'Europe & d'Asie, & ils soutinrent leur liberté, leur plus grand trésor, contre les entreprises des plus puissans Princes, tant qu'ils suivirent ces Maximes.

Méprisons donc les artifices de ces esprits turbulens, qui mécontents des sages précautions de Nos Magistrats, sement la discorde ; suivons la volonté de ceux qui nous gouvernent si sagement, démeurons parfaitement neutres, parceque nous pouvons voir affermi par là nôtre bonheur, étendre nôtre Commerce & Navigation, rétablir les Fabriques & Manufactures dans leur prémier état, & jouir d'une liberté parfaite quant à l'Etat civil qu'à la Religion.

Il seroit à souhaiter que nôtre République, dont le prémier Etablissement a coûté beaucoup

coup de ſang & d'argent à nos ayeux, auroit pu être réglée ſur le pied, que, pourvue de forterefſes, & entretenant toujours une force ſuffiſante par terre, elle fut en état de ſe défendre au dedans de ſes frontieres, contre les inſultes de ſes envieux, & de proteger le Commerce, la navigation, & la pêche de ſes ſujets, par une ſuffiſante flotte contre ceux qui la veulent troubler; que contente de ſes poſſeſſions, & ſans tacher d'étendre ſes frontieres aux dépens des voiſins, elle ne faſſe d'autres Traités avec les Puiſſances étrangères, que d'amitié, de Commerce; & ſans ſe ſouçier des deſſeins ambitieux d'autres Puiſſances, elle ſoit tranquille, ſemblable à un Lion dans ſa tannière, toujours armée pour ſa propre défenſe, ſans offenſer perſonne, & ſans autre ſoin que celui de conſerver ſes juſtes poſſeſſions & celles de ſes habitans. Sa liberté n'auroit peut-être pas été troublée ſi ſouventes fois, & le Pais auroit plus proſperé & fleuri, qu'il ne fait à cette heure. Mais cela ne s'eſt pas pu, ni ne ſe pourra pas faire dans la ſuite; c'eſt pourquoi la ſage conduite de nôtre Regence dans ces tems & circonſtances critiques des affaires, merite d'autant plus de louange, vû qu'elle ne s'engage pas dans les differents des Princes belligerants, comme ne nous régardans aucunement, & qu'il n'en reſulteroit que du déſaſtre pour nôtre République, qui par ce moyen voit préſervée ſa liberté de tout danger.

C'eſt

C'est donc nôtre devoir, de nous regler à leurs ordonnances, sans prendre aucun parti, de demeurer neutre à l'exemple de nos legitimes superieurs, & de prier Dieu, afin que sous leur Regence, nous jouissions encore long-tems d'une Paix & du repos agréable; que nous conservions le précieux gage de la liberté civile & de la Rélioion, & que réjouis des bénedictions du Seigneur, nous menions une vie tranquille en toute honnêteté & Pieté.

MEMOIRES
POUR SERVIR 'A
L'HISTOIRE
DE NOTRE TEMS,
PAR-RAPPORT 'A
LA HOLLANDE.

§. 5.

LETTRE DE MESSIEURS LES ETATS DU DUCHE' DE GUELDRE ET DU COMTE' DE ZUTPHEN, 'A MESSIEURS LES ETATS DE HOLLANDE ET WEST-FRISE, TOUCHANT LES DEUX POINTS I. D'UNE AUGMENTATION DES FORCES PAR TERRE, ET II. DE L'EQUIPPEMENT DE QUELQUES VAISSEAUX POUR PROTEGER LE COMMERCE ET LA NAVIGATION.

NOBLES ET PUISSANS SEIGNEURS, CHERS AMIS, VOISINS ET CONFEDERE'S!

Nous avons reçu en son tems la Lettre de Vos Nobles & Grandes Puissances datée de la Haye le 26. de Sept. dernier *, tendant, pour les Raisons y alleguées,

que

* Il ne faut pas s'étonner de voir ici cette Reponse,

 &

que nous nous défîlions de nôtre Refus à consentir dans l'équipement par mer. Au lieu de
conclure à l'augmentation des Trouppes de l'E-
tat, telle qu'elle a été proposée au Conseil de
l'Etat le 9. de Juillet 1755. par son A. R. Vous
insistez à demander nôtre consentement à l'E-
quipement susdit, tel qu'il a été proposé par
Vos Nobles Puissances le 24. Juin de cette année.   L'ayant donc pris en déliberation dans
nôtre Conseil, nous n'avons pas été peu surpris,
d'y trouver réprésenté nôtre Résolution sur le
sujet de cet Equippement, comme sans exemple, incompatible avec les Principes de l'Union,
& absolument répugnante à la conservation d'u-
ne bonne harmonie, si nécessaire en tous tems,
& qui l'est sur tout dans ce tems-ci.

Nous ne pouvons pas dissimuler, que ces
reproches ne nous soient sensibles, ne sachant non
seulement d'y avoir donné la moindre occasion
par nôtre Résolution, mais d'avoir sujet plûtôt
de nous plaindre de la conduite de Vos Nobles
Puissances, si nous n'en étions pas rétenus par
égard pour la bonne harmonie & par l'esperance que Vos Nobles Puissances ne fassent enfin

re-

& qu'on n'ait pas vû la Lettre des Etats d'Hollande.
Ces Seigneurs, conformément aux Loix de la Republique, ne publient point les Affaires d'Etat, &
c'est une preuve que leur Lettre doit avoir été très solide, puisque le Parti contraire, contre sa coutume,
ne la divulgue point dans toute son étendüe.

reflexion à nos justes rémontrances & à celles des trois autres Provinces.

Nous nous voyons donc forcés N. & P. S. de parler & de montrer à tout le monde, qu'il ne tient pas à nous, que la Republique ne soit dans un état de defense par terre & par mer. Nous vous rappellons le souvenir, Messieurs, qu'il y a plus de trois ans, qu'à l'apparence d'un danger pour la Republique, au commencement des Troubles entre la France & la Grande Bretagne, Son A. R. a proposé au Conseil d'Etat une puissante augmentation, non pas pour se mêler dans les troubles, mais pour couvrir les frontieres de l'Etat contre toute insulte. Ces troubles sont accrus depuis, & de l'Amerique elles se sont repandues tellement en Europe, que le feu de la guerre s'est approché l'année passée des frontières de l'Etat; que nos Provinces en particulier, étoient comme enfermées par les Armées, & exposées à tout moment aux incursions, invasions, & surprises, qui ne peuvent être prévues, & encore moins parées & empêchées, faute d'une milice suffisante. Nous le devons uniquement à la bonté du Tout Puissant, non pas à Vos Soins, Messieurs, que nous avons été sauvé dans ces tems & circonstances si critiques. Nous n'avons pas laissé d'informer duement les Conféderés de la situation dange- reuse, où nous nous trouvions, faisant des in- stances, pour que l'augmentation proposée, &

E 2

très

très neceſſaire, fut enfin réſolue; mais nos inſtances, ni celles de la Province d'Over - Yſſel,
qui ſe trouve que dans le même cas que nous, ni le
Conſentement des Provinces d'Utrecht Ville &
villages, ni même les répréſentations ſerieuſes &
réitérées de Son A. R., n'ont juſqu'ici pu effectuer, que vous fuſſiez entré dans nos peines,
N. & P. Seigneurs! & que vous euſſiez conjointement avec nous pourveu à la ſeureté de la République, la neutralité de la quelle courroit grand
riſque d'être violée & rompue, à deſſein ou par
hazard. Nous ſerions les premiers en rang qui
en ſentiroient les triſtes évenements, leſquels ne
manqueroient pas de ſe répandre dans les autres
Provinces, & vous ne dévriez pas, Meſſieurs,
vous flatter d'en être épargnés.   Au milieu de
cette angoiſſe qui nous a troublé ſi long-tems,
ſans que nous puſſions obtenir le moyen d'en ſortir, le malheur de la guerre s'eſt fait ſentir à
votre Province, N. & P. Seigneurs! La Navigation
des ſujets étant tellement empêchée, que le
Marchand n'ôſe plus equipper, ni l'Aſſeura-
teur, aſſeurer, cela vous a obligé, Nobles
Puiſſants Seigneurs, de propoſer à la Généralité un équipage de quelques vaiſſeaux de guerre
& de deux fregates, pour la defenſe du Commerce de l'Etat contre toute inſulte.

Auſſi-tôt que nous en fumes inſtruits, nous
l'avons pris en déliberation; il nous a parû
que, puiſque dans cet éminent danger, qui mé-

                                        na-

naçoit l'Etat, nous avions imploré l'affiſtence de nos Conféderés, il étoit juſte, & que le Bien Public le demandoit, de ne pas être indifferent à ce qui concerne vôtre Province, Meſſieurs, & qu'il n'étoit pas ſuffiſant de ſecourir la République par terre, pendant qu'elle demeureroit expoſée par mer; que les circonſtances demandoient à tous égards, de mettre la République en état de pouvoir ſoutenir ſa Neutralité par terre & par mer. Que ce ſentiment ſincère de nôtre part, perſuadroit V. N. P. à ne pas répondre par un refus à l'affiſtence que nous avons demandé; parceque nous ne ferions aucune difficulté de conſentir à l'équippement propoſé, à condition pourtant „que l'augmenta- „tion des Trouppes par terre, auſſi néceſſaire, „ou plus encore,) ſoit en même tems réſolue. Nous vous avons mis, par là en état Meſſieurs! autant qu'il eſt en nous, de ſecourir non ſeulement partie de la République, mais toute en général, par le Conſentement à l'augmentation par terre & par mer. Et en cas, que vous ne l'aggréeriez pas, vous ſeriez ſeuls reſponſables (non pas nous) du déſaſtre qui pourroit ſurvenir à la République, à cauſe qu'elle eſt ſans défenſe. Nous ne pourrons jamais nous réſoudre, à renoncer à nôtre propre ſalut ni à celui de la République en général; nous tacherons au contraire par tous les moyens poſſibles, de contribuer de nôtre mieux à tout ce que nous eſtimons le plus ſalutaire à la Patrie.

E 3

Pour

Pour dire les choſes comme elles ſont, nous déclarons rondement, que nous ne pouvons comprendre les raiſons, qui vous ont pu réteñir, N. & P. Seigneurs! de reflechir à nos juſtes rémontrances, qui, par la ſituation où ſe trouve la République, ſe demontre clairement. C'eſt une choſe hors de conteſtation, que la Milice que la République a ſur pied, ſuffit à peine pour la garniſon des Villes & des fortereſſes; que dans le voiſinage de l'Etat il ſe trouve deux armées des Puiſſances en guerre; qu'il en pourroit réſulter des accidens à la République, qu'elle ne peut prévoir ni prévenir, & que le Pais eſt dans une continuelle crainte d'être envelopé dans les troubles. Si l'on excepte ceux qui ſont engagés dans la guerre, la République n'a point d'autres alliés, qui pourroient la tirer de cet embarras. En cas donc, qu'il ne fût pas poſſible de trouver des expediens, au moins d'aſſez efficaces, pour rémedier d'abord au mal, elle ſeroit donc abandonnée au hazard: une République, qui d'ancien tems s'eſt rendue célébre par ſa ſageſſe & ſa politique chez tous les peuples du monde! Cela ſurpaſſeroit tout entendement humain; Nous ne balançons pas de dire, que cette conduite ſeroit ſans exemple, & repugneroit non ſeulement aux principes de l'Union, mais ſeroit tout-à-fait propre pour la rompre.

Il eſt vrai, que juſqu'ici le Ciel a garanti ces Provinces & la République; mais qui peut ſe promettre, ou eſperer avec fondement, qu'il en ira toujours de même, ſi l'on néglige de prendre les moyens par leſquels, à l'aide du Tout Puiſſant, on peut ſe deffendre?

On ſait par l'experience, par les Evenemens des tems paſſés, qu'il ne faut rien négliger, quand il s'agit de ſécourir le Bien Public; qu'il faut tacher de prévenir le deſaſtre qui ménace, & qu'il eſt trop tard, quand l'ennemi eſt devant les portes. C'eſt pourquoi nous Vous prions, Nobles & Puiſſans Seigneurs! pour l'amour de la Conſervation de la Patrie, de concourrir, avec nous & les autres Conféderés, à l'augmentation propoſée des Trouppes par terre: c'eſt le moyen de bannir toute crainte, & de conſerver la neutralité de la République au milieu des fureurs de cette guerre.

Sans cela tous les ſoins qu'on puiſſe donner au commerce & à la navigation ſeroit envain, abſolument inutile. Ils peuvent bien faire ſubſiſter un Païs aſſeuré, mais non pas aſſeurer & défendre un Païs ſans défenſe.

Voila la Raiſon, Nobles & Puiſſans Seigneurs! qui nous perſuadent, qu'il faut avoir ſoin de l'un comme de l'autre.

Ces deux choſes ſont d'une même nature, & également neceſſaires. Nôtre Prétention n'eſt pas ſans exemple, & ne ſert qu'à rendre

l'Ul'Union plus étroite, & à affermir le lien de l'amitié & de la bonne harmonie. Nous serions inexcusables à nos citoyens, qui se confient à nos soins, si en cela nous suivions d'autres mesures.

Nous ne pouvons pas approuver la proposition, que l'équippement se feroit des fonds du Commerce, & par consequent sans nous charger; parceque, non pas le Commerce, mais tout le Païs seroit responsable des dettes qui seroient faites à l'occasion de cet équippement. Pour n'en point douter, on n'a qu'à considerer, que les déniers nécessaires pour cet effet seroient negociés sur certain comptoir, provisionellement, dans l'intention, oui, de les rembourser des impots du Commerce, mais sans asseurance, qu'ils seront remboursés : En cas donc, que ces deniers ne s'y trouvent pas, il s'en va sans dire, que la charge reste sur le Païs.

Nous ne pouvons pas non plus avöuer en aucune manière la proposition: que l'Amirauté feroit en état, ou pouvoit être mis en état, de donner, de son propre chef, la protection si extraordinaire, dont il s'agit ici.

Nous comprennons, que les Colleges de l'Amirauté sont des colleges de l'Union, qui en toutes choses, à la reserve du menage quotidien, dependent des ordres des Confederés, & par consequent ne sont pas qualifiés à disposer d'un équipage extraordinaire de 6. vaisseaux,

du

du pavillon & des vaisseaux de guerre de l'E-
tat, sans le Consentement des Confederés; La
République pourroit être engagée par cela dans
des difficultés, qu'elle doit tacher d'eviter par
tous les moyens. Nous aurions plus à dire sur ce
sujet, si nous ne savions pas, qu'il n'est pas
question de cela, & que vous ne l'avez allegué
Nob. & Puiss. Seigneurs! qu'à l'occasion de
l'état des finances des Colleges réspectifs
de l'Amirauté, ce qui ne nous régarde aucunement.

Aussi ne trouvons-nous pas, que la difference du Quote des Provinces puisse avoir rapport
à notre Refus de consentir aux desirs de vos N. &
G. P., puisque chaque Province, taxée selon ses
facultés, l'une ne paye pas plus que l'autre; ainsi,
que les 3. Provinces, qui ensemble contrib ent
dans l'Union environ 80. pour cent, ne four-
nissent en effet pas plus que les 4. Provinces qui
contribuent environ 20. pour cent aux charges
de l'Union. Comme chacune d'Elles, a le
même Droit dans les affaires concernant la Con-
federation, consequemment aussi dans cette
Equippement extraordinaire, tel qu'il a été
proposé par Vous, Nobles & Puiss. Seigneurs!
il ne nous seroit pas désagréable, qu'on le prendroit sur le même pied, que Vous en avez ci-
té l'exemple N. & P. Seigneurs! dans la guerre
de succession (Resolutions de Leurs H. P.
du 24. Febr. 1701. & du 17. Febr. 1712.) Nous

E 5   n'au-

n'aurions pas alors fujet de nous plaindre de ce
que la force par terre eft négligée, comme les
Regiftres de leurs H. P. de ce tems-là le témoi-
geront clairement.

Il faut que nous rémarquions encore, que ce
n'a jamais été nôtre intention, d'infifter particulierement au tranfport des bataillons de Naf-
fau & de Waldeck dans les frontières de l'Etat;
mais que, les comprennant fous l'augmentation génerale, nous les avons marqué feulement
comme les premiers moyens pour commen-
cer l'augmentation , & que par continuation
le Regiment de Gotha aux Service de l'Etat,
pourroit être mis fur le pied national: c'eft une
chofe qui s'entend d'elle même, n'ayant pas le
moindre rapport à l'augmentation , mais qui
doit être applanie au plutot avec S. A. le Duc
de Gotha, pour mettre le Confeil à-même de
former l'état de guerre pour l'année prochaine.

Nous finiffons cette Lettre , dans la jufte attente qu'il vous agréera, N. & P. Seigneurs, de
régarder & de prendre le retardement de nôtre
Réfolution à l'equipement , & nôtre réfolution
pour l'augmentation, comme eloigné de toute
dureté & nouveauté; qu'elle eft fondée fur nôtre perfuafion, qu'il eft impoffible de conferver
l'Etat par le moyen uniquement d'un équipage;
mais que l'augmentation y eft abfolument néceffaire.   Nous la recommendons encore à Vos
ferieufes deliberations Nob. & Puif. Seigneurs!

af-

assurant, que Nous n'aurons rien plus à cœur,
que d'arrêter toujours, à l'aide de Dieu, unanimement & en parfaite harmonie avec Vous,
ce qui peut contribuer essentiellement le plus
au Salut de l'une & de l'autre Province en particulier & des Confederés en Général.   En finissant nous Vous recommendons, Nob. & Puis.
Seigneurs, chers amis, voisins & Confederés, dans
la sainte protection de Dieu.

Donné à Nimegue le 23. Octobr. 1758.

Nous sommes de Vous,

NOBLES ET PUISSANS
SEIGNEURS,

LES BONS AMIS, LES ETATS
DU DUCHÉ DE GUELDRE
ET DU COMTÉ DE ZUT-
PHEN.

REMARQUES SUR LA LETTRE DES ETATS DE GUELDRE ET DU COMTÉ DE ZUPHEN , AUX ETATS DE HOLLAND ET WESTFRISE, DATÉE DU 23. D'OCT. 1757. TOUCHANT L'AUGMENTATION PROPOSÉE.

Autre Lettre sur cette matiére. *

MONSIEUR.

LE Répos dont jouit encore la République peut être regardé comme une suite de la Neutralité que l'Etat garde avec beaucoup de soin. Il y a néanmoins des Raisons d'assez grand poids qui font craindre le contraire. On l'a vû par les Harangues de Mad. la Princesse &c. &c. nombre de motifs bien forts, pourquoi l'augmentation des forces par terre étoit nécessaire. Cépendant Messieurs de la Ville d'Amsterdam ont réprésenté dans leur Avis du 27. Juillet de cette année, l'impossibilité d'effectuer cette augmentation, & l'ont appuié par des argumens solides. Nous avons examiné exactement & fidelement, comme vous le sàvez, cette affaire litigieuse, & trouvé, qu'assûrement la République est
dans

* Cette Leare , qui ne fait que repeter & appuyer le contenu de la précedente , sert à faire voir avec quelle vivacité on s'empresse de faire entrer le Public dans son sens.

dans des circonstances qui rendent fort difficile l'augmentation de la milice, & néanmoins fort nécessaire.

Les arguments sur lesquels cela s'appuïoit, vous sera encore en trop récente mémoire, pour en attendre ici la répétition.

Entre les nouvelles piéces, qui semblent ne perdre pas encore de vûe l'état critique de l'augmentation, il me tombe aujourd'hui entre les mains la Lettre de Messieurs les Etats de Gueldre & du Comté de Zulphen datée du 23. d'Octobre, à Messieurs les Etats de Hollande & Westfrise, qui m'a principalement touché. Cette Lettre merite l'attention de chacun; C'est pourquoi je n'ai pu m'empêcher, de faire mes rémarques sur les principaux points, afin que vous soyez convaincu par des raisons essentielles, qu'il est absolument necessaire, que la République soit mis dans un état de défense. Je vous donnerai en même tems satisfaction sur l'article du commerce, comme non inferieur à celui de l'augmentation, mais qui doit être protegé & assuré de toute force.

Nous trouvons dans la dite Lettre un passage bien rémarquable touchant le sujet de l'equippement. Messieurs les Etats de Gueldre s'y plaignent de ce qu'on avoit mal entendu leur Résolution sur ce sujet. Nous n'entrerons pas trop dans cette matière, ne servant pas à nôtre dessein, quoique nous ne puissions

pas

pas paſſer ſous ſilence ce qui en eſt réſulté; ſavoir: que Meſſieurs les Etats de Gueldre ont
été mis par là dans la neceſſité de parler fran-
chement, & de faire voir à tout le monde,
qu'il ne tient pas à eux, que la République ne
ſe trouve dans un état de défenſe parfait, par
terre auſſi bien que par mer. Nous ne re-
peterons pas ce qui vous en eſt connu; Car
les Provinces de Gueldre & Over-Yſſel au moins
ont fait à tems leurs répreſentations du danger
qui les ménaçoit, ce qui eſt repeté à la fin
de la ſuſdite Lettre: que l'année paſſée
le feu de la guerre s'etoit approché des fróntie-
res de l'Etat non ſeulement, mais que la Province de Gueldre en particulier, en étoit comme envelopée, & expoſée à tous momens aux
incurſions, invaſions, ou ſurpriſes, qui certainement ne pouvoient être prévues, & dont
la délivrance n'eſt due, qu'à la bonté de Dieu
le Tout Puiſſant, comme diſent Meſſieurs les
Etats de Gueldre.

Que les inſtances de la Province d'Over-Yſſel,
& le conſentement de la Province d'Utrecht ville & villages, ni même les répreſentations réiterées de Madame la Princeſſe Gouvernante,
qui avec une Sageſſe & un Zele infatigable a
veillé & travaillé à garantir nôtre chere patrie
de tout outrage & de la préſerver de ſa ruine,
n'ont pu porter la Province de Hollande, à
preri-

prendre part à l'état dangereux des autres Provinces ses Conféderés, & de pourvoir ainsi à la seureté & à la Conservation de la République, la Neutralité de la quelle courroit grand risque d'être violée & rompue, ou par hazard ou à dessein. Alors ils seroient les premiers au rang, disent Mssrs. les Etats de Gueldre, qui en sentiroient les tristes evenements, lesquels ne manqueroient pas de se répandre dans les autres Provinces, & que la Province de Hollande ne devroit pas se flatter d'en être épargnée.

Ce ne sont assurement pas d'injustes ou de foibles Raisons que celles qu'alleguent les Etats de Gueldre, & qui s'appuient par des exemples des tems passés. La Province de Gueldre, n'a-t-elle pas été dans ces circonstances pressantes? n'est-elle pas demeurée long-tems dans cet embarras, sans savoir comment en sortir, ni quel seroit son sort? N'est-elle pas liée à l'Union aussi-bien qu'aucune autre? Son état ne merite-t-il pas d'être aussi-bien consideré, que celui de la Province de Hollande? Voyons quelle impression le Commerce troublé de la Province de Hollande a fait sur Messieurs les Etats de Gueldre: Cet article vous convaincra plainement de la bonne intention de la Province de Gueldre, de ne rien négliger qui puisse contribuer au Bien de la Patrie.

Le malheur de la guerre, disent les Etats de Gueldre dans leur Lettre, se faisant aussi

senfentir à la Province de Hollande, parceque la Navigation de fes fujets eft tellemeut empêchée, qu'elle ne peut plus fe foutenir fans protection, nous a engagé à confentir auffi - tôt que nous en fumes inftruits, dans l'augmentation d'un équipage de 6. vaiffeaux de Guerre & de 2. Fregattes; pour Vous convaincre de nos finceres fentimens d'affifter nos Confederés, mais, continuent les Etas de Gueldre, à condition pourtant que l'augmentation des Trouppes foit refolue en même tems. En cas que vous ne l'aggreeriez pas N. & P. Seigneurs! s'expliquent les Etats de Gueldre, Vous feriez feuls refponfables, non pas nous, du défaftre qui pourroit furvenir à la République, à caufe qu'elle eft fans défenfe. Nous ne pourrons jamais nous réfoudre à renoncer à nôtre propre falut ni à celui de la Republique en géneral; nous tacherons au contraire par tous les moyens poffibles de contribuer de nôtre mieux à tout ce que nous eftimons le plus Salutaire à la République.

6.

MEMOIRES

POUR SERVIR 'A

L'HISTOIRE

DE NOTRE TEMS,

PAR-RAPPORT 'A

LA HOLLANDE.

6.

SUITE DES REMARQUES PRE'CEDENTES
SUR LA LET. DE MESSIEURS LES ETATS
DU DUCHE' DE GUELDRE ET DU
COMTE' DE ZUTPHEN, 'A MESSIEURS
LES ETATS DE HOLLANDE ET WEST-
FRISE, TOUCHANT LES DEUX POINTS
I. D'UNE AUGMENTATION DES FOR-
CES PAR TERRE, ET II. DE L'EQUIPPE-
MENT DE QUELQUES VAISSEAUX
POUR PROTEGER LE COMMER-
CE ET LA NAVIGATION.

LEs États de Gueldre difent dans leur
Lettre addreffée 23. Octobr. 1758.
aux États d'Hollande. „ Nous dé-
„ clarons rondement, que nous ne pouvons
„ pas comprendre les raifons, qui vous ont pu
F   „ re-

„ retenir N. & P. Seigneurs de réflechir à nos
„ juſtes rémontrançes touchant la Situation où
„ ſe trouve la Republique.

Ici, Meſſieurs les Etats de Gueldre viennent
à l'état de nôtre milice, ils ne la jugent pas aſſez
ſuffiſante pour la garniſon des villes & des fortereſſes; encore moins, qu'elle pourroit empecher les incurſions de deux Armées dans le
voiſinage; & qu'à cauſe de ſi peu de forces nous
etions dans une continuelle crainte d'être enve-
lopés dans les troubles.

Cette Reflexion me paroit être hors de Conteſtation; autant que les forces militaires de la
République ne ſeront pas ſur un pied parfait, le
ſort de la République ſera toujours douteux. Et
ſur quels alliés de l'Etat pourrions nous compter? Mrs. les Etats de Gueldre diſent expreſſe-
ment, que l'Etat n'a d'autres alliés que ceux
qui ſont engagés dans la guerre, qui pourroient
la tirer d'un tel embarras; qu'en Cas donc,
qu'il ne fut pas poſſible de trouver des expediens, au moins d'aſſez efficaces pour rémedier d'abord au mal, la République ſeroit abandonnée au hazard: Conduite qui ſurpaſſe
tout entendement humain, qui ſeroit, diſent-
ils, ſans exemple & repugnante aux principes de
l'Union non ſeulement, mais tout à fait propre
& efficace pour la rompre. Dans la Suite de la
Lettre ils diſent; qu'il ne faut rien negliger
quand il s'agit du Bien public, qu'il falloit tacher

cher de prevenir le defaftre qui menace, & qu'il eft trop tard, quand l'ennemi eft devant les portes, ainfi qu'on l'a vû par la malheureufe experience des evenemens dans les tems paffés. L'augmentation étant donc neceffaire telle qu'elle a été propofée par Madame la Princeffe, les Etats de Gueldre prient les Etats de Hollande d'y concourrir.

Voila les plus folides argumens de la neceffité d'une augmentation, pour conferver par ce moyen la Neutralité de la République dans cette guerre. Nous allons donc rémarquer quelle eft la difference entre une augmentation par terre & par mer.

La protection du commerce & de la navigation, feule, difent les Etats de Gueldre, feroit en vain, & d'aucune utilité : Il eft vrai, ils peuvent bien faire fubfifter un Païs défendu, mais non pas affeurer un Païs fans défenfe. C'eft pourquoi nous fommes d'avis, qu'il faut avoir foin de l'un comme de l'autre. Nous ferions inexcufables à nos Citoyens, qui fe confient à nos foins, fi nous negligions une de ces deux chofes. La Refolution, dont il eft parlé au Commencement de la Lettre des Etats de Gueldre, n'a donc d'autres raifons que la néceffité d'une augmentation par terre auffi bien que par mer, & elle ne tend qu'à ferrer plus etroitement les liens de l'Union & de l'amitié. Avez vous bien fenti cette affertion, que le Com-

          mer=

merce, qui fait bien subsister nôtre Païs, ne
veut rien dire, si on neglige d'assurer le Païs?
Que le marchand se porte bien, qu'il ne crie
plus contre les pillages & dépredations, ainsi
dites, des Anglois, cela peut-il garantir l'Etat
d'une incursion, soit par accident ou à dessein?
Une flotte de 80. Vaisseaux de guerre, supposé que nous l'ayions, peut-elle être du moindre
sécours, contre une invasion imprevue de l'une
des deux armées qui sont aux frontieres de Gueldre & Over-Yssel? Non, asseurement. Ce
sont d'aveugles Raisonnemens de ceux qui
supposent simplement, que nôtre Patrie ne
pourroit subsister sans le commerce & la navigation libre, & que le commerce est le seul
nerf qui la soutient. Je l'avoue que c'en est
le nerf, ...considéré en soi même; mais vouloir
tout sacrifier à ce nerf pendant que d'un autre
coté elle est menacée d'un mal beaucoup plus
grand, cela est une chose, il me semble, incompatible avec nôtre interêt. Je le demande,
si nous donnions au Commerce la protection
demandée, & que nous ne régardions pas le
danger qui nous ménace du Côté de terre, quel
avantage en aurions nous? Si, par exemple,
quelcun fermoit la porte de dévant de sa maison, à doubles serrures, cadenats, & verroux,
pour empêcher qu'il ne soit volé, & qu'il negli-
geât d'user de la même précaution à la porte

de

de derrière, est-il hors de danger d'être volé? Je crois que non, & cela est sans Contestation.

Il en est de même de nos forces par terre, & par mer: Il ne faut pas soutenir doublement celles-ci & negliger l'autre. Ce deux choses sont d'une même nature. Les Etats de Gueldre ont pour cette raison consenti dans la protection du Commerce, à condition, qu'il soit pourvû à la seureté du Païs aussi bien qu'à celle de la navigation.

Pour ce qui est des fraix de l'equipage proposé, les Etats de Gueldre avouent dans leur sus-dite Lettre, que, quoiqu'ils dévroient être pris de la bourse du Commerce ils séroient né-gociés provisionellement sur certain comptoir, & qu'en cas que la bourse du Commerce ne fut pas suffisante pour les rembourser, la charge re-steroit sur le Païs.

Je l'avoue aussi avec les Etats de Gueldre, & cela par de bonnes raisons; de même que ce-ci, queles Colleges de l'Amirauté respectivement dependent des ordres des Confedéres, c'est à dire des Etats des Sept Provinces ensemble, & qu'ils ne sont nullement en Droit de disposer du pavillon de l'Etat, sans le Consentement des Confederés, & d'engager peut-être la Républi-que dans des difficultés avec d'autres Puissances. Cela est une rémarque particuliere des Etats de Gueldre, qui n'est pas à mepriser, ni contre la verité.

F 3 Ré-

Rémarquons encore que, quoique l'Etat des
finances ait été depeint comme étant dans un
état deplorable, & du quel la Ville d'Amsterdam se plaint particuliérement, elles ne sont
pas si épuisées, qu'on ne pouroit pas aussi entreprendre une augmentation de forces par terre.
Les Etats de Gueldre disent, que si cette
augmentation est rélative à l'economie generale
de l'Etat, l'une des Provinces n'est pas chargée plus
que l'autre ; car quoique 3. Provinces contribuent
environ 80. pour cent, elles ne donnent pas
plus en effet, pour leur Quote, que les quatre
autres qui ne contribuent que 20. pour cent.

Et si la Ville d'Amsterdam seule portoit 80.
pour cent des charges publiques, elle ne payeroit pas une obole de plus qu'aucune des autres
Provinces : telle est l'economie de la République.
Il n'y a donc pas de quoi se plaindre que l'une des
Provinces ne fournit pas autant que l'autre, &
d'en vouloir faire un prétexte de perdre de vue
les mesures salutaires de Madame la Princesse,
de la Noblesse & des Provinces de Gueldre &
Over-Yssel.

Mais au lieu de m'etendre encore sur l'Etat
des finances, je finirai ici mes annotations sur
la Lettre des Etats de Gueldre, persuadé, que
le refus de leur Résolution pour l'equippement est absolument exempt de dureté & solide-
ment motivé, & qu'il ne provient que de
la persuasion fondée, qu'il est impossible de
con-

conferver l'Etat par le moyen d'un équipage uniquement, mais que l'augmentation des forces par terre eft abfolument neceffaire. Je ne doute pas de votre fidelité & de vôtre amour pour la patrie, & que Vous ne manquerez pas d'approuver cette Conduite des Etats de Gueldre, perfuadé, que plus les forces militaires de l'Etat font petites, plus on doit fonger à l'augmentation, comme le feul moyen d'affeurer la neutralité, le Répos & la Paix à nôtre chere Patrie.

PRE'CIS DES FAITS PAR-RAPPORT AUX TROUBLES PRESENTS.

*Confiderations d'un Patriote Hollandois fur la Conduite de l'Angleterre à l'égard de la République.**

POur bien comprendre la folidité des raifons pour augmenter les Forces par mer, il faut être inftruit de ce que la Republique a déja fouffert.

On fuppofoit avec juftice la Paix rétablie par le Traité d'Aix-la-Chapelle; mais quelques prétentions réciproques dans l'Amérique Septentrionale entre S. M. T. Chr. & S. M. Britannique, au mépris formel des Commiffaires établis pour en traiter amiablement, l'Angleterre a fait ouvrir les yeux à l'Europe fur fon deffein de fapper & d'engloutir le Commerce des Nations

F 4

Ma-

* V. d. C. d'A.

Maritimes, de l'envahir dans les deux Indes, au Lévant & au Ponent, en détruifant l'Efprit des Conventions les plus claires & les plus facrées.

Remontons un peu plus haut. Guillaume III. Prince d'Orange rendit Louis XIV. odieux, pour engager une Guerre contre la France, & fous ce pretexte augmenter les Troupes de la République, mais Amfterdam s'y oppofa tellement, qu'il tenta de furprendre cette Ville; ce qui n'ayant pas réuffi, il fit arrêter divers membres & les fit emprifonner à Louveftein.

Le même Prince d'Orange ayant fubjugué enfin les Hollandois par la deftruction des de Witt & de la pretendue faction de Louveftein, il détrôna Jacques II. pour fe faire Roi d'Angleterre. C'eft ainfi que pour parvenir à fes fins, il exerça fi bien fes talens fur la France, qu'il réuffit à cacher fes vûes profondes, & que fon Ambition fit que l'Europe entiere fut liguée par fon intrigue.

La Paix de Ryfwick ferma la Scene de la Ligue d'Ausbourg, la plus redoutable qui ait été formée depuis celle de Cambrai; la Politique de Louis XIV. lui fit reftituer une partie de fes Conquêtes, il reconnut l'Ufurpateur pour légitime poffeffeur des Iles Britanniques: il prévoyoit l'inftant favorable, où il pourroit faire tomber la Couronne d'Efpagne fur la tête de fon petit Fils; Guillaume entrevit ce deffein & tâchâ

de

de le rompre, par l'amorce de deux Traités de partage; c'étoit un coup de maître, qui en affoibliſſant la Monarchie d'Eſpagne, le rendoit l'arbitre des Intérêts de l'Europe. Il étoit le Dictateur des ſept Provinces & leur Idole, il crût qu'en ſa qualité de Roi d'une Nation belliqueuſe, riche & Commerçante, c'étoit ſon tour d'aſpirer *à l'Empire univerſel de la Mer*; il s'affermit dans ce deſſein. Cette ambition fut l'ame de ſa conduite, il n'étoit embaraſſé que du choix des moyens; la mort du Prince Electoral de Baviere les avoit changés, le Teſtament de Charles II. accepté par Louis XIV. venoit de renverſer l'Edifice informe du dernier Traité de partage: il ne lui reſtoit d'autre expédient que de recommencer la Guerre. Tout le favoriſa; le deſarmement des Garniſons Hollandoiſes aux Pays-Bas, la reconnoiſſance du Fils de Jacques II. en qualité de Roi de la Grande-Bretagne, irriterent les deux Nations & les firent concourir à la Rupture de la Paix & à recommencer les hoſtilités, quoiqu'elles euſſent reconnu Philippe V. Roi des Eſpagnes; ainſi ſe forma la grande Alliance de 1701. ſans autre motif de la part de la Grande-Bretagne, que, d'obtenir *une ſûreté ſuffiſante pour la Navigation & le Commerce de ſes Sujets*; car la ſatisfaction prétendue pour la Maiſon d'Autriche lui tenoit peu à cœur: on diſoit à la vérité qu'on vouloit lui en procurer *une raiſonnable*; mais l'unique but étoit en laiſſant Philippe

F ſ   V.

V. sur le Trône, de le lui faire payer cher, en extorquant de lui un Commerce libre au Pérou, au Méxique, aux Philippines &c., pour achever de ruiner l'Espagne & d'en fermer l'entrée aux autres Nations. Une attention constante dans la poursuite de cet objet, a été le mobile de toutes les résolutions du Cabinet de Londres: la Reine Anne après la mort de Guillaume ne s'en détacha pas; Elle fut zélée pour Charles VI. tandis qu'il ne fut que Charles III. d'Espagne, mais elle ne perdit jamais de vûe d'enrichir ses Sujets aux dépens des Espagnols & des Hollandois, elle sçut faire armer ces mêmes Hollandois & toute l'Allemagne, pour cela. Quand il fut question de la Paix, elle déclara: *Qu'elle ne souffriroit pas que la République des Provinces-Unies eût Garnison conjointement avec elle dans Gibraltar & Port-Mahon, ni qu'elle partageât l'Assiento, le Vaisseau de la Mer du Sud, ni rien de ce qui seroit accordé par les Espagnols en faveur de la Grande-Bretagne;* elle donna la Loi à tous les Alliés à Utrecht, *avec le préjugé, qu'elle en avoit le Droit.* Elle les avoit sacrifiés à Denain, sans quoi les événemens de cette Campagne eussent été favorables à la République; mais la crainte de la Cour de Londres, d'être obligée de partager ce qu'elle se proposoit de recueillir exclusivement de la fin de la Guerre, lui fit ordonner au Duc d'Ormond de ne pas combattre. De quel front cette démarche fut-elle faite? au lieu d'emd'employer toutes ſes forces & tous ſes ſoins pour un Allié qui lui avoit été ſi fidèle, depuis la grande Alliance, & qui n'en avoit ſupporté les charges qu'en épuiſant ſes Sujets, l'Angleterre donna-t-elle d'autre raiſon, *que ſa volonté*, & n'abandonna-t-elle pas l'Etat avec une perfidie, dont il ne doit jamais perdre la mémoire, non plus que des diſgraces dont elle fut ſuivie? avec quelle jalouſie ne voit-elle pas la Compagnie des Indes d'Amſterdam, par ſon établiſſement de Batavia, faire fleurir ſon Commerce dans les Iles de la Sonde, aux Celebes, aux Moluques, à Ceylon, ſur la Côte de Malabar, de Coromandel, à la Chine & au Japon? les Regiſtres de la Republique ſont remplis des plaintes des Gouverneurs de Surinam & de Curaçao, contre les entrepriſes des Anglois en pleine Paix; peut-on ſouffrir ſans indignation le ton avec lequel Mr. York déclare, que le Roi ſon maitre ne permettra pas que les Vaiſſeaux Marchands Hollandois ſervent à aucun Commerce avec les Colonies Françoiſes en Amérique, après que cette Déclaration a été précédée de l'enlévement de nos plus riches Bâtimens, détenus & pillés dans les Ports de S. M. Br., au grand préjudice, à la honte & à la ruine des Sujets des Provinces-Unies, auxquels comme à ceux d'un Etat neutre la navigation doit être libre, en ſe conformant aux Traités à cet égard, & s'abſtenant de la Contrebande. L'honneur & l'intérêt de la

Ré-

République doivent lui faire prendre des réfolutions vigoureuſes, pour arrêter de pareils attentats contre ſon indépendance; cependant on voit d'un œil tranquile les complots illicites qui donnent le branle à la plûpart des affaires; on ne ceſſe d'avoir les oreilles percées des cris de l'augmentation d'une Armée *aſſez nombreuſe*, tandis que par une affectation ſuſpecte l'on ouvre à peine la bouche pour demander *cell*e *de la Marine*, d'où dépend la gloire du Pavillon, & la ſûreté du Commerce; que diroient Jean de Witt, Ruyter & Evertſen, ſi l'on pouvoit les rappeller à la vie, en voyant une République autrefois ſi célébre & ſi reſpectée endurer ignominieuſement des outrages d'une nature à être vangés, tandis qu'eux, avec tant de valeur, ont été autrefois brûler les Flottes Angloiſes dans la Tamiſe, pour défendre l'honneur, les Poſſeſſions & les Droits de la Souveraineté du Lion Belgique; il n'y a qu'à relire leurs Mémoires & l'Hiſtoire de leur vie, pour s'animer de ces grands & généreux ſentimens, auxquels un Etat eſt toujours redevable de ſa gloire & de ſon ſalut.

Hollandois, méditez Leonidas, ſortez de votre aſſoupiſſement & imitez cés braves Grecs, qui ſe défendirent avec tant de courage contre un Roi puiſſant qui vouloit les ſubjuguer, votre Commerce deviendra libre par toutes les Mers du monde; liguez-vous avec les Nations

Ma-

Maritimes également intéreſſées à s'unir avec vous, à embraſſer votre défenſe, à tirer ſatis-faction de leurs propres griefs & à aſſurer leur conſervation; vous avez aſſez de Troupes pour vous garder, c'eſt du côté de la Mer *que vous devez tourner vos efforts*; un pareil Conſeil don-né à propos dans une autre conjoncture ſauva autrefois vos Provinces, en même tems que de Ruyter combattoit pour vous; regardez com-me ennemis de votre proſpérité & peut être comme les autheurs de votre deſtruction ceux qui s'oppoſeront à de pareilles méſures: la France, l'Eſpagne, la Ruſſie, la Suéde, le Dan-nemarck entreront en ligue avec vous; il n'y a aucune de ces Puiſſances, qui n'en aient de for-tes raiſons, vos affaires ſont maintenant rédui-tes à un état de violence, qui exige la réſolu-tion la plus forte & la plus prompte; faites pa-roître votre amour de la Patrie, dans ce danger éminent, aux yeux de ceux qui veulent vous faire reſter dans une fauſſe ſécurité; regardez-les comme dignes d'être pourſuivis par toutes les voyes, que votre prudence vous ſuggerera; vous connoîtrez bien-tôt les fins artificieuſes de leur procédé, & vous pénétrerez plus avant dans leur deſſein: toutes leurs actions tendent à faire changer de conſtitution votre Gouver-nement; cet empreſſement à avoir une Armée nombreuſe, à éloigner des affaires ceux qui

peu-

peuvent leur faire ombrage, ce faſte dont ils
ſont environnés dans des tems de calamité,
cette diſtribution des graces, uniquement reſer-
vées pour leurs créatures, ſont des indices clairs
de leur mauvaiſe intention. Mais pour en juger
mieux, il n'y a qu'à remonter aux moyens
dont ils ſe ſont ſervi pour parvenir à leurs fins, &
examiner quelles en ont été les pernicieuſes con-
ſéquences: ils ont érigé *une Monarchie héréditaire* dans un Etat Républicain, ſans diſtinction
de ſexe, pour y ſuccéder à perpetuité, d'où il
s'enſuivra une horrible ſervitude, tôt ou tard;
ils ne ſont occupés que du ſoin d'étendre cette
autorité, de concert avec l'Angleterre, qui lui
forgera de nouveaux Droits, pour vous aſſujet-
tir, prévoyant qu'un jour ſon Roi deviendra
votre Souverain, puiſqu'il eſt infaillible, que
celui qui eſt le maître de la Mer ne ſoit le maître des Côtes. Pour être en Paix avec cette
Couronne, il faut lui tout céder; & pour être
dans ſon Alliance, il faut l'aider à s'emparer de
tout; elle ménace en vous y invitant; & ceux,
de qui vous devriez attendre tout ſecours, ſont
les premiers à conſeiller de vous intimider, par
des deſcentes ſur votre Territoire, pour vous
forcer à être vous-mêmes les inſtrumens de
votre propre perte, en contribuant à l'établiſſement de cet Empire abſolu de la mer, & afin,
qu'après vous avoir aſſervi, on puiſſe par des

Ar-

Armemens prodigieux à vos dépens , & une profusion énorme de vos Tréfors, effrayer & féduire tous les Cabinets , & regner dans les deux Indes, où vous avez fait cette brillante figure, qui a été la fource de votre grandeur, de votre liberté & de vos richeffes.

Vous n'êtes pas, comme je l'ai déja dit, les feuls qui devez concourir à l'abaiffement d'une Nation, qui ne refpecte aucun Traité; le ton impérieux, avec lequel l'Angleterre exigea la revocation de l'Octroi de la Compagnie d'Oftende, fut une infulte commune aux Cours de Vienne & de Madrid; fon Commerce conftant & illicite à la Baye de Campêche, l'abus incroyable qu'elle a fait de l'envoi du Vaiffeau à la Mer du Sud & de l'Affiento, la continuation de fa Contrebande avec les Caracques, font autant de griefs de l'Efpagne, dont elle ne peut négliger le redreffement; fa Neutralité fi peu refpectée fous le Canon de fes Fortereffes par d'injuftes prifes, le droit des Gens violé, par le pillage des Equipages d'un de fes Miniftres, ne lui laiffe que le tems d'avifer à de fages méfures, pour mettre fin à de tels excès, que la dignité de fa Couronne ne lui permet pas de diffimuler. Je ne parle pas de la détention de Gibraltar & de Port-Mahon, extorqués dans un tems, où il falloit céder aux circonftances,

mais,

mais, tant que l'Anglois sera maître du De-
troit, l'Espagnol ne sera pas en sûreté chez
lui, & les Nations Commerçantes ne le passe-
ront *que sous le bon plaisir de la Grande-Bretagne*, puisqu'un Escadre formidable en protége
en tout tems l'injuste possession au Tyran des
deux Mers.

MEMOIRES

POUR SERVIR 'A
L'HISTOIRE
DE NOTRE TEMS,
PAR-RAPPORT 'A
LA HOLLANDE.

7.

SUITE DU PRE'CIS DES FAITS PAR-RAPPORT AUX TROUBLES PRE-SENTS DE LA HOLLAN-DE, &c.

LA France est visiblement la partie la plus intéressée à réprimer les brigandages des Anglois & leur cruauté dans l'Amérique-Septentrionale, où, si elle les laissoit faire elle ne pourroit plus envoyer un Vaisseau, sur-tout, si elle condescendoit à cette *belie prétention des Limites de l'Acadie & de la Nouvelle-Ecosse, selon l'insatiabilité Angloise.* Le Portugal est sa duppe au Brésil, sur la Côte d'Afrique, & à Goa: *sans son Or* le Papier seroit la seule Monnoye cou-

G

rante

rante à Londres; en un mot, il est la victime des échanges. La Russie n'a pas fait un marché plus avantageux, par l'établissement de la Compagnie Angloise, qu'elle souffre dans ses Etats pour le Commerce de la Mer Blanche & de la Perse. Le Dannemarck se laisse enlever ses Matelots en Norwege: il a l'obligation aux Anglois de l'Escadre arrivée sur la Côte de Maroc: Tranquebar les chagrine, & s'ils pouvoient le lui enlever, ils n'y manqueroient pas: le Tribut du Passage du Sund leur est odieux, ils voudroient dominer sur la Baltique, comme dans la mer du Nord: la Compagnie de Gottenbourg s'est formée insensiblement à leur grand déplaisir. Bremen & Verden étant conquis par le Danemarc sur la Suéde, elle seroit impardonnable de ne pas s'unir avec les autres, pour rendre libre le Commerce de l'Elbe, & l'affranchir du pouvoir des Anglois. Ils ont enlévé les deux tiers du Levant aux Venitiens. Smyrne & Constantinople, Alexandrie, & les principales Villes de l'Asie sont habillées de leurs Draps. Ils courrent sus à toutes les Nations sur la Côte de Malabar & de Coromandel. Anson avoit formé le Projet de s'emparer de Canton, malgré les sécours reçus des Chinois pour se radouber & se ravitailler; il leur doit cependant cette opulence scandaleuse à laquelle se réduisent ses exploits, car on ne peut compter pour tels l'incendie d'une Ville & la prise d'un Vaisseau Marchand; ce

n'est

n'eſt pas de Lauriers qu'il eſt couronné, c'eſt de Pommes du Jardin des Heſpérides. Les Génois leur doivent quelque reconnoiſſance, en faveur du Traité de Worms, de la Rebellion qu'ils ont favoriſé en Corſe, du deſſein de Bombarder leur Ville. Naples connoit l'inſolence de ſes Amiraux: la viſite de Mathews & ſon Compliment bleſſe la Majeſté de tous les Rois. Malthe vient d'éprouver leur mépris pour les Azyles. Le Turc même n'eſt pas épargné. La Toſcane a été au moment de ſe voir enléver des Vaiſſeaux qu'elle avoit fait conſtruire chez eux & largement payés. Ils commandent à Livourne, quand ils y ſont. Le Pape les voit mouiller avec dépit à Civitavechia. En un mot, il n'eſt aucun Pavillon à l'abri de leur inſulte & de leur entrepriſe: le détail des faits ſeroit trop long, il faudroit écrire des volumes. Il n'y a qu'à ſe rappeller l'Hiſtoire de la derniere Guerre contre l'Eſpagne & la France, & le début & la continuation de celle-ci. Le Roi de Pruſſe ſeul eſt excepté, à cauſe de la reſſemblance de ſes vûes & de ſon Syſtême: c'eſt le digne Favori de la Grade-Bretagne, *même Projet, mêmes méſures ſur deux Elemens différens, mêmes deſſeins formés de nous ruiner ſur tous les deux.* C'eſt à vous Hollandois, à vous mettre à couvert: je me ſuis acquitté de ce que mon devoir exigeoit de moi envers vous; puiſſiez-vous vous déterminer à ce qui vous ſera le plus glorieux & le plus avan-

G 2

tageux,

tageux, ainſi que les autres Potentats intéreſſés à faire Cauſe commune avec vous. Louis XIV. étoit moins formidable lors de la Ligue d'Augsbourg, que ne l'eſt aujourd'hui cette Puiſſance, qui dès-lors jettoit les Fondemens de l'Uſurpation de l'Empire des Mers, vers lequel elle marche à grands pas.

Le ſilence de l'Eſpagne, de la Ruſſie, de la Suéde & du Dannemarck ne m'empêche pas de croire que nous devons rompre le nôtre, ſur la conduite de l'Angleterre. Vous n'ignorez pas que le principal motif de la derniere Guerre a été, la crainte des Anglois de ne pouvoir jouir des Conceſſions extorquées des Eſpagnols, ou pour mieux dire d'une Contrebande ruineuſe. C'eſt dans ces circonſtances que le dernier Empereur de l'Auguſte Maiſon d'Autriche, laiſſa Héritiere univerſelle de ſes vaſtes Domaines, cette Princeſſe, à la conſervation de laquelle, malgré une foule d'Ennemis ligués, Dieu a veillé ſi merveilleuſement, en lui donnant une Ame forte & un courage viril, qui ne l'a jamais abandonné. La convenance avoit réuni contre elle la France, l'Eſpagne, la Pruſſe, la Saxe, la Baviere, & le Duc de Modene: la Circonſpection & l'Incertitude prirent alors chez nous & en Angleterre la place de la vigueur dans les Conſeils; au lieu de nous fixer à un objet déterminé, nous donnâmes ordre à nos Miniſtres à Verſailles, à Vienne, à Madrid, à Berlin &

à

à Dresde d'y prêcher la voye de Conciliation, au
lieu de lever une Armée qui eût été plus efficace pour perſuader; nous fûmes froids & chancelans dans nos réponſes aux demandes de
l'exécution des Traités que nous avions garantis; l'Angleterre, dont la Politique ne ſe portoit
que ſur la Guerre navale, n'emploioit pas ſes
Armes pour la défenſe de la Fille de Charles VI;
ſa Couronne héréditaire par le droit du Sang,
& par celui d'une Loi reçûe de tout l'Empire,
(dont les principales Puiſſances de l'Europe avoient ſolemnellement juré le maintien) la Couronne, dis-je, alloit tomber de deſſus la tête
de Marie-Théreſe, lorſqu'une heureuſe Révolution dans le Miniſtere Britannique fit embraſſer
d'autres méſures. Cela nous reveilla en 1743;
mais nous ne nous portâmes pas de bonne grace
vers ce qui étoit le plus expédient: des ordres
ſecrets arrêterent nos Troupes dans leur marche vers le Mein, elles n'arriverent, qu'après
la Bataille de Dettingen, & à la veille de prendre des Quartiers-d'hiver. La France, la Cour
de Vienne & celle de Londres furent également
mécontentes de nous. Vouloir ſe mêler de
Grandes Puiſſances rivales, c'eſt s'expoſer à en
être accablé; auſſi avons-nous perdu nos Barrieres à ce jeu dangéreux, & quelque choſe de
plus, je parle d'une partie eſſentielle de nôtre
Liberté, par le rétabliſſement d'une authorité

G 3

dont

dont nôtre Postérité sera la Victime ; Voulons-nous aujourd'hui, en nous fixant à des demi mésures, suivre un aussi mauvais Plan, le même effet en résultera : nous avons perdu nos Barrieres, nous perdrons les principales Branches de notre Commerce.

Il m'est aisé de prouver que l'Angleterre nous fait la Guerre par la prise de nos Vaisseaux, & qu'elle nous la déclare par la bouche de Mr. York ; ne devons - nous pas nous défendre & user de représailles, puisque nos Représentations au Roi d'Angleterre sont de peu d'effet ; n'est-ce pas une chose inconcevable que l'on veuille nous dépouiller d'un Commerce légitime avec les Colonies Françoises, parce qu'il plait aux Anglois d'infester toutes les Mers ; Aggresseurs dans cette Guerre contre la foi des Traités, ils nous ont demandé sans pudeur les secours stipulés pour un défensif comme s'ils étoient attaqués ; & dans le tems qu'ils les reclamoient, ils violentoient sans honte. Ces Infracteurs de tous les Droits n'obligent - ils pas l'Etat à repousser la force par la force & à vanger ses Sujets lezés ; il me semble que cela est incontestable, je soutiens même qu'il ne nous reste que cette voye-là : les Négocians, qui font une portion considérable de notre Nation, demandent le rétablissement de notre Marine anéantie ; notre conduite nous rendroit inexcusables, si nous ne les satisfaisions pas ; & je suis dans la conviction

que

que dans l'état où eſt l'Europe Maritime, elle portera le même jugement, & qu'elle ſe joindra à nous ; mais ce ne ſera pas quand tout nous acheminera vers la même faute que nous avons commiſe pendant la derniere Guerre. Que ſignifie cette augmentation puſillanime de ſix Vaiſſeaux, au de là des dix huit que nous avons en Commiſſion ; en ſerons-nous moins dans la dépendance des Anglois, qui couvrent les Mers d'Eſcadres formidables ? c'eſt augmenter notre dépenſe ſans contribuer à notre ſûreté. Je me borne à une ſimple queſtion ; doit-il y avoir en Europe une Nation, qui opprime le Commerce des autres ? Non. Il y en a cependant une qui uſurpe la liberté de leur interdire la Navigation ſans aucun ombre de juſtice. Pourquoi donc ne pas ſe lier d'Intérêt entr'elles, & ſur-tout nous, du moins avec l'Eſpagne, pour s'oppoſer au Plan & aux vûes de la Grande-Bretagne : notre conſervation l'exige. La baze ſur laquelle nous devons édifier nôtre Syſtême, le plus utile au maintien de notre Commerce, eſt non ſeulement d'uſer de Repréſailles, mais d'oppoſer, comme je l'ai déja dit, la force ; ſi notre pouvoir n'eſt pas ſuffiſant, n'eſt-il pas naturel de requerir les Puiſſances intéreſſées comme nous, à réunir leurs efforts avec les nôtres, pour élever une Digue en faveur de la Liberté commune.

L'é-

L'étroite Liaison qui s'est formée entre les Cours de Londres & de Berlin augmente nos allarmes. Embden à nos Portes, avec Brêmen & Stade, occupés par une Garnison Angloise ou Hannovrienne, va nous priver du Commerce de l'Ems, du Wezer & de l'Elbe; le ton absolu dont on nous parle nous l'annonce : car si le premier pas de l'Angleterre nous coupe toute communication avec les Antilles & le Canada, à plus forte raison leur Politique nous excluera-t-elle des avantages dont elle sera la Maîtresse de joüir exclusivement dans le Nord de l'Europe? Elle nous a fait la Guerre pour nous enlever notre Commerce plus d'une fois, déclarons-la lui pour le conserver; des Puissances nous tendent les bras pour nous défendre, l'Espagne soutiendra sa propre Cause, la Suede, le Dannemarck & la Russie s'engageront dans l'Alliance; sonnons donc l'allarme à toutes ces Cours; reveillons-les contre le Ministere de Londres, qui veut les dominer. Un de ces Ecrivains Commerçans de Londres, Mr. Hook de Bristol, a prouvé que la Nation profitoit annuellement d'onze Millions Sterlins sur les autres, & que la masse d'argent monnoié s'étoit augmentée depuis 1600., sous le Regne d'Elizabeth, jusqu'à l'année 1749. de 160. M. L. Sterl. par an : à quel dégré de Puissance énorme ce talent de l'Anglois de faire circuler l'Argent & sa Marchandise ne l'élevera-t-il pas? Ce Peuple,
avide,

avide, industrieux, d'un travail actif, d'une Politique Carthaginoise, enflé de ses succès, méprise déja tous les autres; toutes les voyes lui paroissent propres à acquerir, sa présomption beaucoup au - dessus de ses forces lui fait tout entreprendre. Reflêchissons sur nos véritables Intérêts, & arrêtons les violences de l'ambition démésurée d'une Couronne, qui, sans cela, sera toujours un obstacle au repos de l'Europe, qui doit lui être si précieux. La voix de la vérité doit se faire entendre par-tout; la France, qui nous a demandé la Neutralité doit prendre Parti pour nous, & elle le fera assurement. Revenons donc de notre erreur; le Ministere Britannique ajoute chaque jour de nouvelles insultes à notre irrésolution; notre devoir & notre intérêt nous obligent à en tirer vengeance. L'Angleterre ne fonde son espérance, que sur l'influence de particuliers intrigants parmi nous. Elle nous empéche de nous ressentir, par des voyes de Fait, de l'arrêt de nos Vaisseaux, du pillage de nos Marchandises & du mauvais traitement dont elle use envers nos compatriotes, elle accumule excès sur excès à la vûe de notre indolence. Notre situation actuelle & la disposition, où sont les autres Cours de l'Europe offensée, nous dicte de prévenir l'effet des ménaces de celle de Londres: ce sera fait de la Hollande, si elle ne suit cette route, la seule glorieuse & sûre, & dans laquelle une Politique éclai-

G 5

rée

rée doive nous faire marcher. Cet esprit de vertige qui s'est emparé de nous, semble avoir effacé de nos Mémoires & de nos Regiftres ces réfolutions nobles & fermes, par lesquelles nos Ancêtres étoient parvenus à nous rendre fi confidérables & fi opulens. Si nos Miniftres ont encore quelques lumieres & quelque zéle, ils banniront de leurs délibérations tout ménagement, pour des gens, qui ne confultent que leur intérêt, & qui font fi dévoués à l'Angleterre, dont ils nous trouveroient honorés de devenir une Province, pour l'engraiffer de notre induftrie dans le Commerce.

Voulons-nous laiffer aggraver les malheurs de notre Patrie? N'eft-il pas effentiel à notre falut, puifque l'Angleterre nous force à lui faire la Guerre, que nous nous reffentions de fon injuftice & de fon impudence? Une Guerre jufte, eft préférable à un repos honteux; cette Angleterre eft-elle auffi formidable, qu'elle en fait vaine parade? Nos Efcadres réunies à d'autres ne peuvent elles pas efpérer d'humilier fon orgueil, & de la punir de fes attentats? Calculons fes forces, & nous verrons, que nous fommes en état de repouffer fes violences avec notre Marine, mife fur un pied refpectable, & duëment étaiyée; les enrollemens forcés des Matelots prouve qu'elle n'en abonde pas, ni de Soldats; fourniffons des Vaiffeaux, d'autres nous fourniront des Hommes; c'eft ainfi que

nous

nous réduirons l'Angleterre à restituer à nous & à nos Alliés ce qu'elle nous a enlevé, & que nous étendrons notre Commerce ; il faut savoir dépenser, pour recueillir. Rien de si nuisible à un Etat, qu'une œconomie mal éclairée, elle le fait tomber dans le mépris ; aussi l'Angleterre nous couvre-t-elle du sien, elle veut nous faire peur : c'est le moment de lui faire appercevoir que nous ne sommes ni méprisables ni craintifs ; que nous voulons conserver notre Commerce, & que dans le choix d'en souffrir la ruine ou de prendre les Armes, ce dernier parti est le nôtre. Quoi de plus lâche, que de plier sous la vexation, ou, pour mieux dire, peut-on balancer à donner la préférence à la liberté sur l'esclavage, à l'honneur sur la honte, à l'opulence sur la pauvreté ? Il faut donc se resoudre sans délai à la Guerre, en requerant le secours de cette Puissance qui nous a si vivement exhorté à la Neutralité, par un sentiment de son affection pour nous, tandis que l'Angleterre ne cessoit de nous ménacer, afin de nous en détourner : faisons voir à cette Voisine impérieuse, que nous ne recevons la Loi de personne. Nous pouvons prendre l'Europe à témoin de la justice de notre Cause, & de la nécessité où est une Republique commerçante de maintenir son Systême, & de ne se pas laisser dépouiller de ses richesses & de son indépendance.

Nôtre

Notre Province seule est assez puissante si elle veut, pour s'opposer à un projet qui donneroit à l'Angleterre un Commerce exclusif ou la supériorité sur toutes les Mers, & pour faire renoncer les Anglois à une prétension aussi injurieuse à tous les Souverains; saisissons donc un moyen si conforme à notre Intérét; faisons-nous donner satisfaction pour le passé, & des sûretés pour l'avenir, sans quoi nos Trésors deviendront la proye de cette Nation avide & insatiable. Empêchons-la de s'emparer de tout le Septentrion de l'Amérique. Mettons-nous avec d'autres au niveau de la Grande-Bretagne; enrichissons-nous de ses propres fautes, & du délire ambitieux de ses Ministres. Il est vrai-semblable que les autres Puissances prendront part à notre querelle pour conserver l'équilibre du Commerce, & anéantir cet Acte de Parlement si préjudiciable à la Navigation des autres Nations, sur-tout à la nôtre; quel Privilége a-t-elle de nous priver chez elle de ce qui nous est accordé dans tous les Ports de l'Univers? Cette Puissance toujours jalouse de notre liberté & de notre prospérité dès sa naissance, veut nous subjuguer: je n'en rapporterai pas les preuves, elles se sont tellement accumulées depuis la fondation de notre République, qu'il n'est aucun de nos Concitoyens qui ne les ait imprimées dans sa Mémoire. C'est à Henri IV. que nous devons la solidité de notre Etablisse-

ment,

ment, il a brisé nos chaînes. Nous n'avons guères d'obligation à la Maiſon d'Orange, notre reconnoiſſance a ſurpaſſé le bienfait: elle travail-
loit à ſon aggrandiſſement, en ne nous affran-
chiſſant du joug des Eſpagnols, que dans la
vûe peut-être de faire un jour *des Sujets de ſes
Maîtres*. Telle a été la conduite de l'Angleterre
& des Stadthouders, dirigés par des principes
qui leur ont fait prendre des Femmes chez elle.

Quarante-cinq ans d'expérience funeſte à nôtre Commerce, qui ſe ſont écoulées depuis la
paix d'Utrecht, nous annoncent un ſiécle de
continuation de perſécution, de Pirateries, & de
mauvaiſe foi dans l'exécution des Traités de la
part des Anglois. Tout extraordinaire qu'ait été
notre patience & celle d'Eſpagne, l'intérêt particulier de nos Provinces nuit ſouvent au général; les principes de certaines Villes, ſi oppoſés
à notre Conſtitution, la corruption de pluſieurs
Membres de l'Etat eſt ſouvent un obſtacle in-
ſurmontable au zéle Patriotique & éclairé de
ceux qui devroient être les Oracles de la République; les réflexions les plus frappantes, les Pein-
tures les plus vives ne produiſent aucune réſolution; nous n'avons pas le courage de rompre
avec une Puiſſance, qui ne nous fait
pas même l'honneur d'alleguer des prétextes
pour exiger de nous, que nous interdiſions à
nos Sujets tout Commerce avec les Colonies
Françoiſes; ſa régle invariable pour parvenir à
nous

nous ruiner, lui a toujours fait tenir la même conduite : elle n'a pas rougi de donner la préférence aux Algériens sur nous; elle ne cesse de les exciter à être en guerre perpétuelle avec nous. Elle nous rendit en 1717. responsables de la Correspondance d'un Ministre de Charles XII. avec le Prétendant, & voulut nous obliger de défendre à nos Sujets de commercer avec ceux de la Suéde. Ennemie irréconciliable de la prospérité de notre Etat, au lieu de nous tenir compte de nos complaisances, elle fait tous ses efforts pour nous réduire à une obéissance aveugle: *suite fatale de la foiblesse avec laquelle nous avons laissé impunis tant d'attentats, qui crient vangeance, ainsi que le déni de toute justice.*

Je le repete, l'esprit de parti, cette source si féconde en mauvais raisonnemens, peut nous avoir aveuglés; mais comment une Monarchie aussi auguste & aussi puissante que celle d'Espagne at-elle pu voir & voit elle encore d'un œil tranquile les brigandages des Anglois dans le Golphe du Mexique? Que n'entre-t'elle avec d'autres & nous dans une confédération perpétuelle contre ce peuple jaloux & ambitieux ? On n'ignore pas que le principal motif de la derniere guerre, comme je l'ai dit au commencement de ce Discours, & que la condition la plus essentielle de la Paix d'Aix la-Chapelle entre l'Espagne & l'Angleterre, a été, que cette derniere prendroit les précautions les plus justes

pour

pour empêcher la Contrebande en Amérique ; mais dans le tems que l'Angleterre s'y engageoit, elle s'enfloit de l'espérance d'enléver aux Espagnols quelques établissemens dans ce nouveau Monde. La perte de Port-Mahon & de Gibraltar ne doit-il pas laisser toujours dans le Ministere de Madrid un levain contre celui de Londres ? Qui l'assure que la Grande-Bretagne, maintenant qu'elle a perdu Port-Mahon, n'entreprendra pas un jour la Conquête d'Oran & de Ceuta, pour remplir l'objet qu'elle a d'établir de riches Colonies dans les quatre coins de l'Afrique ? N'est-ce pas le moment favorable à l'Espagne de demander la restitution de Gibraltar, en réunissant toutes ses forces Maritimes pour appuyer une si juste prétention ? N'est-il pas de la prudence de faire naître des événemens, qui la fassent rentrer dans ses anciennes possessions, & qui lui conservent les présentes ? Quels efforts n'a pas faits l'Angleterre pour étendre son terrain aux environs de Gibraltar, afin de pouvoir y introduire une Armée ? N'a-t-elle pas déja porté ses fortifications au dela des limites ? N'est-il pas certain que la restitution de cette Place a été promise par le Roi George Premier, en 1718. Quelles fraudes n'a pas commises la Grande-Bretagne par les Vaisseaux de permission, que la Compagnie des Indes envoyoit à Porto-Bello, & par ceux qu'elle faisoit mouiller sur la Côte ? Quel abus du Commerce des Nè-

Nègres, exclufivement à toutes les autres Nations Européennes? N'a-t-elle pas apporté fes
foins à écrafer le Commerce des Efpagnols dans
la Méditerranée? la Nation Efpagnole doit donc
s'affranchir d'un joug fi odieux & fi infuppor-
table, & ne doit pas fe défifter de réacquerir ce
qui lui appartient.   Le Roi des Deux-Siciles
ne doit-il pas fe joindre aux autres & à
nous, pour affurer fa vengeance, lui que les
Anglois ont fi cruellement öffenfé fur fes Côtes,
dans fes Ports, dans fa Capitale, jufques dans
fon Palais? En un mot, le fyftême, que la
Cour de Londres a embraffé, eft fi dangereux
pour la liberté de l'Europe, que la Suéde, le
Dannemark*, & la Ruffie fe prêteront à tout ce
qui pourra concourir à en prévenir les funeftes
conféquences.

  * L'auteur doit remarquer, que les deffeins de cette Puiffance étants actuellement problematiques, il
a peut être trop de confiance dans fa bonne volonté
pour cette Caufe commune.

MEMOIRES
POUR SERVIR 'A
L'HISTOIRE
DE NOTRE TEMS,
PAR - RAPPORT 'A
LA HOLLANDE.

8.

SUITE DU PRE'CIS DES FAITS PAR-RAPPORT AUX TROUBLES PRE-SENTS DE LA HOLLAN-DE, &c.

Que peut oppofer parmi nous Hollan-dois, cette faction ennemie de no-tre liberté ? Que repondra-t'on à des motifs fi puiffans de déclarer la Guerre, à une Couronne, qui veut nous affujettir & nous ruiner ? Croit-on fe fauver par la fameufe décla-mation fur la néceffité d'une augmentation de Troupes, dans une circonftance, où on ne peut nous faire découvrir d'autres Ennemis que les Anglois ? Eft-ce avec une Armée de terre que nous obtiendrons réparation de leurs rapines &

H

de leurs infultes? Ou, veut on plûtôt nous faire faire un embarquement pour nous emparer
de Portsmouth, de Douvres, & de Plymouth?
Dans le conflict des remèdes qui nous font fa-
lutaires, avec ceux qu'on nous propofe, il faut
s'appliquer à éloigner des Confeils, ceux qui en
préfentent d'auffi pernicieux, & févir contre ces
confédérations fécretes de perfonnes fi mal-in-
tentionnées, qui dans quelques Provinces n'ont
que trop réuffi à y faire prendre des réfolutions
préjudiciables à elles-mêmes. On s'eft porté
aux derniers excès, à la moindre lueur d'efpé-
rance de caufer une émeûte parmi le Peuple,
toujours mal éclairé fur fes intérêts: en un mot,
il n'y aura de repos dans la République ni de
confidération au déhors à efpérer pour elle,
tant que fes Députés à l'Affemblée générale ne
fe réuniront pas dans un Plan de méfures, feul
capable de l'affermir dans fa liberté, de proté-
ger fon Commerce, & de défendre la gloire de
fon Pavillon, dont elle a été fi jaloufe autrefois.
Veut-on faire naître l'efprit de revolte, & fo-
menter une Guerre Civile? rien n'eft plus efficace, que cette divifion que l'on féme parmi
nous. Donc, point de véritable profpérité,
point de véritable bonheur pour nous, jufqu'à
l'entiere extinction de cette faction tumultueu-
fe, qui en nous plongeant dans les horreurs de
troubles intérieurs, s'empareroit (par un contre-
coup néceffaire) de notre liberté, & renverfe-

roit

roit notre inftitution. Voilà l'objet des vœux des créatures de cette orgueilleufe Reine des Mers, qui veut régler à fon gré le deftin de l'Europe & du nouveau Monde; voilà ce qui m'a déterminé à propofer un expédient falutai-re, noble, généreux, & avantageux, pour ob-tenir réparation de nos Ennemis du déhors & détruire ceux du dedans. Vû le concours de fi fortes raifons, je ne faurois douter que notre Republique n'embraffe des moyens très natu-rels, très praticables, & très légitimes. Gar-dons-nous donc de prendre une autre route, ne comptons que fur nos forces, & non fur des Traités impudemment violés par le paffé, & que l'on ne fera pas plus exact à obferver à l'avenir. Ne négocions ni convention préli-minaire, ni définitive, ni particuliere, ni gé-nérale, que nous ne foyons en état de la faire exécuter par les Armes; l'expérience nous a ap-pris quelle en étoit la frivolité, dès que l'An-gleterre a le moindre prétexte ou le moindre in-térêt à la rompre. Le moyen le plus court de parvenir à ce que nous defirons, eft de préparer la Guerre, & de la faire à un Ennemi perfide; toute l'Europe eft dans cette perfuafion, & tou-te l'Europe Commerçante nous attend pour fe joindre à nous, & pour repouffer avec vigueur les hoftilités directes ou indirectes; foutenons donc avec éclat l'honneur & l'intérêt de la Ré-publique. Que ceux à qui on en a confié l'ad-

H 2

mi-

miniſtration n'ayent jamais à ſe repentir de n'a-
voir pas ſuivi un conſeil utile, & de n'en avoir
pas recueilli les fruits! Au reſte, ſi par d'autres
arrangemens on peut mettre à couvert la liberté,
le Commerce & la gloire de la Nation, en de-
venant les ouvriers d'une Paix glorieuſe entre
les Parties belligerantes, on ſera les Bienfaiteurs
du genre humain; mais on ne ſauroit y travailler avec plus de ſuccès, qu'en ſe rendant reſpec-
tables à ces deux Puiſſances qui en ont été les
infracteurs.   Facilitons aux Cours de Vienne &
de Verſailles, les moyens de dompter l'inflexi-
bilité de celles de Londres, de Berlin, d'Han-
novre, & de Caſſel; rétabliſſons ſur des fondemens ſolides un repos, que de nouvelles ruptu-
res ne puiſſent troubler; ce n'eſt pas la premiere fois que nous aurons joüi de la glorieuſe
ſatisfaction d'éteindre un feu général, au milieu
des fureurs de la Guerre: Louis XIV. triom-
phant de ſes Ennemis, maître de les aſſervir,
ſe rendit à nos invitations, & eut égard à nos
bons offices.   Marie-Thérèſe & Louis XV. qui
ne combattent que pour la défenſe de leurs Poſſeſſions, & pour celle du Corps Germanique,
ne déſirent qu'une Paix ferme & ſtable; Tâ-
chons d'inſpirer des diſpoſitions auſſi humaines
& équitables à George II., à Fréderic III. & à
leurs Alliés, nous aurons fait renaître le Siécle
d'or.   Mais je tremble qu'après les conditions
favorables qu'ils ont rejettées, on ne trouve leur
oreil-

oreille fermée à de nouvelles, & qu'ils ne meri-
tront peut-être pas qu'on leur faſſe les mêmes
ſacrifices. L'Angleterre qui a accumulé ſes torts
voudra les ſoutenir: le Roi de Pruſſe infatué de
la gloire fauſſe & ſtérile de vaincre, de con-
quérir & d'épuiſer ſes Etats & ceux de ſes Voiſins, eſpérera toujours de ne pas ſuccomber ſous
les efforts des Puiſſances ſi juſtement liguées
contre lui; S'il remporte le moindre avantage,
il le fera ſonner ridiculement haut, pour tâcher
de le mettre à profit, aux dépens des Guinées
d'Angleterre; Tous les coups qu'il frappe coutent cher à cette Nation, qui s'en indemniſe
ſur nous & les autres Nations. Mais, ſi contre mon attente, nous ſommes écoutés à Londres & à Berlin, entremettons-nous pour retablir l'Héritiere de Charles VI. dans ce qui lui
appartient, & ne ſouffrons aucun démembre-
ment dans l'Amérique-Septentrionnale en faveur des Anglois; travaillons au-contraire à faire récuperer à notre Republique, à la France &
à l'Eſpagne ce que les Anglois ont pris; mais
comme la premiere de ces Couronnes a fait des
pertes conſidérables, & qu'avec ſes forces Navales elle ne peut dans l'inſtant les reparer,
annonçons que nous joindrons les notres aux
ſiennes, & tenons parole, afin qu'on n'acheve
pas de la dépoüiller de ce qu'elle poſſéde encore, & nous de Surinam & de Curaçao: ainſi,
nous ſerons d'une façon ou d'autre, nos pro-

H 3

pres

pres Conservateurs, & les Restaurateurs de cette Paix si nécessaire & si désirable ; la Marine de l'Espagne soutenant la nôtre, nous mettra en état d'agir avec vigueur pour notre Droit, & nous couperons à la fin les nerfs de la Guerre aux Anglois, *que le Roi de Prusse abandonnera, dès qu'il les verra dans cet état d'épuisement* ; mais prenons telles précautions, que les Anglois ne soient pas instruits quatre mois auparavant de nos desseins & de nos mésures, ou des Expéditions que nous nous proposerons, comme il arrive aujourd'hui.

EXHORTATION A LA HOLLANDE ET A L'ANGLETERRE PAR-RAPPORT AUX TROUBLES PRESENTS.*

VOus, qui unis par la Réligion & par les mœurs, honoriez le Sceptre du Guillaume III. lorsqu'il régnoit sur vous & sur la Grande Bretagne, il y a 60. ans; Vous Bretons & Bataves, qui alors futes les soutiens de la liberté de l'Europe & de votre bonheur commun, calmez pendant qu'il en est encore tems, la chaleur de vos débats, & ne prenez point des resolutions dont vous vous repentiriez trop tard. Quel aveuglement offusque votre prudence? avez vous oublié que selon les Principes

sur

* Cette Exhortation est prise d'un Poëme Hollandois intitulé TUSSCHEN-SPRAAK &c, *Abeant qui inter nos dissidium volunt.*

fur les quels s'eft fondé votre Republique, vous ne pouvez fans danger rompre l'ancienne falutaire Alliance que vous avez enfemble?

*   *

Vous fidéles Marchands ! qui voyez pris & mené Vos vaiffeaux dans les ports Britanniques, quoique vous ne les ayiez chargé de vos Marchandifes, qu'en vous fiant fur la foi des Traités; Vous avez raifon de vous plaindre, cela ne fe peut fouffrir plus long tems. Mais confiderez fi Vous devez préferer un petit avantage à beaucoup de danger, & au Bien & Bonheur de votre Patrie? Vous vous voyez flattés à préfent de la France; mais ne vous laiffez pas féduire par ces douceurs: Ce n'eft pas pour l'amour de vous, mais pour fon propre intérêt qu'elle vous réçoit dans fes ports, & vous favez bien vous même, que l'amitié ne peut fe foutenir long-temps entre vous, fur ce piéd là.

Il eft vrai, vous avez raifon d'accepter cet avantage; mais ne favez vous pas, comme Gens de Bon fens, que cela ne peut que déplaire à vos anciens amis & alliés, & qu'on ne le fouffrira jamais? En vain vous nommez cela jufte ou injufte, vous favez que dans la dernière guerre les Bretons ne vouloient non plus le fouffrir, quoique vos Alliés, & quoique vous les affiftiez d'argent, de Trouppes & de flottes, au rifque même de vôtre perte. Vos forces de terre,

H 4   (vous

(vous le savez) ne suffisent pas , pour vous couvrir & pour soutenir votre Droit; ne vaudroit-il donc pas mieux de baisser le pavillon, & ceder sagement aux tems, que de hazarder ainsi vos vaisseaux & effets, & de troubler le repos de la Patrie pour un avantage de quelques jours, qui cessera à la paix? Si, contents d'un commerce modique, vous aviez continué vôtre Navigation, sans vous embarrasser de l'étendre, vous n'auriez pas été troublés ; vous verriez fleurir vos propres plantages, qui en souffrent; leur credit tombe, & elles ont à craindre, que si les dissentions vont encore plus loin, elles ne tombent en decadence.

Et vous Bretons, qui enivrés de bonheur voulez tirer le marc des os à vos amis ! une couple de millions *, valent-ils bien la peine d'insulter ainsi vos bons & fidèles Alliés? Quelle action louable ne feriez-vous pas en sacrifiant cet intérêt pour conserver votre Alliance cimentée par vos Traités? Vaut-il la peine de rompre vos propres Traités & une Alliance, qui, suivant le jugement des gens sages, est un boulevard de la Réligion Protestante & de la liberté de toute l'Europe, un lien qui lioit tout, & soutenoit l'Equilibre general? pouvez vous

faire

---

* On parle ici de Livres Sterlings : Ce qui fait environ 48. millions de Livres de France. On compte, qu'avec cette somme, à peu-près, la perte presente des Hollandois, pourroit être réparée.

faire à votre plus grand ennnemi ce plaifir, tant defiré depuis fi long-tems? Prennez garde, fongez y bien; ou vous pourriez bien vous en répentir.

Songez à la Maifon d'Orange, qui eft liée fi étroitement à la Gr. Bretagne; fongez à Vôtre Princeffe héréditaire, Mere & Tuteur du Prince Guillaume! Ses prieres ne vous peuvent-elles pas fléchir, fi vous confiderez quels embarras vos ravages caufent à cette Princeffe; fa Cour eft obfedée de Trouppes de plaideurs, qui reclament leur Droit & demandent protection! *

Moderez vôtre fierté & vôtre arrogance; fouvenez-vous que le fort de la guerre n'eft pas toujours heureux : Vous vites vous même dans le tems paffé, comment la violence de la têmpête peut jetter contre les écueils des flottes invincibles, & les brifer.

La Republique fe voit méprifée, non pas pour un vrai manque de forces, mais pour la diffention qui regne entre Votre Parti & celui de la Nation, parceque chacun, raifonnant à fa manière, veut foutenir fon opinion, & pendant ce tems là on voit impunément ruiner la navigation. Mais fi vous continuez de les irriter, & pouffez à bout leur patience, l'Union fera rétablie entiérement: Le Lion ne fe laiffera

H 5

pas

* Cette Piéce a été faite avant la Mort de la Princeffe Royale, Gouvernante.

pas plus long-tems agacer, fans repouffer la Violence par la force: un noble defefpoir lui a d'autrefois fait faire des merveilles. Je fuppofe que les Hollandois ne vous égalent pas, & que Vous pouvez leur donner la loi fur la mer, & tout-à fait détruire leur Navigation & leur commerce. Mais ils auront la gloire d'avoir péri en gens d'honneur, en braves Bataves, combattant pour leurs Foyers & pour leurs Temples, pendant que vôtre Nom fera noirci dans l'hiftoire, comme gens qui n'ont ni foi ni loi, qui violent leur parole, & fur les plus folemnels Traités desquels aucun Allié ne fe peut fier.

Renverfez la République fi vous prouvez, & l'experience Vous apprendra, mais trop tard, que vous ne pouvez vous paffer de cet Etat; vous regretteriez bientôt fa perte. Déviez vous jamais oublier à qui vous êtes rédevable de vôtre liberté, & qui vous a aidé à foutenir votre Reformation, & la fucceffion dans la Ligne Proteftante? N'étoit ce pas cette République, dont Guillaume III. vous amena les Trouppes qui effectuerent cette grande Revolution. Il eft vrai, elle n'a pas voulu prendre part à vos Differents aux Indes Occidentales; Mais en cas que les chofes vinffent à changer de face, & fi vous courriez un vrai danger, vous la verriez fe mettre en devoir d'empêcher vôtre oppreffion.

preſſion. Ses ſentiments de Neutralité viſent au bonheur de l'Europe.

Réflechiſſez donc meurement, comme alliés d'Etat & d'Egliſe, que des Amis peuvent bien ſe quereller, mais qu'ils doivent demeurer amis.

DISCOURS
SUR LES
AVANTAGES
QUE PROCURENT LES
FORCES NAVALES,
ET SUR-TOUT
LA SCIENCE DE LA MARINE. *

LEs Anglois regardent la Mer comme un Pré commun, où chacun a droit ſur l'herbe qu'il peut atteindre de ſa faulx; c'eſt ainſi que s'expriment les judicieux Auteurs du *Spectateur Anglois*, & c'eſt auſſi le ſentiment de tous les Negociants en général: mais ce n'eſt, que par des

* Cette Piece a paru au commencement de 1757. lors de la Criſe où ſe trouvoit le Parti de la Neutralité, ou ce qui revient au même, le Parti de la Republique, dont la Hollande, & la Zéande ſont les principales Provinces, qui demandent la protection de la Navigation. Comme ce morceau a paru avoir aidé à faire pancher la balance en faveur des Forces navales, & que dès lors quatorze Vaiſſeaux de Guerre ont été mis en Commiſſion, on a crû devoir lui donner place dans ces *Memoires du Tems*.

des forces navales superieures, qu'on obtient
un ascendant sur les Competiteurs pour le Commerce maritime, ou qu'on se procure la liberté
de la Navigation; & la Guerre presente entre
la Grande Bretagne & la France prouve visiblement, que la superiorité de ces Forces, & surtout d'une Marine bien entendue, est nécessaire aujourd'hui plus que jamais.

Les Souverains qui ont reconnu cette importante verité, ont établi des Ecoles de Marine, pour former des Sujets bien instruits dans
cette Science, sans laquelle les Peuples voyent
prodiguer les sommes immenses qu'on léve sur
eux pour équiper des flottes nombreuses.

L'Experience a suffisamment démontré, que
les Vaisseaux ne sont que des Corps sans ame,
& que les Escadres ne sont pas loin de leur honte, si on les confie à des Officiers mal instruits
& des subalternes ramassés sans choix & à la hâte, gens sans discipline convenable, sans connoissance suffisante d'un Service qui demande la
plus grande attention.

Xerxes, par exemple, ce Roi de Perse orgueilleux de ses Richesses, du nombre de ses
Sujets & du Pouvoir qu'il se voyoit par plus
d'un Royaume réuni sous son Empire, prétendit que le grand nombre de ses navires devoit
en imposer assez aux autres Nations, pour les
soumettre à ses loix *. Mais la Grece, cet

Etat

____

* On accuse la Grande Bretagne de se trouver dans
le même cas.

Etat composé de plufieurs Republiques, & fur tout les Atheniens, cette Nation judicieufe, prudente & intrépide pour la defenfe de fa liberté, avoit des Themiftocles, qui lui firent comprendre que ces nombreufes flottes étoient fans force, & ne pouvoient tenir contre de fimples efcadres bien conduites. Cette fage Republique ceffa de fe repofer fur fes Forces & Alliances en Terre ferme, & employa tout ce qui lui reftoit de reffources pour fe rendre formidable fur Mer ; elle triompha des flottes perfanes & les ruina de fond en comble. La fuperiorité de fa Marine, lui donna un tel afcendant fur les Competiteurs pour le Commerce, qu'elle retablit prefqu'auffi - tôt avec ufure les pertes fouffertes fur terre; elle s'enrichit & fut l'arbitre de la Grece tant qu'elle fçut faire refpecter fon Pavillon*. La Fortune des Romains commençant à fouffrir des echecs, ne fut ramenée que par la fuperiorité des forces navales, que les Tyriens & les Carthaginois avoient perdue; & qui ignore que Venife & Genes ne doivent leur fplendeur qu'à leur Marine, & qu'elles fe feroient foutenues dans leur ancien luftre & pouvoir, fi l'orgueil ignorant de ceux à qui le Commandement fut confié, n'avoit obfcurci leur Reputation. Les Provinces - unies, ce

Païs

---

* Lors & depuis la Revolution qui démembra les 17. Provinces, la Republique des 7. Provinces-unies triompha en agiffant du même.

Païs si étroit & si peu fertile, ne doit sa liberté & ses richesses qu'aux Avantages qu'elle s'est procuré par ses Vaisseaux, en suivant les maximes des sages Grecs & des vaillants Romains. L'ascendant & le respect que cette Republique s'étoit acquis en Europe, attira le Czar Pierre en Hollande : Ce Genie superieur, ce Prince qui s'est acquis le surnom de Grand par ses Chefs d'œuvre de Politique, ayant reconnu les grands Avantages de la Science de la Marine, ne fit pas difficulté de se rendre disciple d'ouvriers Hollandois ; & ce qu'il avoit appris dans ce païs, le mit en état de tirer son Peuple de l'oubli si non du mépris où il avoit été jusqu'alors vis-à-vis des autres Nations de l'Europe, & il fraya à ses Successeurs le chemin de parvenir au lustre que s'est procuré cet Empire.

La Force d'une Flotte, d'une Escadre, de chaque Vaisseau en particulier, gît dans son Commandant, & ses succès dependent de la Science & de la bonne conduite du Capitaine, dont le soin de se bien choisir ses gens, & l'attention serieuse sur l'état de toutes les parties de son Navire, des agrès & des Armes, de l'avitaillement & des Munitions, jointe à une bravoure prudente & à la Science de la Marine, du Service & de l'Art de la Guerre sur Mer, aussi-bien que de l'Art de la Navigation, fait respecter le moindre Vaisseau, pour peu que l'experience aye perfectioné la theorie : au-lieu que l'ignorance

rance & la mauvaise conduite des Officiers des-
honorent leur Pavillon.

Tout le monde a vû derniérement de nombreuses escadres ne faire presque rien, du-moins
rien qui fût digne d'elles. Aussi, certain Seigneur Anglois a-t'il observé à ce sujet, „qu'il
„ faut nécessairement supposer un défaut de
„ Connoissance & de Conduite dans la Marine.
„ Je vois, ajouta-t'il, que nous sommes ob-
„ ligés de faire l'humiliant aveu, que nous
„ manquons de gens capables si non de gens
„ intrépides. " Il nest plus de saison dit un
autre Anglois „ de cacher l'abus qui s'est in-
„ troduit, de confier le Commandement à des
„ gens qui se contentent d'une Connoissance
„ superficielle de la Marine, qui demande une
„ si serieuse application ; ce qui entraine la rui-
„ ne de la Nation. Ceci, ajouta t'il, est aussi
„ visiblement vrai qu'il est difficile de redresser
„ cet abus. "

On ne sauroit imputer au defaut de l'Administration, le peu d'utilité qu'ont produit les
nombreuses Escadres Angloises ; il n'y a point
de Puissance maritime qui ait un Bureau mieux
reglé : la sagacité avec laquelle on a embrassé
tous les objets de cette Administration, la prudence avec laquelle on s'est mis à portée de prévoir les inconvénients & d'y pourvoir, ne lais-
sent rien à desirer sur ce point. Ce ne peut
donc être que l'incapacité des Commandants

&

& des fubalternes, qui caufe l'aviliffement du Pavillon.

Pour le Commandement en Chef il convient, à certains égards, d'employer des Perfonnes qui ayent ces qualités auxquelles les Hommes ont attaché leur eftime: L'autorité, la Richeffe & la haute Naiffance, s'attirent naturellement le refpect des fubalternes; & la liberalité & l'affabilité ayant gagné les cœurs, les foldats font é-mus d'autant mieux à affronter les plus grands dangers, en voyant de telles Perfonnes leur donner l'Exemple: Mais il faut de la Capacité, auffi-bien qu'une vigilance infatiguable.

MEMOIRES

POUR SERVIR 'A
L'HISTOIRE
DE NOTRE TEMS,
PAR-RAPPORT 'A
LA HOLLANDE.

9.

FIN DU DISCOURS SUR LES FORCES NAVALES.

Pour commander & agir à propos fur Mer, il faut néceffairement fuppofer une Science de la Marine, de la Tactique, du Service & même de la Navigation; c'eft ce qui ayant été trop negligé jufqu'à prefent par la Nobleffe, a fait mettre en queftion en Angleterre, fi ces fortes de Perfonnes font auffi propres au Service de la Marine, que les gens de fortune, qui n'ont pour tout appanage que leur merite & leur expérience, & la balance penche pour ceux-ci, lorfqu'on voit dans l'Hiftoire nombre de ces Guerriers, juftifier par leur Conduite les Diftinctions dont ils ont été hono-

I

rés,

rés , & qui pouvoient dire avec ce Plébéyen célébre dans l'Histoire Romaine: „ Je ne puis „ point expofer aux yeux du public ni les por- „ traits, ni les triomphes, ni les Confulats de „ mes Aneètres: mais, quand on le voudra, „ je ferai voir des Piques, des Etendarts, des „ harnois de chevaux, plufieurs autres Recom- „ penfes militaires, enfin des bleffures: ce font „ là mes Titres, c'eft-là ma Nobleffe, que je „ n'ai point reçu de mes péres, mais que j'ai „ achettée par plufieurs travaux.　J'ai appris „ ce que la Republique doit fouhaiter & ap- „ prouver d'avantage, à attaquer les ennemis , „ à fecourir promptement ceux qui étoient „ fous mes ordres, à ne rièn craindre que l'in- „ famie, à braver tour à tour les chaleurs de „ l'Eté & les Rigueurs de l'Hiver, à coucher „ fur la dure, à fouffrir enfin tout ce que la „ Guerre a de plus âpre & de plus laborieux". Quel égarement, quelle vanité en effet, de briguer avec hauteur des Charges & des Em- plois, furtout dans la Marine, fans s'embarraf- fer de les meriter: les Ancêtres peuvent bien transmettre des richeffes, des grands noms, des titres brillans, mais on n'hérite point les qualités qu'on n'acquiert que par l'Etude & par l'Exercice.

Du refte, il eft vray, que le manque d'Ou- vrages propres pour ceux qui fe deftinent au Service fur Mer, entre pour quelque chofe dans

les

les causes de l'ignorance des sciences qui y ont rapport. Pour le Service de Terre nous avons grand nombre d'Ouvrages celebres, entre autres Folard, Turpin, Puysegur, Sta. Cruz, Quinci, &c. pour la Tactique; & tout nouvellement le Marechal Comte de Saxe pour les vuës superieures dans l'Art de la Guerre; Coehorn, Vauban, St. Remy, Belidor, Hertenstein, Deidier, le Blond, & nombre d'autres pour les differentes parties du Genie. Ces ouvrages sont faits par des Maîtres dans la matière qu'ils ont traité; mais par rapport à la Marine, les Officiers, les Maîtres de l'Art dans ce Service, à qui il appartient de traiter des Sciences qui en ressortent, ont negligé de travailler, ou du moins de faire part au Public du fruit de leurs Veilles & de leur Experience sur ce sujet.

Monsieur de Villeneuve, étant une de ces Personnes, à qui le merite seul a procuré l'honneur d'être avancé aux postes importans qu'il remplit si dignement, a travaillé depuis nombre d'années à faciliter aux jeunes-gens qui voudroient suivre ses traces, l'Etude des Parties de la Guerre, tant sur Mer que sur Terre, & a publié déja onze volumes de la *Science Militaire*, Vol. 1. Les Fonctions des Officiers, ou le Service de Terre; Vol. 2. La Tactique ou l'Art de la Guerre; Vol. 3. 4. 5. Les trois premieres parties du Genie; Vol. 6. 7. 8. L'Artillerie; Vol. 9. 10. l'Attaque & la Defense des

Places; Vol. 11. Le Manuel de la Cavalerie. Il ne lui restoit plus pour remplir son Plan, que d'enrichir encore le Public de pareil Ouvrage sur la Marine, & c'est ce qu'il a fait par les 4. Volumes de la *Science de la Marine, le Service & l'Art de la Guerre sur Mer, &c.* qui paroissent actuellement. Si son Style clair & agréable, & son attention à consulter & recueillir tout ce qui a été écrit de meilleur sur le sujet dont il traite, lui a merité sa grande reputation, le present Ouvrage sur la Marine ne peut que l'augmenter, par l'art avec lequel il a redigé sa Matiere, pour rendre cette Etude agréable pour ceux qui en montant des Vaisseaux, ne veulent point s'alambiquer l'esprit plus qu'il ne leur est nécessaire, & se contentent d'avoir, en general, autant de Science qu'il convient à un Officier de Marine d'en posseder.

On ne peut trop faciliter cette Science en faveur de ceux dont les circonstances ne permettent pas de s'enfoncer dans des Etudes aussi abstraites, que les demandent les Gens de Lettres qui ont écrits sur cette Matiere. Ces Auteurs n'ayants pas comme un Homme de Guerre, l'avantage de la propre experience, ou de celle de ses Amis & Collegues qui ont servi sur Mer, n'ont pas eu le soin nécessaire d'écarter ces sortes d'épines, qui ne servent qu'à embarrasser le grand nombre des Lecteurs, sans les instruire essentiellement; il n'y a guéres que des Savants

ou

ou des Maîtres Ouvriers, des Mathematiciens ou des Astronomes profonds, qui puissent se servir de ces sortes d'Ecrits, remplis de dimensions & de calculs, sur lesquels les Critiques ne finissent point, surtout touchant l'Architecture navale & la Navigation. Cependant les Officiers ont d'autant plus besoin d'avoir une certaine connoissance de ces Parties de la Marine, que sans cela les Commandants des Vaisseaux exposent leur honneur & leur Vie à l'ignorance ou à l'indiscretion d'un Pilote; ce qui a fait périr déja nombre de Vaisseaux, & plusieurs malheurs pareils sont de trop fraîche datte, pour qu'il soit besoin d'entrer sur ce point dans un plus grand détail.

La Jeunesse de bonne famille doit sur-tout s'accoutumer à une Vertu mâle & genereuse, se mettre au-dessus des bas intérêts, & mépriser les occupations frivoles, pour s'occuper aux Etudes utiles à l'Etat qu'elle veut servir avec reputation: il faut s'étudier à suivre ces grands Guerriers qui ont illustré leur Nom; l'Histoire de leur Vie enseigne évidemment, qu'il ne peut convenir à un homme qui veut suivre leurs traces sur le chemin de la gloire, de se prêter à la debauche & à la futilité, vû qu'une telle conduite, qu'une vie desœuvrée & sensuelle ne peut qu'énerver le courage, & rendre les guerriers les plus braves aussi incapables pour la Guerre, que le devinrent les troupes

d'Hand'Hannibal par le repos & les plaisirs qu'ils goûterent à Capoue.

L'Emulation est l'ame du militaire, elle peut susciter de nouveau des Drakes & des Russels, des Tromps & des De Ruiters, dont le Courage, la Capacité & le Genie pour le Commandement, & la bonne Discipline sur les Vaisseaux, entraînent la Victoire sur leurs pas; d'autant qu'il est de fait, que des escadres conduites par des Commandants pareils, écartent & ruinent bientôt les flottes nombreuses où les qualités requises dans les Chefs & les subalternes manquent. Il est donc de toute necessité, d'exciter une vive émulation pour le Service & la Science de la Marine, & que les Recompenses honorables dont on gratifiera ceux qui se feront distingués en quelque maniere par-rapport à ce Service, prouve qu'on juge ce Departement, comme il l'est en effet, le nerf principal de la Puissance de l'Etat, par la liberté & les avantages de la Navigation & du Commerce, qui resulte de la superiorité sur Mer. Par ce moyen on verra bientôt se former une telle quantité de gens capables, que l'affluence en sera aussi grande, qu'en est actuellement la disette.

P. J. H.

AVIS

AVIS DE LA VILLE D'AMSTERDAM, DONNE' PAR E'CRIT DANS L'AS-SAMBLE'E DE LEURS N. ET GR. PUISSANCES, TOUCHANT L'AUGMENTATION DES TROUPPES.

SUr les ordres exprès de leurs Principaux, les Députés de la ville d'Amſterdam ont donné leur avis ſur le ſujet des deux Réſolutions que les Provinces de Friſe, villes & villages, ont porté à la Généralité, touchant l'augmentation à faire; la Reduction de deux hommes de chaque Compagnie par les Etats de Seelande; de raſſembler ſur ſon territoire les troupes au ſervice & à la ſolde de l'Etat, qui ſont en Allemagne, & de les mettre ſur le pied national: De plus, ſur les harangues de S. A. R. Madame la Gouvernante tenues le 7. & le 23. du Mois de Juin paſſé, dans l'aſſemblée de L. N. & Gr. Puiſſances ſur la Néceſſité de conclure au plustôt l'augmentation des Trouppes de l'Etat de 13450. hommes 1092. chevaux, propoſée par S. A. R. au Conſeil des l'Etats le 9. de Juillet 1755.

Que, l'affaire de l'augmentation ayant été depuis trois ans l'objet des déliberations ſerieuſes de leurs N. & Gr. P., les arguments néanmoins, qu'on allegué de tems en tems, pour en perſuader & prouver la néceſſité, ſont fort differents entre eux.

I 4

Des

Dés le Commencement des differents entre
les Cours de Versailles & de Londres sur les
frontieres de leurs possessions en Amerique,
on croyoit avoir sujet de craindre, que les troubles ne se répendissent aussi jusqu'en Europe,
& que la France ne pouvant pas resister aux Forces de la Gr. Bret. en Amerique & par mer, ne
tachât de faire la Hollande le Theatre de la
Guerre, pour faire une diversion, & pour obtenir une paix honorable.

À cette crainte avoit donné occasion la communication sécrete que le Roi de Gr. Bret. avoit
fait à S. A. R. par le Sécretaire d'Etat Comte de
Holdernes en 1755. qui est venue après à la
Connoissance des Etats, savoir que le Marquis
„ de Mirepoix alors Ambassadeur de France à
„ Londre, avoit insinué aux Ministres de la Gr.
„ Bret. qu'en cas que les brouilleries en Ame-
„ rique augmentoient, la Cour de France ré-
„ garderoit la Paix d'Aix la Chapelle comme
„ rompue, & tacheroit de faire la Hollande le
„ Theatre de la Guerre, & s'en prendoit aux
„ Hollandois, Alliés de la Grande Bret.;
Mais à considerer, que l'Etat est allié avec la
France aussi bien qu'avec l'Angleterre, & que
le different de ces Puissances sur leurs Possessions
en Amerique, ne régarde point la République
du tout, qu'il n'y a point de Traité qui
l'engage à s'en mêler, Elle se rendroit coupable
d'une imprudence inexcusable si, en faisant un

pas,

pas, qui marquoit une partialité, elle s'exposoit aux suites dangereuses qui vraisemblablement en résulteroient; & enfin, l'Etat, ignorant
absolument en quels termes la susdite insinuation (dont l'execution seroit toujours contraire
aux Traités & au Droit de Gens) s'étoit faite,
ni, si le Duc de Mirepoix a été chargé de sa
Cour de faire cette insinuation, l'Etat pour ne
pas se rendre coupable d'une imprudence d'un
coté, ou de precipitation de l'autre, ne pouvoit agir avec plus de circonspection, que de
s'informer de la vraie intention de la Cour de
France, & de remettre l'augmentation des Trouppes jusqu'à ce qu'on pourroit juger avec plus de
certitude de ce qui seroit le plus convenable
pour le Bien de la République.

Par cette prudente maniere d'agir & par la Neutralité qui après fut résolue, l'Etat s'est tiré de
cet embarras & pour son propre territoire & pour
les Païs-Bas d'Autriche, & toutte crainte d'une
invasion du côté de la France s'évanouit. Un
autre motif pour persuader l'augmentation étoit
la proximité des Armées, la peur que le territoire de la Republique ne fut violé, qui trop
foible, & destituée de Trouppes ne se pourroit
pas maintenir dans la Neutralité qu'elle avoit
résolue.

A ce dernier motif a donné occasion la Province de Gueldre, qui en 1757. au mois de
Janvier, donnant son Consentement à l'equip-

 pe-

pement extraordinaire de 14. vaisseaux de guerre, insista, avec beaucoup d'empressement auprès de
la Généralité, que les Etats des Provinces respectivement agréeroient de concourrir à l'augmentation des Trouppes par terre, telle qu'elle
seroit nécessaire pour prévenir tout désastre dans
ce tems critique.   Mais dans les délibérations
qui se firent là-dessus en Hollande, plusieurs jugeoient, que la République n'ayant aucune part
aux troubles entre les Puissances belligerantes,
ni donné aucun sujet de mécontentement contre l'Etat, elle n'avoit pas sujet de craindre qu'on
attaqueroit son territoire, mais qu'elle se repo-
soit sur la foi des Traités; que le mauvais état
des finances rendoit absolument nécessaire cette
Conduite, & ne permettoit pas de songer à une
augmentation de dépenses, sans nécessité extreme; & qu'il n'etoit pas à présumer, qu'aucune
des Puissances belligerantes, étant assez occupées,
voudroit s'attirer encore des ennemis sur les bras;
enfin, qu'en cas qu'une attaque seroit à craindre, une augmentation de 13450. hommes
& 1092. chevaux seroit trop petite; & s'il ne
s'agissoit que de reprimer les avanies & les insultes des maraudeurs & des partis qui battent
la Campagne, le Pied, sur lequel les Trouppes
de l'Etat se trouve seroit suffisant; ce qui
causa, que le point de l'augmentation ne fut
plus mis en déliberation, jusqu'à ce que le 14.
d'Avril de cette année la Province d'Overyssel,

&

& le 8. de May la Province de Gueldre faifant auprès de la Généralité de nouvelles Inftances pour l'augmentation, urgerent fpeciellement, que cependant avant toute chofe, les Troupes, au fervice & à la Solde de la République devroient être tirées de l'Allemagne au dedans des frontieres de l'Etat, & mis fur le Pied national, pour être employés à detourner du territoire de la République les infultes & les pillages des Parti-bleus.

Cette Refolution des Provinces de Gueldre & Overyffel ayant été communiquée en Hollande le 9. de May de cette année, par le Grand Penfionaire, & reçue de tous les Deputés, hormis de ceux de la Nobleffe & de ceux de la ville d'Alkmar, pour en favoir l'intention de leurs Principaux, rédevint l'object des déliberations ferieufes, dont le réfultat étoit: qu'il n'y avoit pas raifon, de fe départir de la prémiere Réfolution touchant l'augmentation ; mais quant au dernier point, qui ne chargeroit pas tant les finances, on s'accommoderoit, par pure condefcendance pour les inftances des Provinces mentionnées, & pour traiter l'affaire avec toute l'harmonie poffible; Mais qu'en même tems ou urgeroit fortement auprès de la Généralité la fin des déliberations fur les points de ménage, & un Redreffement réel de la réduction privative de 2. hommes de chaque Compagnie, que la Province de Seelande avoit entretreprise de sa propre autorité & sans la Connoissance ni le Consentement des Confederés ; avec la déclaration jointe : que Leurs N. & Gr. Puiss. ne pourroient consentir à l'augmentation par les dites Troupes en Allemagne, avant que le susdit desordre de la Province de Seelande ne soit rédressé ; & que la Province de Hollande s'attendoit, que toutes les autres Provinces auroient soin de fournir promptement leurs quote parts aux fraix que causeroit cette susdite augmentation.

Les Députés de la ville d'Amsterdam ayant proposé dans l'Assemblée ce dont ils étoient chargé, eurent bien la satisfaction de voir, que plusieurs personnes de Consideration étoient du même sentiment ; mais que le nombre de ceux qui en disconvenòient étoit de beaucoup plus grand, & soutenu encore même par son A. R. qui, dans les deux Harangues susmentionnées, récommandoit avec bien de l'empressement l'augmentation proposée.

Les Principaux des Députés s'etant toujours occupés de faire connoitre le vrai état des déliberations qui se font faites sur cette importante matière, avec un détail des Raisons pour & contre, ils ne jugeoient pas nécessaire de s'expliquer en particulier sur la Résolution des Provinces de Frise & villages, parceque la première des dittes Provinces, loin de consentir dans l'augmen-

tation

tation proposée, avoit provifionellement remis les déliberations; & l'autre, bien qu'elle infiftât à conclure l'augmentation, n'avoit pourtant point allegué de Raifons convaincantes; qu'ainfi ils fe bornoient à difcuter les motifs que renfermoient les harangues de S. A. Royale.

Il feroit fuperflu de s'amufer à une perquifition fcrupuleufe des Requifites néceffaires, raifonnant Politiquement, pour la feureté parfaite de la République, parcequ'on comprend, que fi de pareilles difcuffions, favoir les Raifons de Politique & celles de finances, ne vont pas de pair, elles fe reduifent à rien, & ne font d'aucun fruit. Donc les Députés au nom de leurs Principaux, loin de convenir avec S. A. R. lorfque les troubles commençoient entre la France & l'Angleterre, que le moyen le plus efficace confiftoit dans l'augmentation des forces par terre, avoient témoigné d'être d'avis, qu'une augmentation en ce tems là auroit eu un effet contraire; qu'après les inftances réiterées de l'Angleterre, une telle démarche n'auroit fervi qu'à perfuader la Couronne de France, que la République, que les differents en Amerique ne concernoient point, penfoit, qu'en cas que les troubles paffaffent de l'Amerique en Europe, d'y prendre part comme dans le tems paffé; & les fuites naturelles en auroient été d'encourir le danger qu'on vouloit eviter,

&

& dont une augmentation beaucoup plus grande n'auroit pu garantir.   C'eſt pourquoi on ne ſauroit donc attribuer qu'à la ſage conduite & les meſures prudentes (que, ſous la direction Divine la République avoit pris dans ce tems critique) que l'Etat n'a pas été embrouillé dans la guerre, & qu'elle a été aſſuré contre toute crainte du coté de la France, par le moyen de la Neutralité.

Cet Argument pris en ſoi même dans le ſens de leurs Principeaux, enervoit ſuffiſamment les Arguments de S. A. R., & il recevoit une double force, vû la ſituation où la République ſe trouve par rapport à l'etat pitoyable des finances.

Pour ne rien dire des plaintes des Provinces depuis quelques années, qu'elles ne pouvoient plus ſupporter les charges de l'Union ſur le Pied qu'auparavant; ſans parler de la reduction que la Province de Seelande a entrepris ſans le Conſentement des Confédérés, de ſon propre Chef, qui ſemble proceder de l'impuiſſance, les Députés ſe bornent uniquement à la Province de Hollande, ſur laquelle la charge de l'augmentation tomberoit donc pour la plus grande partie au moins, & répreſentent, que non obſtant les Réſources qu'a cette Province, plus que les autres, & dont elle a fait uſage pour méliorer l'état de ſes finances, elle léve encore tous les moyens extraordinaires qu'on a lévé

da-

durant les troubles de la derniere guerre, à la
reserve feulement du 200me. denier fur les
maifons; & il lui refte tous les ans après dix
ans de paix, un defaut de 500000. fl: Ce defaut naît principalement des grandes charges
pour l'Etat de guerre; depuis long tems
on a fait des inftances reitérées, mais fans
effet, de la part de Hollande de l'amoindrir,
en aboliffant le Haut Confeil de guerre, & en
mettant fur un pied moins précieux les Trouppes qui coûtent fi cher. Et fi pourtant avec
tout cela l'augmentation feroit conclue & les
charges pour l'état de guerre, qui montent deja
à près d'une Million, feroient augmentées de
19 - à - 2000000. par an, il s'en fuivroit naturellement, que les bons habitans feroient ac-
cablés fous le faix, fi on ne vouloit pas laiffer
les Trouppes fans païement, & mettre tout en
Confufion. Ces confiderations prifes enfemble
prouvent donc, que la Republique eft dans
une fituation par rapport à fes finances, à ne
point fonger à une augmentation, fi ce n'eft
dans la dernière extremité.

On a bien rémarqué ce qui a été allégué dans
la première harangue fusmentionnée: que les
charges ne feroient que pour un tems, & qu'on
les dévoit porter volontairement, fachant,
qu'elles fervoient à défendre la République contre tout outrage, & à conferver fa liberté & fa
Religion independantes de la Fantaifie d'autrui,

ainfi

ainſi que le démende l'honneur d'un Etat libre.   Les Etats, leurs Principaux, ſe rejouiſ-
ſent, de ce qu'il y avoit encore des Reſources dans le Zele & l'amour des Citoyens pour
la patrie; mais ils comprennent auſſi, que
c'eſt le Dévoir de bons Régens, d'avoir ſoin,
que de pareilles reſſources principales ne s'emploi-
ent en vain, qu'il faut les réſerver à un tems où
la République peut en tirer un avantage eſ-
ſentiel, qui ne ſe trouve pas dans l'augmentation propoſée.   La République n'ayant pas fait
le moindre pas qui fut incompatible avec la neutralité, ni donné à aucune des Puiſſances belligerantes quelque ſujet à un juſte mécontentement,
elle n'a point à craindre d'être attaquée, &
embrouillée dans la guerre; au contraire,
on a ſoigneuſement ménagé ſon territoire.

MEMOIRES

POUR SERVIR 'A
L'HISTOIRE
DE NOTRE TEMS,
PAR-RAPPORT 'A
LA HOLLANDE.

IO.

SUITE DE L'AVIS DE LA VILLE D'AM-STERDAM, TOUCHANT L'AUG-MENTATION DES TROUPPES.

SI la Republique avoit sujet de crain-dre, une augmentation de 13450. hommes ne suffiroit pas pour sau-ver l'Etat du danger; & si ce n'étoit que pour couvrir les frontieres, contre les Marodeurs & lestroupes qui vont à la picorée, les forces actuellement sur pied ne sont que trop suffi-santes, consistant en 33000. Combattans, sans compter le Corps d'Artillerie & les Mineurs. Il ne paroît pas possible que par former des Cordons, par mettre des fortes garnisons

K

dans

dans les Places les plus expofées, on mettroit le territoire de l'Etat à couvert des Infultes & des pillages, confideré, que les Places de la Barriére étant pour la plûpart encore démolies depuis la derniere guerre, ce feroit en vain qu'on les garniroit.

L'apprehenfion que S. A. R. fait paroitre, qu'une des parties belligerantes ayant le deffous pourroit chercher peut-être fa feureté fur le territoire de l'Etat, qui par ce cas pourroit dévenir le théatre de la Guerre, merite attention. Cependant il n'eft pas à préfumer, qu'une armée fuccombante & perfecutée par les vainqueurs, chercheroit une rétraite fur un territoire où, au lieu d'être aidée, elle ne pourroit attendre que réfiftence, & s'expoferoit ainfi à un nouveau danger. Et en fecond lieu, une pure apprehenfion ou poffibilité n'eft pas un motif affez puiffant, pour abimer les finances par des charges auffi notables, dans un tems où on a été obligé de prendre récours à la Caiffe d'impôt extraordinaire fur la Navigation, pour trouver un fonds de défendre le Commerce contre les Pirateries; on voit encore tous les jours que le Pavillon de l'Etat eft infulté, & le commerce, la fource & le Nerf du Bien de l'Etat, eft troublé & ruiné d'une manière exorbitante & contre la lettre des Traités, par une Puiffance dont on le dévoit le moins l'attendre à caufe des Rélations particuliéres qu'elle a avec l'Etat.

Les

Lés chofes étant dans ces termes, Les Etats de la Province de Hollande font d'avis : que, quoiqu'il feroit fort à fouhaiter que la Républi-que fut en état d'entretenir de plus grandes for-ces par terre & par mer, toute confideration de les augmenter ceffe à prefent, à caufe de l'état accablé des finances ; la République, auffi bien que d'autres Puiffances entourées de puif-fants voifins, fe répofe fur la foi des Traités en évitant foigneufement de donner aucun fujet de mecontentement & elle vaut referver la derniere réfource, pour en faire ufage en cas de befoin ; par une dépenfe inutile la Republique feroit réduite, qu'il n'y eut plus moyen de fe fauver, & il ne faudroit alors qu'une attaque, pour la ruiner fans réfource, & les Ré-gens s'attireroient les réproches des bons Citoyens, de n'avoir pas veillé pour le Bien de la Ré-publique.

Les Etats de la Province de Hollande ont trai-té amplement cette importante affaire, pour faire voir evidemment, que ce n'eft pas par un efprit de contradiction & de refiftence; mais que ce font des Raifons folides qui les forcent à perfifter dans leur fentiment, & de refufer leur Voix à l'augmentation des forces de terre ; ils ont donc chargé leurs Deputés de l'affemblée d'infifter, que leur avis foit inferé dans les Notules, à leur décharge auprès de la Pofte-rité; & de prier le plus ferieufement S. A. R.

 de

de prendre selon son Zéle & sa Vigilance ordinaire, les mesures nécessaires, & de donner
ordre, que la milice dans les places où elle est
moins nécessaire, soit mise dans les Places frontières, & emploiée pour couvrir le territoire
de l'Etat !

AVIS donné par écrit de la part de la Noblesse,
sur le Sujet de l'augmentation des Trouppes
de l'Etat, proposée dans l'Assemblée de leurs
Nobles & Grandes Puissances, le 18. d'Août
1758.

LA Noblesse ayant fait réflection sur l'avis
que les Députés de la ville d'Amsterdam
ont donné par écrit le 27. de Juillet dans l'Assemblée de L. Nob. & Gr. Puissances, par les
ordres exprès de leurs Principaux, demandant que cet avis soit inseré dans les Notules à leur décharge auprès de la Postérité, sur le
sujet des deux Résolutions que la Généralité
avoit réçu des Provinces de Frise Villes & villages, touchant l'augmentation des Trouppes
de l'Etat; la Reduction de deux hommes de
chaque Compagnie, entreprise par les Etats de
Seelande; & de rassembler sur son territoire les
Trouppes au Service & à la Solde de l'Etat,
qui sont en Allemagne & de les mettre sur le
Pied National: De plus, sur les harangues que
Son A. R. Madame la Gouvernante a ténues le
7. & 23. de Juin, dans l'Assemblée de leurs N.
&

& Gr. Puiſſances, ſur la néceſſité d'en venir au
plutôt à la Concluſion de l'augmentation des
Trouppes de l'Etat de 13450. hommes & de
1092. chevaux, propoſée deja le 9. de Juillet
1755. dans le Conſeil des Etats, par S. A. R.:
Elle juge a propos, la Nobleſſe, de publier pareillement à ſa décharge les Raiſons, qui l'ont
porté à conſentir dans l'augmentation propoſée.

Mais Meſſieurs de la Nobleſſe doutent qu'il
ſoit compatible avec les Régles d'une ſaine Politique & de la Prudence, de parler des raiſons
qui ont donné la premiere occaſion de ſonger à
une augmentation, car n'ayant été données à la
connoiſſance de l'Etat qu'en ſécret par S. A.
Royale, il ſemble, que cela puiſſe donner
occaſion au mécontentement & à la defiance de
ceux qui y ſont impliqués, au moins à devenir plus ſcrupuleux de confier deſormais quelque choſe à S. A. R. ou à la Republique qui
concerne le Bien de l'Etat, voyant que le ſécret
eſt ſi peu gardé, pour appuyer ſeulement des
vuës particulières.

Meſſieurs de la Nobleſſe conſiderant que les
Raiſons qui ont donné la premiere occaſion
à la propoſition de l'augmentation, ſont les
mêmes pourquoi elle dévoit être réſolue à cette
heure, ils croyent qu'il auroit été plus convenable & plus prudent, de n'y point toucher à
préſent; mais à l'égard de la manière avec laquelle Meſſieurs les Deputés de la Ville d'Amſter-

                    dam

dam traitent la chofe dans leur avis écrit, ils
ont jugé enfin de ne pouvoir pas fe difpenfer
d'en parler auffi, puifqu'il en paroitra, que,
quelles que foyent les Raifons qui ayent donné
fujet à propofer une augmentation, & quels
changements que foyent furvenus depuis en Europe & par rapport auffi à cette République, le
but d'une augmentation à faire a été le même
qu'il eft encore, & que l'accompliffement ne
preffe pas moins à prefent, qu'au commencement des troubles entre la France & l'Angleterre.   On fait le tems où S. A. R. fut avertie
de la part du Roi de la Gr. Br. fon pere, par le
Comte de Holdernes: que le Marquis de Mirepoix alors Ambaffadeur de France à la Cour
de Londres avoit infinué affez clairement aux
Miniftres de la Gr. Br. qu'en cas que les brouilleries en Amerique augmentaffent, la Cour de
France régarderoit la Paix d'Aix la Chapelle comme rompue, & tâcheroit de faire de la Hollande
le Theatre de la Guerre, & s'en prendroit aux
alliés de la Gr. Bretagne.

Cette ouverture, dont il fera encore parlé dans
la fuite, n'avoit point d'autre fource que l'é-
troite amitié & l'affection du Roi pour cette République & la part qu'il prend à fa Confervation;
& la fin à laquelle elle tendoit n'étoit nullement,
comme d'abord on l'a infinué perverfement,
d'obliger la République à prendre part dans les
troubles directement ou indirectement, & à fe
ran-

ranger du Coté de l'Angleterre; mais uniquement d'engager la République à être sur ses gardes, & de pourvoir à sa seureté. Il ne faut pas d'autre preuve de cette vérité incontestable, que la Connoissance, que les Personnes de la Régence, ont eu, auxquelles S. A. R. en a donné part. Cette rémarque a paru nécessaire à Messieurs de la Noblesse, d'avoir place ici, pour faire voir, que tout ce qui a été allegué depuis pour l'augmentation, est d'un côté fondé sur la défense propre, & qu'au contraire de l'autre coté on veut differer & enfin décliner l'augmentation, & qu'on n'a d'autres motifs, pour la plus grande partie au moins, que la méfiance en la susdite véritable fin, & l'apprehension d'être envelopé dans les troubles, qui avoient commencé alors.

Mais réprennons le fil de l'affaire après cette petite digression. L'ouverture susdite, confirmée d'ailleurs, & comparée avec les préparatifs que la France faisoit dans les Païs-Bas, ont fait juger à S. A. R. que son Dévoir & son Zéle pour la conservation de la République, ne permettoient pas, de laisser aller son train une chose de cette consequence, & d'en attendre l'issue au hazard; & par Conséquent en a donné part à leurs Hautes Puissances, dans une entrevue sécrete le 10. de May 1755. Là-dessus S. A. R. avec le Conseil des Etats furent priés par une Résolution du même jour, de donner

leur

leur avis à leurs Hautes Puiſſances, ſur les meſures qu'on devoit prendre pour la ſeureté de la République, dans ces circonſtances critiques. C'etoit en conſequence de cette Réſolution, que cette augmentation fut propoſée entre autres avis de S. A. R. & par le Conſeil des Etats. Les arguments allegués pour elle, & qui ſont plus étendus dans la Lettre de L. H. P. aux Conféderés, meriteroient principalement d'avoir place ici ; Mais comme ils ſont recents & dans le ſouvenir de chacun, on s'en diſpenſe, pour parler de ce qui s'eſt paſſé au ſujet de cette matiere, lorſqu'elle fut pris en déliberation de Leurs N. & Gr. Puiſſances.

Perſonne ne doutoit alors de la poſſibilité, que les troubles qui commençoient en Amerique ne ſe rependiſſent auſſi en Europe, & que la Hollande en pourroit ſentir les premiers effets. Auſſi, perſonne n'ignoroit que la République ſe trouvoit dans une impoſſibilité abſolue de ſe défendre ſoi même. La choſe fut expoſée & mis dans tout ſon jour dans la Lettre de L. H. Puiſſances, & dans l'avis de S. A. R. au Conſeil des Etats. Il ſeroit à ſouhaiter, qu'on eut pû parler ſur un autre ton à preſent : Mais ce dernier, quoique le plus important a été ſacrifié au premier, par quelques Perſonnes qui diſent, que l'Etat étoit allié avec la France auſſi bien qu'avec l'Angleterre ; que le differend de ces Puiſſances ſur leurs Poſſeſſions en Amerique,

ne

ne regardoit point la République; qu'il n'y avoit point de Traité qui l'engageoit à s'en mêler; qu'elle se rendroit coupable d'une imprudence inpardonable, si en faisant un pas qui marquoit une partialité, elle s'exposoit aux suites dangereuses, qui vraisemblablement en resulteroient.

De là il se déduit d'abord, qu'on avoit pris la chose, comme si l'augmentation proposée aboutissoit à prendre part dans les troubles, qui pourtant n'a eu d'autre objet que de mettre la République en état qu'elle fût asseurée contre une surprise soudaine; Cependant c'étoit ainsi qu'on jugeoit de l'augmentation: mais la Conclusion en est forcée & ne prouve rien. Car, comme il est vrai, que la République est alliée avec les deux Puissances en guerre, que le différend sur leurs possessions en Amerique ne la regarde pas, qu'il n'y a point de Traité qui l'engage à s'en meler, & que les deux Puissances réconnoissant cela, il s'ensuit de soi même, que les mesures susdites ne seroient pas prises dans un autre but que de servir à la seureté de la République, qui, lorsque la guerre commençoit en Europe, ne vouloit s'exposer à être envelopée dans les troubles, qui ne la regardent pas. Et quoique ces mesures soyent pris sur l'avis & l'information de la Grande Br. à qui le sort de la République ne peut jamais être indifferent, la France pourtant n'en sauroit prendre le moindre ombrage, encore moins les ressentir.

K 5

Mes-

Meſſieurs de la Nobleſſe ſont trop perſuadés des ſentiments d'equité & de juſtice de Sa Majeſté Très Chretienne, pour déferer jamais à la ſuppoſition ſuſdite; ils ſont perſuadés de la ſageſſe de Sa Majeſté, qui ne neglige jamais la propre ſeureté, qu'elle le deſapprouveroit en ſes amis & alliés. Auſſi la France n'a-t-elle pas fait d'autre inſinuation dépuis ce tems, ni aucune autre démarche que pour affermir la République dans ce ſentiment, de ne point s'engager dans la guerre préſente, remettant au reſte à la République d'en avoir ſoin, ainſi qu'il convient à un Etat libre & independant. Et cela avec grande raiſon; Car que deviendroit cet Etat, ſi la propre ſeureté ſeroit négligée, de crainte du mécontentement d'une Puiſſance avec laquelle la Republique eſt en paix & amitié, & qu'elle tache par toutes les voies de conſerver & d'affermir de plus en plus? Où ſeroit donc l'independence de la République, ſi on ſe laiſſoit mener par un chacun, ſeulement pour prevenir un mecontentement à quoi il n'exiſte aucune raiſon? Et que deviendroit enfin la Republique, ſi, pour de pareilles cauſes, elle demeuroit toujours dans un état ſans défenſe?

C'eſt donc une grande imprudence, que de laiſſer le Païs ſans défenſe ainſi qu'il l'eſt juſqu'à ce jour, ſous prétexte d'une peur, qui ſoupçonne & deshonnore la bonne foi de la France, comme des autres alliés de l'Etat: mais il ſera
parlé

parlé de cet important point en son lieu. Réprennons les arguments dont on s'est servi pour
decliner l'augmentation. On dit que parceque
l'Etat ignoroit absolument, en quels termes &
en quelle occasion l'insinuation susdite s'etoit
faite, si le Marquis de Mirepoix & jusqu'où il
a été chargé de sa Cour de faire cette insinuation, l'Etat devroit s'informer de plus près
de l'intention de la Cour de France, & remettre jusque là les déliberations sur une augmentation des Trouppes. Un tems considerable
fut perdu, selon l'intention de ces Personnes, à
déliberer, sur la manière dont on s'y prendroit pour savoir l'intention de la Cour de France, tout comme si de cela dépendoit la
seureté de la République, quand la guerre se
répendroit en Europe. Enfin on finit les deliberations & on conclut par la pluralité de Voix
de Leurs N. & Gr. P., de faire demander une
explication à la Cour de France sur ce sujet.
Mais cette Résolution étant porté à la Généralité, trouva tant de contradiction fondée sur le danger de cette démarche, sur l'embarras qui en
pourroit provenir &c. qu'on n'en fit rien,
jusqu'à ce qu'après quelques négociations avec
le Ministre de France à la Haye, il fut declaré
de la part de l'Etat, sur les instances de la France le 9. de Fevrier, & le 15. de May 1756.
que Leurs Hautes Puissances n'ayant point encore jusque là pris part au différend sur les possessions

fions en Amerique directement ni indirectement, Elles ne fe meleroient non plus des fuites qu'ils pourroient avoir encore, mais qu'au contraire Elles étoient réfolues de garder une exacte neutralité.   Cette neutralité donc fubfifte encore, & les Perfonnes qui font contre l'augmentation, s'imaginent, que l'Etat eft fauvé de tout embarras, & la peur d'une invafion du coté de la France s'eft entierement perdue: mais dès là que ce dernier cas exifte, il faudroit que la crainte & le foin s'evanouiffe en même tems, qu'on eut voulu prendre part dans les troubles, & propofé pour cet effet l'augmentation, puifqu'elle n'a jamais eu d'autre objet ni n'en aura d'autre dans la fuite, que la feureté de la République.

Si les chofes étoient démeurées dans l'état où elles étoient alors, fi les differends entre la France & l'Angleterre n'etoient pas eclatés en faits fur le continent en Europe, on pouroit dire, que la République étoit hors de tout danger; mais depuis qu'ils font paffés en Europe, la République eft dans un grand embarras, qui a accru depuis la Réfolution de la Province de Gueldre en 1755. & celle de la même Province & Overyffel en 1758.; on voit toute l'Europe en guerre, de puiffantes armées fur Nos frontieres, les fortereffes dégarnies, & que faute de forces fuffifantes elle fe voit expofée à tous momens, d'être embrouillée dans les troubles.   Si

cela

cela n'est pas encore arrivé jusqu'ici, cela n'est aucunement à attribuer à la Neutralité, mais uniquement à la Protection toute puissante de Dieu.

L'exposition de la Situation dangereuse, les efforts des Provinces de Gueldre & Overyssel, le consentement d'autres Provinces, ni les instances serieuses de S. A. R. n'ont pourtant pas pu persuader les Personnes disconvenantes d'y pourvoir, pour des raisons alleguées dans les déliberations de 1757. & 1758. qui se reduisent principalement à ces quatre:

1) Que l'Etat ne prenant pas part aux differends entre les Puissances belligerantes, & n'ayant donné aucun sujet de mécontentement, il ne devoit pas craindre une attaque de son territoire; mais se reposer sur la foi des Traités.

2) Que le mauvais état des finances rendoit absolument necessaire cette conduite, & ne permettoit pas de penser à une augmentation, sans l'extreme nécessité.

3) Qu'il n'étoit pas à présumer, que les Puissances belligerantes, qui étoient deja assez occupées, voudroient encore s'attirer des ennemis sur les bras.

4) Qu'en cas qu'une attaque seroit à craindre, une augmentation de 13450. hommes & 1692. Chevaux seroit trop petite; & s'il ne s'agissoit que de réprimer les avanies & les insultes des Marodeurs & des partis qui vont

à

à la picorée, les Trouppes que l'Etat avoit fur pied feroient affez fuffifantes.

Meffieurs de la Nobleffe rémarquent, que par le prémier point on change entierement l'état de la queftion; il ne s'agit que de feureté. Il ne faut pas de perquifition fcrupuleufe; les moins experts en fait de Gouvernement du païs comprennent fort bien, qu'un Etat neutre, environné de voifins belligerants, eft expofé à tous les perils des évenemens imprévus, étant fans autres forces que celles dont il a befoin même en tems de Paix pour garnir fes fortereffes.

La deuxieme raifon eft d'une nature, qu'elle ne peut jamais autorifer, d'avoir négligé la fécuri- té que demande l'Etat.

La troifième Raifon eft trop fpecieufe ou problematique, pour qu'elle put décider de l'augmentation, & des vues dans lesquelles elle a été propofée.

Et la quatrième Raifon ne diminue point du tout le vrai objet de l'augmentation propofée, ni ne l'ote, comme il fera démontré. Car pour ce qui eft de la prémiere Raifon, il n'eft plus queftion ici de prendre part ou non dans les troubles préfents, ou de donner fujet au mé- contentement; les chofes ont leur confiftence: mais il ne s'enfuit pas de là, qu'en rejettant tout fujet de crainte, on fe répofe uniquement fur la foi des Traités fans pourvoir aucunement à fa feureté. La foi des Traités eft toujours un

pi*

pivot, & un Etat qui l'obferve religieuſement a toujours le moins à craindre; mais
comme les Traités entre les Puiſſances, repoſent
toujours ſur ce fondement, que chacune
ait ſoin de ſa propre ſeureté, on ne peut jamais
donner plus de foi aux Traités, que la propre
ſeureté ne permet d'effectuer, ſuivant la diſpoſition que donne le changement des circonſtances. On ſe répoſe donc ſur la foi des Traités,
quand on eſt en pleine paix, ſans apparence
d'être troublé. C'eſt à cela que ſervent les
Traités; & ſi une Puiſſance dans une telle ſituation renforce ſes fortereſſes, forme de grands
Magazins, augmente ſes Trouppes, il eſt ſeur
qu'elle excede les bornes de propre ſeureté,
qu'elle ſe défie de la foi des Traités, & donne
de juſtes ombrages à ſes voiſins de n'en augurer
rien de bon. Au contraire ſi une Puiſſance eſt
demeurée neutre au milieu d'une guerre générale, & pourvoit à meſure de ces circonſtances à ſa ſeureté, elle n'excede nullement, mais
elle ſe met dans l'état de ſeureté; qui eſt proportionné à celui qui étoit ſuppoſé en concluant
le Traité, d'exiſter en tout tems; par conſéquent,
ſi dans les circonſtances préſentes une augmentation de Trouppes eſt propoſée, on n'y fait
rien autre choſe que ce que la Nature de la choſe, la ſageſſe & la prudence des ſuperieurs exige, d'aſſeurer le païs contre toute attaque imprevue, de conſerver leur neutralité, & de maintenir

tenir leur indépendence. Sans ce pouvoir un Pais neutre seroit toujours exposé à toute sorte d'inconveniens, & souffriroit plus quelquefois qu'étant engagé dans les troubles, comme quantité d'exemples le prouvent.

La deuxieme Raison, prise du mauvais état des finances, est regardé pour le principal Argument de contradiction; en effet son état ne peut pas être appellé bon, mais faut l'attribuër à des causes des tems passés, non pas à l'état actuel des choses, ni aux troubles uniquement qui finirent par la Paix d'Aix la Chapelle en 1748.; la Noblesse ne peut pourtant pas convenir, qu'il soit venu à une telle situation qu'il faille abandonner sa propre seureté.

MEMOIRES
POUR SERVIR 'A
L'HISTOIRE
DE NOTRE TEMS,
PAR-RAPPORT 'A
LA HOLLANDE.

II.

SUITE DE L'AVIS DE LA NOBLESSE, TOUCHANT L'AUGMENTATION DES TROUPPES.

LEs fraix que demande cette augmentation ne font pas d'une importance à pouvoir dire, que le bon ou le mauvais état des finances en dépende, parceque les moyens néceffaires à cet effet fe trouveroient peut-être bien, fans trop charger le Public. Mais l'examen de ces moyens, comment & par où on les trouveroit convenablement, feroit auffi peu de propos ici, que de parler des moyens de Rédreffement, qu'on penfe trouver dans la Réduction du Haut Confeil de guerre, & de Trouppes fi précieufes, fur un pied qui

L   cou-

coute moins. Enfin pour finir fur ce point, ne vaut-il pas infiniment mieux, de faire fes efforts & de fe conferver le fien, que de courrir danger de tout perdre, par une épargne des finances? Car de vouloir les réferver au cas de la dernière éxtremité, cela n'eft rien autre chofe dans le fonds, que d'abandonner tout pour jamais, parceque dans ce cas de la derniere extremité, il fera impoffible auffi d'emploier les derniers efforts avec quelque fuccès. Où rétablit-on dans un moment les fortifications ruinées pour les remettre dans un état de defenfe? d'ou prend-on à l'inftant tout ce qui eft neceffaire à une telle defenfe? D'où ramaffe-t-on tout d'un coup affez de Trouppes pour défendre le païs? Il feroit trop tard alors; C'eft pourquoi il faut travailler promptement à une feureté neceffaire, avec les moyens qui font en mains & qu'on pourra encore trouver.

Meffieurs de la Nobleffe ne touchent pas ici le point du Commerce & de la navigation, comme n'appartenant pas à cette matière, ni encore moins les caufes auxquelles cet empêchement pourroit être attribué, ni les fmoyens pour trouver leur protection: ils fe ont affez expliqués là-deffus lorfqu'il étoit tems, avec cordialité; & il paroit fuffifamment, que fi l'on veut, les dépenfes feront trouvées; & s'il faut pour cela qu'on agiffe avec plus de vigeur, ils ne feront pas les derniers à tendre les bras pour cet effet.

Sur

Sur la 3me. Raison Messieurs de la Noblesse ne diront plus rien, que ce qui a été remarqué ci-dessus, ajoutant seulement, que la seureté de la Republique ne doit pas dépendre des possibilités qui peuvent être ou non; Le cas n'est pas nouveau, que des Puissances mêmes qui surpassent les autres en sagesse, & sont connues pour telles, ne choisissent pas toujours ce qui leur est le plus utile; puisqu'il se peut presenter des choses qui les engagent à changer tout-à-coup de mesures & d'en prendre d'autres, quand un Etat neutre seroit exposé à un danger où il ne se seroit pas preparé. Si par exemple il arrivoit, comme il est dit dans la prémiere harangue de S. A. R., que l'une des parties qui auroit le dessous se retireroit sur le territoire de l'Etat, & que la victorieuse la poursuivit, qui empecheroit que l'une & l'autre ne s'y etende & fasse ce qui leur convient, & ainsi attire la guerre sur le terrain de la Republique sans en avoir eu le dessein? Elles seront empêchées s'il y a une résistence suffisante, mais avec le peu de forces que l'Etat a sur pied il est impossible de faire résistence.

Quant à la quatrieme Raison, la Noblesse repete encore, que l'augmentation ne fut pas proposée, parcequ'on craignoit une attaque ennemie directement, mais pour couvrir l'Etat dans ces circonstances critiques. Plus l'Etat est sur ses gardes, moins on songera à l'attaquer, & plus il sera asseuré au moins contre les surprises.

L 2

C'est

C'eſt à ce but que doit ſervir le nombre d'hommes & de chevaux qu'on veut augmenter. Aſſeurement on ſe fait une idée toute fauſſe des forces que l'Etat a actuellement ſur pied, & dont il peut faire uſage, en les jugeant ſuffiſantes d'empêcher que le territoire des Provinces ne ſoit inveſti : il n'eſt pas queſtion ici des marodeurs & des partis qui battent la Campagne, pour les réprimer, il s'agit de ce grand & ſérieux objet de la ſeureté & de la conſervation en general. Un petit nombre de Trouppes n'y ſuffit pas, tel grand qu'on l'eſtime, & tout conſiderable qu'on le veut faire paroître ; il ſe trouvera, à le bien calculer, qu'il n'eſt pas ſuffiſant pour former des cordons capables d'empêcher une irruption, de garnir les villes les plus expoſées de garniſons, & de pourvoir à la ſeureté des Places, qui ne peuvent pas être dénuées de trouppes.

C'eſt pour toutes ces Raiſons que Meſſieurs de la Nobleſſe ſe ſont trouvés obligés de donner leur conſentement dans l'augmentation propoſée, qui ne doit point être omiſe, pour un épargne des finances ni pour quelque autre raiſon que ce ſoit. Ils ſont d'avis, que la propre ſureté & la défenſe de ſoi même la rendent abſolument néceſſaire, qu'elle doit être réſolue au plus-tôt, & ſans aucun retardement, ſi on ne veut pas que le ſort de la Republique ne tienne qu'à un ſeul fil de changements perilleux, ſi

on ne veut pas laisser exposée à un danger inevitable l'independence d'un Etat libre, la liberté interieure, & la Réligion. A moins qu'on
ne fasse cela, la possibilité même cessera de
sauver la République du joug affreux de dépen-
dence, qui par sa propre faute, tombée dans
l'impuissance, & meprisée auprès de ses amis,
& destituée enfin de toute assistence, pliera sous
une domination, qui la plongera avec ses Citoyens & les enfans qui doivent naitre encore,
dans une abime de misere, & que bientôt le nom
d'un Etat libre & Protestant de Hollande sera
éffacé. Dieu le Tout Puissant, qui jusqu'ici a
conservé la République par tant de voyes mira-
culeuses, veuille nous en préserver.

Messieurs de la Noblesse en finissant cet avis,
insistent qu'il soit inféré aux Notules à leur
décharge pour ce tems & pour le tems à venir,
parcequ'on en peut reconnoître, que ce n'est
pas un esprit de partialité qui les fait agir; mais
que c'est l'amour pour la conservation de l'independence de l'Etat avec tout ce qui y est attaché, qui les a persuadé de s'en expliquer en
fideles Regens.

REMARQUES *sur* L'AVIS *donné par écrit de la part de la Ville* D'AMSTERDAM, dans l'assemblée de Leurs Nobles & Grandes Puissances, sur le *Non faire* d'une augmentation, en Reponse aux Remarques Patriotiques.

Monsieur !

LA bienséance qu'observent tous les honnêtes gens, & qui est une de vos prémières qualités, m'auroit engagé sans doute de répondre plus-tôt à vôtre Lettre du 10. Juillet. Des Raisons bien fortes m'en ont empêché : Prémierement, puisque vôtre lettre avoit le malheur de paroitre imprimée sous un titre fort suspect *, avant même qu'elle me fût venue en main. Deuxiemement, à cause de mon absence pour quelque tems de la ville. D'ailleurs je trouvai à mon rétour vôtre lettre suivie d'une autre, d'un Monsieur d'Amsterdam **, en réponse à vos Remarques patriotiques sur l'augmentation. Je ne savois qu'en penser, ni quel motif pourroit m'engager à une réponse à vôtre lettre. Cependant, après quelques Réflexions particulieres que j'y avois faites, je crus, que vôtre Ecrit contenoit une matière fort importante, d'autant plus que je la voyois suivie

---

* Rémarques patriotiques sur la Nécessité ou l'inutilité d'une augmentation à faire, & si la Neutralité en souffre ou non?

** Reflexions libres en réponse confidente d'un d'Amsterdam à un Mr. en Overyssel, sur les Remarques patriotiques &c.

vie de jour en jour de plusieurs autres écrits publics de cette nature. Ils exciterent ma curiosité de manière à ne pouvoir plus m'empêcher d'examiner serieusement l'objet de ce differend, & quels sont les motifs qui portent à écrire tant pour & contre cette affaire. Je choisis pour cela quelques jours de repos, pendant lesquels je me rétirai dans ma solitude pour n'être point troublé dans les contemplations que j'allois faire, sur un sujet aussi important, ne voulant répondre à Vôtre lettre, avant que d'y avoir reflechi meurement.

Lors que j'etois occupé de mes contemplations, il me tomba entre les mains *la Protestation* qui a été donnée par ecrit de la part de la Ville d'Amsterdam dans l'Assemblée de Leurs N. & Gr. Puissances, touchant l'augmentation des Trouppes par terre *; cela m'ouvrit un nouveau champ pour des observations, & m'empêcha encore de vous répondre, pour y joindre aussi mes Remarques sur l'augmentation déclinée.

Je commence par les deux harangues de Madame la Princesse Gouvernante, & je crois que l'intention dans laquelle S. A. R. a fait la proposition d'une augmentation, est fondée & acceptable en toutes les considerations ; Non pas, dans la supposition, que, puisque la proposition

L 4

a

* Avis donné par écrit de la part d'Amsterdam dans l'Assemblée.

a été faite par la Princesse, elle étoit aussi absolument nécessaire & praticable, & serviroit pour cette Raison au Bien de la République. Nous, reflechissons ici sans partialité. Les tems passés nous ont appris, quelles suites ont toujours eu les differends entre les Cours de France & de la Gr. Bretagne, & comment ces dissentions ont toujours causé une guerre générale en Europe. C'est de ce principe seul que l'augmentation peut avoir place avec raison & fondement; quoique dans *l'Avis* de la ville d'Amsterdam il soit dit : ,, que les differends sur les ,, Possessions en Amerique ne régardoient point ,, du tout la République , & qu'elle n'étoit ,, point engagée par les Traités d'y prendre ,, part, & qu'elle se rendroit coupable d'une ,, imprudence inexcusable, en faisant un pas ,, qui marquoit une partialité. Mais Madame la Gouvernante prend sa précaution pour appuyer son harangue, pour donner la juste force à sa proposition; ensuite S. A. R. passe à l'effet de cette pénétrante apprehension d'une guerre générale en Europe *. Et ne sommes nous pas effectivement environnés de plusieurs armées? Leurs desseins & leur sort ne nous sont pas connus, mais les suites en peuvent bien donner de justes allarmes aux habitans des Villes & Places les plus proches de ces Armées. Il est vrai, qu'une exacte Neutralité nous a garanti jusqu'ici

des

* Voyez le 5. §. de la premiére harangue de S. A. R.

des ſuites, & qu'elle a ſatisfair ſans doute à l'attente & au deſſein qu'on enviſageoit, comme cela eſt rémarqué dans l'Avis de la Ville d'Amſterdam.

Mais il eſt en queſtion, ſi une augmentation ſur le pied que S. A. R. l'a propoſée, peut être compatible ou non, avec la neutralité, que nôtre Etat obſerve ſi religieuſement; ou, ſi elle pourroit rendre ſuſpect l'Etat de changer ſa Neutralité en partialité? Je dis que non; Mais ſi l'augmentation tendoit à l'offenſive, ſavoir : ſi l'intention deS.A.R.étoit d'augmenter les forces à 100000. hommes environ, elle pourroit donner ombrage à nos voiſins. *L'augmentation, dit-on *, n'eſt plus ſi néceſſaire maintenant, comme elle l'étoit du tems où S. A. R. en fit la propoſition.* Il eſt bien vrai, que les choſes ont depuis un peu changé de face, les armées ſe ſont rétirées de nos frontieres, ce qui nous donne lieu de croire, que le danger n'eſt plus auſſi grand pour la République, que lorſqu'elles étoient ſur nos frontieres & prets à tous momens à ſe livrer bataille. Mais, qui ne ſait pas, que de pareils dangers nous peuvent révenir, & même ſe ſont déja approchés? La moindre bagatelle, un Cas imprevu pourroit faire chanceler nôtre Neutralité, ſans que nous, ni nos voiſins l'ayant penſé: quel inconvenient n'en reſulteroit-il pas pour la République, ſi l'on n'a

L 5

pas

---

* Lettre d'un Seigneur Hollandois à ſon ami, ſur l'augmentation, le 19. Juillet 1758.

pas pris à tems des mesures pour prévenir de pareils desastres inopinés, des Mesures qui peuvent étouffer dans la Naissance toute disgrace de nôtre chere Patrie? Je ne dis pas, que l'augmentation proposée par Madame la Gouvernante soit absolument nécessaire pour cela, ni que, sans prendre ce chemin, nous ne puissions maintenir nôtre honneur, nôtre independence, nôtre liberté, nôtre Réligion ou la Neutralité. Je suis d'avis qu'un nombre plus ou moins grand de Trouppes n'y suffit pas: car dans le danger, nôtre militaire n'est pas sur un pied de pouvoir répousser forces par forces, quand même toutes les trouppes formeroient une armée pour combattre. Que resteroit-il pour les garnisons des places frontières & des forteresses? Il faut donc que je vous donne une autre idée de l'augmentation, qui s'accorde avec la vraie Intention, que Madame la Gouvernante a eue en la proposant.

S. A. R. Madame la Gouvernante n'a eu d'autres veues pour l'augmentation, que de rendre le nombre des Trouppes suffisant pour les Garnisons, & principalement du Coté où le danger de quelques inconveniens inprévus est fort à craindre: savoir, s'il arrivoit qu'une des armées voisines voulût chercher sa seureté sur nôtre territoire, de faire, à la satisfaction de la Puissance ou des Puissances interessées à nôtre neutralité, les réprésentations nécessaires à l'armée succombante: & en Cas que ces rémon-

tran-

trances n'auroient pas l'effet souhaité, de pouvoir alors assembler un Corps de trouppes suffisant pour repousser les opiniatres de nôtre territoire par la force des armes. Car que ferions nous autre chose contre l'invasion d'armées etrangeres, si nous voulons maintenir duement nôtre neutralité? Et pourquoi ne devions nous pas former sur nos frontieres une armée d'observation, aussi bien que Sa Majesté Danoise? quel préjudice cela porteroit-il à nos voisins? Posons l'alternative de la Proposition de S. A. R. comme on se l'imagine, & qu'une augmentation donne ombrage à quelqu'un de nos voisins, le sentiment de Madame la Gouvernante seroit toujours le Moyen le plus valable en certains aspects, pour détourner ce que l'on pourroit entreprendre contre nôtre liberté, savoir: qu'on soit au moins sur ses gardes, contre les effets des ménaces des voisins mécontens, & de se trouver réellement en état de résister à la première attaque.

Mais seroit-il bien conseillable, les finances étant dans un si miserable état selon le commun sentiment, & selon l'avis principalement de la ville d'Amsterdam, de faire une augmentation, qui embarrasseroit nous & nos voisins? pourquoi donc nous mettre en peine nous & nos voisins? Croyez moi, & je suis en cela parfaitement d'accord avec vous, que l'augmentation

tion

* Voyez le 8. §. de la harangue de S. A. R. du 7. Juin 1758.

tion propofée par Madame la Gouvernante, fi
elle ne nous étoit pas avantageufe, au moins
elle ne nous feroit nuifible en aucune manière;
puifqu'aucun de nos voifins voudroit fe faire
de nouveaux ennemis, ni nous ne nous attirerions
pas leur inimitié par une augmentation auffi
petite de Trouppes.

J'étendrois plus loin mes remarques fur les
harangues de S. A. R.; mais comme il en a été affez
difcuté dans l'Affemblée de Leurs N. & Gr. Puiffances, je m'attacherai aux jugements particuliers
que quelques uns de nos Compatriotes ont fait
fur ce fujet.

Le prémier de ce nombre que je rencontre,
c'eft vôtre Lettre patriotique, que vous m'avez
écrite fur le fujet de l'augmentation, & dont je
puis dire, qu'elle appuye en toutes les parties
la propofition de S. A. R.; non dans la veue que
vous vouliez perfuader inconfiderement & fans
raifon cette affaire au Public : non. Mais je dis,
que vous avez voulu ajouter plus de clarté à la
propofition de S. A. R. par vos *Annecdotes*; &
en cas que vos *Annecdotes* fe publioient, le
moins expert de nos Bourgeois & Citoyens pourroit fe faire une Idée diftincte & jufte des intentions de Madame la Gouvernante, & que
les fimples pourroient comprendre, que
l'augmentation telle que S. A. R. l'a propofée, feroit abfolument néceffaire & falutaire à la République. Je loue la précaution que vous avez
eu

eu de me soulager en cela moi & vos autres
Concitoyens; mais je m'étonne de l'autre côté,
qu'une Personne de vôtre naissance & Caractère
ait hazardé de donner des *Anecdotes* sur le sujet
de l'augmentation, ou bien sur les harangues de
Madame la Gouvernante, parce qu'il y a tant
d'exemples dans nôtre République de la haine
& des injures qu'on s'attire par des écrits pareils. J'ai toujours craint les plumes seditieu-
ses des Auteurs affamés, comme les loups qui
sous l'apparence de Savoir & de Connoissances
offensent l'honneur & le bon rénom d'un honnette homme, & pour assouvir leur furie d'écrire s'accrochent à des choses de la plus grande
consequence. Je ne doute pas que vous n'ayez
eu soin de tenir cachée la lettre que vous m'avez
écrite, mais la harangue de Madame la Princesse, qui ne devroit être connue qu'aux Etats,
n'ayant pas pu demeurer sécrete, encore moins
pouviez vous vous flatter que vôtre Lettre Patriotique demeureroit sécrete. Ce seul mot de
Patriot est assez commun aujourd'hui, & suffit
pour exciter la curiosité des gens, & les ames
laches à lui donner toute sorte d'épithetes odieuses.
Mais venons à l'essentiel de votre lettre.

Vous y semblez soutenir, à ce que je comprends, qu'une augmentation est absolument nécessaire, parceque les frontieres de l'Etat sont
exposées au danger, à cause des armées qui y touchent : que l'augmentation étoit l'unique moyen

de maintenir l'honneur & l'independence de la
Republique & de fa neuttalité; que, quoique
les finances ne fouffroient pas en effet une augmentation, elle pourroit néanmoins fe faire à
l'aide de nouvelles chargrs, que les Bourgeois
& habitans porteroient, à ce que vous dites,
avec bonne volonté, & qu'aucun de nos voifins n'en pourroit prendre ombrage, parceque
elle n'aboutiffoit qu'à la feureté néceffaire & à
l'independence de la République.   Et enfin,
que fi quelcune des Puiffances en guerre, vouloit s'en formalifer, l'augmentation feroit d'autant plus néceffaire, pour detourner tout défaftre
de la Patrie par le moyen des armes.

J'avoue, que vôtre projet s'accorde parfaitement avec les propofitions de S. A. R. fur l'augmentation, faites dans l'affemblée de Leurs Nob.
& Gr. Puiffances.   Mais voyons les effets que
vos fuppofitions ont eu, pour la recommender.
C'étoit pour cette fin, que vos *Annecdotes Patriotiques* s'etoient publiées. A peine avoient elles parues, qu'il y fut répondu, par quelqu'un
d'Amfterdam, & cela à moi directement *.
Un homme, Monfieur, un habitans d'Amfterdam, qui feroit tout contre l'augmentation, tache
de me perfuader par des voyes de douceur, à me départir de vôtre fuppofition abfolue,

&

* Voyez Reflections libres d'un d'Amfterdam à
un Mr. en Overyffel, eu Reponfe aux annecdotes
Patriotiques.

& à croire avec lui, que la Neutralité ne devoit point avoir de Relation à ce qu'on augmente les forces par terre ou non, & qu'une augmentation suffisante n'etoit pas même praticable dans ces circonstances du tems. Ces asseurences absolues me paroissoient d'abord bien présomptueuses; mais considerant que c'étoit un d'Amsterdam qui m'ecrivoit, qui par consequent reprouve l'augmentation aussi absolument que vous en representez la nécessité. je donnai peu d'attention au reste du contenu de cette lettre, qui en effet ne renferme pas grande chose. Il prétend, que „ si on faisoit une augmentation, „ elle devroit être *suffisante*, c'est à dire, pour servir à l'execution du projet qu'on medite. Mais comme il ne dit rien, non plus que vous, du nombre de l'augmentation, je ne saurois dire, si elle serviroit à atteindre le but. Vôtre proposition se bornoit à 1 2450. hommes, & je dis qu'ils suffisent absolument à l'intention de la Princesse, savoir à défendre les frontières, à resister aux insultes & aux invasions inopinées, & pour ne pas dépendre du caprice d'un ou d'autre voisin. Mais cette augmentation ne se feroit pas, comme disent les gens mal instruits, pour faire tête à une des armées, mais pour nous embrouiller dans la guerre. Les personnes d'entendement penétrent aisement, que ce n'est point du tout l'intention de S. A. R. dans cette augmentation peu considerable.

Ce-

Celui d'Amſterdam dit , qu'une augmentation en ce tems ne dévroit point ſe faire vû la neutralité ; parce qu'elle pourroit donner peut-être occaſion à une Rupture. Mais je juge le contraire, & je crois qu'une augmentation, toute conſiderable qu'elle peut être, ſerviroit à la neutralité principalement. Il ne donne pas de raiſons, pourquoi une augmentation donneroit ſujet à une Rupture, il ajoute au contraire, pour plus obſcurcir la choſe, que les finances ne permettoient pas une augmentation, toute petite qu'elle ſoit, ſans rien alleguer pour prouver ce qu'il avance.

MEMOIRES

POUR SERVIR 'A

L'HISTOIRE

DE NOTRE TEMS,

PAR-RAPPORT 'A

LA HOLLANDE.

12.

SUITE DES REMARQUES SUR L'AVIS D'AMSTERDAM, TOUCHANT L'AUGMENTATION DES TROUPES.

Comme je m'étois attendu de trouver plus de réalités dans cette Piéce*, des arguments au moins, qui dissuadent l'augmentation avec quelque raison, vous pouvez croire, que je n'en suis gueres satisfait. On souhaite même une Réponse à cette lettre, en me démandant : si l'augmentation des forces par terre, serviroit plus pour la conservation de la neutralité, que pour resister aux maux, qu'elle entraineroit peut-être?

Tout

* V. la Lettre en question, Réflections libres &c.

M

Tout le deſſein de la lettre eſt donc, comme il me ſemble, de perſuader: que l'augmentation nous rendroit ſuſpects d'une mauvaiſe entrepriſe: Que les finances ne ſouffroient pas une augmentation, telle qu'elle devroit être pour maintenir l'independence & la neutralité de la République: Qu'on ne trouveroit pas un nombre aſſez ſuffiſant d'hommes pour une augmentation: Et enfin, qu'il vaudroit mieux de ſupporter une petite offenſe *, que de nous armer, pour prevenir de telles offenſes, dans un point de tems auſſi critique.

De pareilles raiſons me tenoient en ſuſpens, ſans que je puſſe en venir à une concluſion à l'egard de l'augmentation, lorſque deux jours après il me vint entre les mains encore un Ecrit ſur l'augmentation, qui paroit être auſſi une réponſe à vos *Anecdotes* patriotiques, par un autre auteur **. Cette lettre eſt datée du 19. de Juillet 1758. deux jours ſeulement plus tard que celle de cette autre d'Amſterdam. Car je ne doute pas, qu'elle ne ſoit auſſi venue d'une plume d'Amſterdam, quoique écrite avec plus de connoiſſance de cauſe. Son Cœur, ſon eſprit ſéditieux n'a rien épargné pour donner auſſi

cette

* Il entend la mépriſe, lorſque l'armée des Alliés paſſa le Rhin.

** Lettre d'un Seigneur Hollandois à un de ſes amis ſur les écrits controverſes de ces tems, & ſi l'augmentation eſt néceſſaire ou non &c.

cette qualité aux arguments par lesquels il combat l'augmentation. Je compris pourtant bientôt, quel étoit son dessein. Sa lettre est en effet un diffamation publique de vos *Anecdotes*. Le Caractère du Grandpensionaire de *Witt* y vient aussi sur le tapis.

Je ne trouvai la chose, que je voulois, que pag. 8. où il interprete d'abord la publication de vos *Anecdotes* patriotiques, (que je ne connois que sous le nom d'une lettre d'ami & de confidence) comme ayant pour principe de soulever le peuple contre ses superieurs & d'exciter des troubles dans nôtre pais. Mais comme je ne voulois pas m'arrêter à des fadaises, je feuilletai plus avant, jusques-là où il parle de Troupes & d'argent, ce qui, dit-il, l'un & l'autre est impossible à avoir, & par consequent l'augmentation est impossible aussi. Il prétend une augmentation de 20. à 30000. hommes, pour mettre la République dans un état rédoutable; c'est à ce nombre, à ce qu'il dit, qu'on pense faire l'augmentation; cependant il est indisputable, que la proposition de S. A. R. ne tend, suivant le plan formé depuis trois ans entre la Princesse & le Conseil des Etats, qu'à 13450. hommes.

Mais je ne veux pas m'arrêter à ce different, il faut que j'examine les Raisons pour quoi une augmentation seroit impossible, & si elles sont d'assez de poids pour perdre de veue l'augmentation.

tation. Il debute par les charges des habitans, qui font déja fi péfantes, qu'ils ne peuvent plus rien porter, dit-il. Les Biens fonds, les maifons, les terres &c. font chargés d'une manière fi exceffive, dit-il, que les plus riches ne peuvent plus vivre à leur façon; que le bourgeois & l'artifan, qui vivent pour la plus grande partie du debit qu'ils font aux gens riches, font fort mal payés, & obligés à chercher leur pain en mendians. Et pourtant il eft impoffible, dit-il, d'augmenter, fans charger de nouveau les habitans. Il eft vrai, le mauvais état des finances eft le principal point pourquoi l'augmentation eft eftimée impraticable. Car fans entrer dans cette matière, je fuis moi-même temoin, qu'il m'eft impoffible de fubfifter comme auparavant. Mes Maifons, mes terres & Biens fonds font tellement chargés, qu' au lieu de 6. Domeftiques que j'avois autrefois, je me paffe de la moitié & méne une vie retirée a prefent, pour réuffir. J'ai été obligé pour cette raifon, de quitter il y a quelques années mes charges, comme vous favez, parce qu'elles m'engageoient à des dépenfes, qui ne m'en revenoient pas, de beaucoup; & je crois qu'il y en a plufieurs dans ce Cas. L'augmentation ne fe peut faire fans un fond fuffifant, & à-peine, les dépenfes annuelles de l'Etat peuvent-elles s'acquitter; après dix ans de paix, on n'eft foulagé que du deux-centieme denier fur les maifons.

fons. On fuppofe bien, qu'en eas de befoin, il fe trouveroit toujours des moyens de Redreffement des finances, comme on en a eu l'experience ; Mais la queftion eft proprement, fi l'augmentation eft auffi inutile, que l'Auteur de cette Lettre nous le reprefente.

Il n'eftime pas l'état de la patrie auffi critique, que pour ce motif l'augmentation feroit nécef-faire. *Aucun des voifins* dit-il, *nous a donné fujet d'être offenfés*; *au contraire la pluspart des Puiffances belligerantes ont beaucoup fouffert: & avant que nous ayons augmenté, la paix fera faite.* Les deux premieres pofitions font vraies, mais la derniere eft douteufe : perfonne ne fau-roit dire, quelles fuites cette guerre peut enco-re avoir en Europe ; & fi le fort ne ramene pas en-core l'une ou l'autre des armées vers nos frontieres, & fi une bataille decifive ne fe-roit pas caufe que notre territoire fut violé quoi-que d'hazard. Autant que les deux premiers motifs diffuadent l'augmentation le dernier la perfuade. L'acharnement entre les Puiffances belligerantes eft monté à un haut dégré, & la paix femble encore bien éloignée. Je juge donc, que l'augmentation peut être empêchée à caufe des finances plustôt, que parce qu'elle n'étoit pas néceffaire ; nous en parlerons en fon tems.

M 3

Ce

Ce que je pourrois encore dire contre cette Lettre, je le trouve déja dans la vôtre * du 4. de ce mois. Et ce que je puis dire en sa faveur, se borne aux grandes charges, qui pésent aux habitants, & défendent l'augmentation, & même d'entretenir des forces suffisantes par mer, pour asseurer le commerce & la navigation des habitans. Cela est impossible, à present, dit-il, à moins que les finances du Païs ne soyent remises dans un meilleur état : mais poursuivons.

Quelques jours après avoir réçu la Lettre d'un Seigneur Hollandois, je reçus un autre écrit sur l'augmentation **. La curiosité fit que je le lus avec avidité, mais je n'y trouvai pas de quoi la satisfaire : il parle pour & contre, sans rien décider, comme je me l'étois imaginé. Cette piece fit bientôt place à une autre, que je parcourrus, avec d'autant plus d'avidité, que le titre marquoit, que c'etoit une troisieme Réponse à Vos *Annecdotes Patriotiques* ***.

As-

* Reponse detaillée à l'impudent auteur d'une certaine Lettre d'un prétendu Seigneur Hollandois à un de ses amis, sur l'augmentation proposée.

** Jugement impartial sur les differends qui subsistent à present dans nôtre Patrie, discutés politiquement dans un discours entre deux Seigneurs Hollandois, & un de Nimwegue &c.

*** Reflections Libres sur l'augmentation des forces par terre &c.

Asseurement Mr., je ne saurois assez m'étonner de toutes les censures qu'éprouve vôtre lettre, écrite de si bonne foi ! Il faut que vous ayez fort offensé le jugement commun, ou celui au moins de Messieurs d'Amsterdam. Car je ne cherchai pas long-tems sans reconnoitre que cette brochure vient du même Canal, de la même Presse, du même auteur que *la Lettre d'un Seigneur Hollandois*, & que l'auteur s'étoit enhardi de se faire passer à ma place pour ce Mr. d'Overyssel. Je suis trop touché de cette éffronterie, pour ne pas prendre la plume, par cette seule raison de défendre mon honneur; je n'ai jamais imaginé ni ne me suis jamais souillé de calomnies & d'injures, comme il en crache contre les Anglois sur tout, qu'il appelle violateurs des Traités, perfides, voleurs &c.

Je ne daigne pas répondre à tous les arguments qu'il avance contre l'augmentation. Un homme qui ose prendre le nom & le titre d'autrui, contre le caractère d'honnette homme, est capable aussi de perdre le Respect pour ses Supérieurs, & même de deshonorer les têtes Couronnées, comme il a fait dans ses Reflections libres à l'égard de la Cour d'Angleterre ; les fortes expressions & dignes de punition, s'accordent à celles dont il a parsemé sa *Lettre d'un Seigneur Hollandois.*

Le premier mensonge qu'il avance par rapport à nous, c'est sur nôtre force militaire, qu'il met

M 4

à

à 40065. hommes. Je souhaite, que cela fut vrai: une augmentation de 13000. hommes jointe à une partie de nos forces actuelles, seroit donc assez suffisante pour empêcher une invasion dans nôtre Pais; mais il en sait autant que l'aveugle des Couleurs.

Je ne m'arrêterai donc pas sur les formalités excessives de cet homme, & sur le contenu énorme de sa lettre addressée à vous Mr., à laquelle vous repondrez peut-être, un jour que vous le jugerez propos, de la façon qu'elle le merite. Seulement je dirai encore, que l'auteur a montré en prenant mon nom, de quelle sorte de gens il est; que ce n'est pas l'amour pour la patrie & pour ses contemporains, comme il le veut persuader, qui l'a porté à traiter l'affaire de l'augmentation, mais que c'est un gain sordide, une vaine gloire, & une malicieuse partialité, & je passe à une *Annotation* sur *l'Avis* que Messieurs d'Amsterdam ont donné en réponse à la proposition de S. A. R. dans l'assemblée de L. N. & Gr. Puissances.

Dans cet Avis il se trouve d'abord la communication du Comte de Holderness, Secretaire d'Etat de Sa Majesté Britannique, faite au mois de May 1755. à S. A. R.; savoir: ,, que ,, le Marquis de Mirepoix, alors Ambassadeur ,, de France à Londres, avoit insinué aux Mi- ,, nistres de la Gr. Bret., qu'en cas que les brouil- ,, leries en Amerique venoient à augmenter,
,, la

„ la Cour de France régarderoit la Paix d'Aix
„ la Chapelle comme rompue, & tacheroit
„ de faire de la Hollande le Théatre de la guerre,&
„ s'en prendroit aux alliés de la Gr. Bretagne.
Cette declaration, embarraſſa fort la Republique alors: cependant la conduite de cette Couronne n'y repondit pas, graces aux ſages meſures
que notre Republique a pris dans ce tems
critiques.

Ces Meſſieurs n'oublient pas de dire dans
leur Avis: „ qu'après, par le moyen de la Neu-
„ tralité, la République s'étoit delivrée de tou-
„ te crainte du coté de la France." Mais ar-
rêtons-nous un peu à cette période, où Meſſieurs
les Aviſeurs diſent: „ que la Neutralité s'etoit
„ faite pour les Païs - Bas Autrichiens auſſi bien
„ que pour le territoire de l'Etat." Mais pourquoi donc les Païs-Bas d'Autriche permettent ils
le Paſſage aux Trouppes Françoiſes ? cela au
moins ne s'accorde aucunement avec la Neutralité d'une Puiſſance. Car par là on facilite le
pouvoir d'une Puiſſance contre l'autre, & l'Angleterre & la Pruſſe auroient raiſon de ſe plaindre d'une telle conduite. Cependant ce point
ne merite pas autant d'attention que la Ceſſion
des villes Nieuport & Oſtende aux Trouppes
Françoiſes, qui eſt directement contraire au
Traité des Barrières. Mais la République que
pouvoit - elle faire? Sa foibleſſe ſans doute étoit
cauſe qu'elle ne s'oppoſa pas. Qui ne prévoit
M 5

pas,

pas, que le tems à venir peut amener des choses encore pires pour la Republique? Considerant surtout la nouvelle Alliance des Cours de Vienne & de Versailles (Changement de sisteme qui merite l'attention des Politiques les plus consommés), qui ne craint pas que la France ne se réserve à la Conclusion d'une Paix, la possession des Païs - Bas d'Autriche, pour dedomagement des fraix que cette Couronne a été obligée de faire dans la guerre présente en qualité d'alliée de la Maison d'Autriche ! Un tel cas ne concerne-t-il pas la République, & n'auroit-il pas Rélation à nôtre Commerce? Je dis qu'oui. Mais, pourrions - nous l'empêcher en quelque manière? Pourrions-nous trouver des Raisons assez fortes pour donner d'autres sentiments aux Cours de Vienne & de Versailles ? Pourrions-nous leur mettre des bornes dans le dedomagement dont elles trouveroient bon de convenir ensemble? Il est vrai, la France jusqu'ici ne nous a point encore fait de mal, elle n'a pas insulté notre pavillon, opprimé nôtre commerce & navigation ainsi que font manifestement les Anglois. Mais notre foiblesse, nous oblige à tout souffrir. Cela nous engage à examiner quelles marchandises les vaisseaux pris & déclarés pour des bonnes prises avoient à bord, d'où ils venoient, pour où ils étoient destinés, & pourquoi ils ne s'etoient pas trouvés sous le convoi de l'Etat? Tout

cela

cela bien examiné, avec difcretion, on trouvera
le fécret, & le mauvais traitement qu'on fait à
l'epuipage fera plus l'objet de confideration que
les prifes & la confifcation même. Cependant
l'infulte faite à nôtre pavillon, & le domage
réel que fouffre nôtre Commerce & nôtre navigation me touche autant, qu'aucun marchand
d'Amfterdam ou de Rotterdam ; cela eft fort à
plaindre, c'eft pourquoi on dévroit fonger à
une augmentation des forces par mer auffibien
que par terre. Mais je m'écarte trop loin de
mon objet.

Il paroit fuffifament, au moins de *l'Avis* même de Meffieurs d'Amfterdam, que l'année paf-
fée la Province de Gueldre a infifté avec beaucoup
d'empreffement auprès de la Généralité : „ que
„ dans ces tems & circonftances critiques où fe
„ trouvoit la Republique, Meffieurs les Etats
„ des Provinces refpectivement voudroient bien
„ concourrir à une augmentation des forces
„ par terre, telle qu'on la jugeroit néceffaire &
„ fuffifante pour prévenir tout defaftre.‟ Telle
doit être l'augmentation, on ne doit pas la borner à un certain nombre de 13000. par exemple, mais à mefure du danger, plus ou moins,
fi l'on veut garantir l'Etat dans fon independence contre tous les accidens imprévûs. Si ce
n'eft que pour réprimer quelques infultes ou
avanies des parties qui vont à la picorée, les
forces actuelles de la Republique fuffifent plei-
ne-

nement: ,, Si l'on a foin (comme rémarquent
,, Meſſieurs d'Amſterdam dans leur *Avis*) que
,, cette milice dont on ſe peut paſſer dans les
,, autres places, ſoit miſe dans les villes les plus
,, expoſées ſur les frontieres, & emploiée ainſi
,, à couvrir & défendre le Territoire de l'Etat.''

Si pourtant il eſt vrai qu'on craint la Rétraite
de l'une ou de l'autre armée ſur nôtre terrain,
on ne pourra pas nous blamer, que nous tachions
de ſoutenir nôtre neutralité auſſi religieuſement,
que les Puiſſances intereſſées veulent que nous
la gardions. Et pouvons nous, dans un tel
cas, le faire autrement que par les armes?
L'Avis ſuſdit prétend: ,, qu'il n'etoit guères à
,, preſumer qu'une armée ſuccombante, pour-
,, ſuivie par la victorieuſe, chercheroit une Ré-
,, traite ſur un territoire, où, au lieu de ſécours el-
,, le trouveroit reſiſtence, & ainſi s'expoſeroit à un
,, nouveau danger.'' Je veux qu'il ne ſoit pas à
preſumer; mais que feroit-on en cas d'un tel
inconvenient? Prétera-t-on ſecours à l'armée
ſuccombante en lui montrant paſſage pour
échaper aux mains de ſes ennemis? Que feroit
alors l'Armée victorieuſe? régarderoit-elle
cela de bon œil, & ſe croiroit-elle moins en
droit d'empieter ſur nôtre terrein? & pouvons
nous alors, avec nos forces actuelles, toutes unies,
faire tête à l'armée victorieuſe? Triſte aveuglement!

Je

Je ne crois pas que de pareilles penſées vous puiſſent venir, d'autant moins qu'il eſt ſeur, que nous dévons avoir ſoin de nôtre ſûreté, comme nos voiſins de la leur.

Pluſieurs perſonnes de vôtre aſſemblée jugent fort bien, comme il eſt dit dans *l'Avis* ſuſdit: „ que hormis le cas de la derniere néceſſité, „ on ne doit pas ſonger à augmenter." Mais quelle eſt donc proprement la derniere néceſſité dont parle *l'Avis* ſuſdit? ſi c'eſt, quand l'une ou l'autre des armées eſt déja ſur nôtre territoi-re que l'augmentation eſt abſolument néceſſai-re, je ſuis d'avis avec certain écrivain *, que l'armée qui vient ſur nôtre terrain, ou le Prin-ce qui voudroit nous attaquer, rémettroit ſes opérations de guerre, juſqu'à ce que nôtre augmentation fut effectuée; mais pourroit- on bien ſe promettre cela, de quelle partie que ce pût être ?

Suppoſé pourtant que c'etoient là les Raiſons de la dernière neceſſité (car empiéter ſur nôtre territoire eſt une offenſe en ce tems- ci) eſt-ce donc que les finances ſeront mieux alors? Sera-t on alors aſſez en fonds, pour faire auſſi-tôt une augmentation? Helas! l'experience au moins nous a appris une autre Politique. La guerre précedente en fournit la preuve, ce ſont les ſuites de cette guerre, qui preſſent encore aujourd'hui le Bourgeois & l'habitant.

J'a-

* Lettre à un Seigneur Hollandois &c.

J'avoue qu'une guerre ne nous eſt nullement profitable, mais que l'examen de Politique & de finances aillent de pair, ſi l'une ou l'autre doit être de quelque utilité. J'avoue en effet qu'une augmentation dans ces circonſtances critiques eſt abſolument impraticable par-rapport aux finances, & que les finances ſeroient peu ſoulagées, quand même on voudroit caſſer le Haut Conſeil de guerre avec la pluspart des choſes trop coûteuſes de la milice; mais l'Etat ne reſteroit en arriere aux finances que dans les premières 20. ou 30. ans, & une augmentation pourroit être ſalutaire à la République actuellement. Enfin j'avoue qu'une augmentation pourroit deplairoit à quelques un de nos voiſins, & feroit ſoupçonner, que comme ſi nous n'oſions plus nous fier aux Traités. Quelques uns diſent même que la France nous aiant donné les aſſeurences les plus ſolemnelles; „ nous ſommes delivrés, comme „ diſent Meſſieurs d'Amſterdam dans leur „ *Avis*, de toute crainte du côté de la „ France : & cette Puiſſance demanderoit pour „ ſa propre ſeureté une de nos meilleures pla- „ ces frontieres pour gage, que nous n'entrepren- „ drions avec notre augmentation rien de préju- „ diciable à Elle ni à ſes Alliés." C'eſt ainſi que raiſonne le monde entendu, & je ſuis du même ſentiment.

Mais après tous ces raiſonnemens il eſt queſtion, ſi nous ne devrions pas aſſembler nos Troup-

Trouppes en Corps fur nos frontières pour les défendre, & empêcher à tems tout inconvenient, & pour foutenir nôtre neutralité? & alors que refteroit-il dans les garnifons? nos villes frontieres doivent-elles donc démeurer dénuées de défenfe! Suppofé que nôtre milice confifte actuellement en 30000. combattans, deux tiers au moins font toujours néceffaires pour les garnifons des principales forterefes, & combien de refte pour détourner un danger imprevû? Quand le danger eft déja préfent il eft trop tard d'amaffer les trouppes, cela ne ferviroit de rien, qu'à réduire entierement les forces de la république.

Je trouve de plus dans *l'Avis* de ceux d'Amfterdam, „ que les Puiffances belligerantes, „ étant tant embarraffeés dans les troubles, il „ n'eft pas à croire qu'elles voudroient aug- „ menter le nombre de leurs ennemis, puifque „ jufqu'ici elles ont agies avec tant de pré- „ caution, & elles n'ont pas des raifons d'at- „ taquer la Republique. Je ne crois pas qu'il feroit de l'intérêt d'aucune de ces Puiffances de nous attaquer, pour le préfent au moins, parceque elles ont trop d'affaires! *Pour le préfent au moins!* Seroit-il donc quelque deffein fur le tapis contre la République pour l'avenir? demanderez vous? Je ne dis pas, qu'oui; mais chacun de nous ne connoit que trop, les circonftances qui pourroient affliger le plus

la

la République, & ne dites-vous pas dans vôtre lettre, Monsieur, *que* nous devons prevenir à tems tout danger, & ne pas songer au rétablissement, quand le mal est devenu incurable.

Mais le Résultat de Messieurs d'Amsterdam s'appuyant entierement sur le mauvais état des finances, avec lequel une augmentation est incompatible, toutes les autres raisons ne leur paroissent pas suffisantes ; c'est pourquoi ils disent dans leur *Avis*: que quoiqu'il seroit à souhaiter, que la Republique se trouvât en état d'entretenir en tout tems des forces plus considerables & par terre & par mer, toutes les considerations de cette nature cessoient pour le présent, à cause de l'état accablé des finances.

MEMOIRES
POUR SERVIR 'A
L'HISTOIRE
DE NOTRE TEMS,
PAR-RAPPORT 'A
LA HOLLANDE.

SUITE DES REMARQUES SUR L'AVIS D'AMSTERDAM, TOUCHANT L'AUGMENTATION DES TROUPPES.

IL est vrai que la Province d'Hollande n'est pas obligée de supporter la foibleſſe des autres Provinces, principalement la reduction privative de la Province de Seelande, L'inclination des bons & fideles habitans du Païs à porter volontairement quelques charges de plus pour le maintien de la Paix & de la ſeûreté de la République, doit être regardée comme non aſſez efficace pour une augmentation ſuffiſante de forces du Païs : Au moins il eſt dit dans *l'Avis* : „que c'eſt le dé-

N

„voir "

„ voir de bons Régens d'avoir soin que de pa-
„ reils ancres principales ne se perdent inuti-
„ lement, mais qu'il falloit les reserver à un
„ tems, où la Republique en pouvoit retirer
„ un avantage essentiel. Et dans un autre en-
„ droit, que faute de cela, il seroit à craindre
„ que par des dépenses inutiles la République
„ seroit reduite à un état qu'il n'y eut plus
„ moyen de se sauver.

Mais la République pourroit-elle retirer maintenant quelque avantage d'une augmentation ou non, & cela est-il de la derniere nécessité? Ceux d'Amsterdam dans leur Avis répondent que non: Mais quels Motifs avoit donc S. A. R. de soutenir dans ses harangues la necessité de l'augmentation? & que le salut du Païs se trouvoit dans une milice à lever; quoique selon *l'Avis* souvent mentionné, le salut & le Bien ne consiste nullement dans l'augmentation de forces par terre. *Nous devons nous reposer sur la foi des Traités* dit-on; & un repond qu'on ne devoit pas se reposer sur la foi des Traités. Le premier est fondé sur l'état accablé des finances, qui ne souffre pas de faire une augmentation; & la derniere position se fonde sur l'experience, qui nous appris, combien peu on se peut fier à la bonne foi des voisins & alliés, aussi-tôt que l'intérêt s'en mêle. On ne sauroit dont être assez sur ses gardes, pour détourner à tems toute surprise dangereuse, avant

qu'elle

qu'elle éclate essentiellement & devienne irre-
parable.

On dit bien, ce n'est pas l'intérêt de la France de renverser la République, la France
a besoin du Commerce de la Hollande, il est de
son intérêt de la soutenir. Mais les autres, que
disent-ils? La Cour de France veut dominer,
elle est amiable & frauduleuse, on ne peut pas
se reposer sur ses promesses, & l'occasion n'est
pas encore pour exécuter ses projets. On voit
par ces raisonnements, la difference des partis
dans nôtre patrie, celui qui fait commerce
avec cette Puissance, & l'autre qui par connoissance Politique prefere l'independence du
Pais à l'intérêt.

Voilà ce que j'ai jugé nécessaire de remarquer sur le sujet de l'augmentation ; en me
soumettant toujours aux sages mesures & con-
clusions des Etats, que je crois asseurement telles, qu'elles vont de pair avec la conscience libre & nette. Je retiens mes speculations sur le
oui, ou *non* augmenter ; je ne dis pas, que
par le *oui*, nous maintiendrions mieux nôtre
autorité & nôtre independence : que nos voisins
le regarderoient de bon œil : que les finances
n'en souffriroient pas. Mais je n'estime pas non
plus de l'autre côté, que le *Non* augmenter nous
met à couvert de tout danger, ni que les finances en seroient augmentées, & les charges des
habitans diminuées.

Je

» Je finis, espérant que vous ne considérerez cette lettre que comme une Réponse nécessaire à vôtre lettre du 10. du mois passé; vous en ferez usage s'il vous plait, en tems & lieu; & j'assure que je n'écrirai plus rien sur un sujet de ce poids, pour ne pas passer, comme d'autres, pour un *esprit inquiet &c.* Je reconnoitrai donc les écrits qui se publieroient sous mon nom, pour des fictions, des faussetés, des mensonges de méchantes gens. Je vous prie de ne m'écrire désormais des choses dont le soin n'appartient qu'aux Souverains, pour que je ne sois pas obligé à m'expliquer plus clairement sur le vrai état de la République, & sur le domage qui pourroit s'en suivre, en publiant des choses dont d'autres Puissances auroient un grand avantage.

Dispensez, moi donc de cette charge, & me croyez &c. le 17. d'Août 1758.

PENSE'ES D'UN HABITANT D'AMSTER-
DAM, sur une prétendue Lettre Patriotique, écrite par un Monf. en Gueldre, sur la nécessité d'augmenter, ou de ne pas augmenter les Trouppes de l'Etat &c.

Monsieur!

J'AI lu ces jours - ci une lettre Patriotique d'un Mr. de Gueldre qui vous est addressée, d'où il paroit evidemment qu'il est fort porté pour l'augmentation de la milice du païs. Je sais Mr. que Vous êtes un homme qui examinez tout avec discretion, je ne doute pas que vous n'ayez lu cette lettre sans avoir pris aucun parti. Dans cette asseurance je prens la liberté de Vous communiquer mon sentiment sur son sujet, comme une Réponce à la lettre susdite. Je suis de ceux qui aiment la Patrie, qui donneroient, & qui seroient tout, pour contribuer à la seureté & à la Conservation du Répos & de l'honneur de l'Etat; je suis un aussi bon patriot, que vôtre ami en Gueldre s'imagine l'être. Aussi n'ai - je pas moins donné d'attention aux harangues de S. A. R. Madame la Princesse dans l'Assemblée des Etats de Hollande, touchant l'augmentation des trouppes de l'Etat, *sur les instances,* comme écrit vôtre ami, *des Provinces de Gueldre & Overyssel en parti-culier.* Je jugerois de là, que vous pancheriez pareillement du coté de l'augmentation : Et

N 3

vô-

vôtre Province asseurement a autant de raison
que celle de Gueldre de songer *à sa seureté*,
dans *le danger qui est à craindre.* Mais voyons
l'intention de nôtre *Patriote* mot pour mot.
Il dit au commencement : „ que qui-
„ conque connoissoit en quelque façon la situa-
„ tion de nos contrées, (sans doute il y entend les
„ Provinces de Gueldre & Overyssel), jugeroit
„ que l'augmentation étoit absolument néces-
„ saire, & que cet ouvrage salutaire pour la Ré-
„ publique se dévoit faire sans retardement. "
Il n'a en veu que l'augmentation de la milice
par terre uniquement, „ pour empêcher l'in-
„ vasion des armées étrangeres," comme il dit
pag. 3.„ quoiqu'il prononce lui même sa senten-
ce pag. 7. „ qu'une augmentation suffisante
„ donneroit ombrage à quelques uns de nos voi-
„ sins, dans ces conjonctures de tems (savoir,
„ dans la neutralité) & de plus, comme si ce
„ n'étoit pas le cas, que l'augmentation se pour-
„ roit faire sans quelque circonspection. Quel
langage! on ne l'entend pas. Le dernier
veut faire connoitre, qu'on savoit déja quel sort
nous aurions: un *cas* dit-il, oû, avec *quelque*
circonspection nous devons songer à prendre un
bon parti. Car que veut dire proprement cette
periode? „qu'une augmentation donneroit om-
„ brage *à quelques uns de nos voisins.* " S'il
ne marque pas clairement, qu'un pas, qu'il ré-
commende, est directement contraire à l'intention

tion de S. A. R., quand cette Princeſſe dit: que les moyens pour détourner un malheur imprevu devroient s'accorder à l'ancienne bonne foi hollandoiſe, & n'enviſager autre choſe, que la propre ſeureté & l'independence naturelle de la République.

Cependant n'entrons pas ſi avant dans la choſe, mais examinons ſeulement les principaux motifs de faire l'augmentation, qui ſont: *que les armées voiſines pourroient chercher une Rétraite ſur nôtre territoire, ſans qu'elles l'ayent voulu; que la partie victorieuſe, pourſuivant ſes ennemis ſur nôtre territoire, nôtre neutralité ſeroit violée, ſans que nous ſoyons en état de répouſſer ces trouppes étrangeres, faute de forces ſuffiſantes,* „ *& que faute de ces forces,* dit Madame „ la Gouvernante, *la République ſeroit aſſez* „ *malheureuſe pour voir transplanté ſur ſon terri-* „ *toire le théatre d'une guerre, où elle n'avoit au-* „ *cune part, ni n'en vouloit prendre directement ni indirectement.* J'avoue, que dans ces circonſtances de tems il pourroit arriver quelque choſe de ſemblable à la République; mais qui donc dévroit donner ſujet à la violation de nôtre neutralité? les armées qui empieteroient ſur nôtre terrain, *bon gré,* ou *malgré?* La Republique eſt neutre dit nôtre Patriote p. 6. à l'égard de tous nos voiſins; mais pourquoi n'ajoute-t-il pas, que tous nos voiſins ſont pareillement neutres à nôtre égard, & obligés auſſi bien que nous à la

gar-

garder: Les affeurances, les promeffes que nôtre République a faites en concluant la neutralité, font fi fortes, que le moindre pas qu'elle feroit, mettroit nos voifins en Courroux, quoiqu'il ne fe feroit *que pour maintenir l'indépendence de la République*, comme s'exprime S. A. R., comme auffi le moindre pas des voifins nous feroit craindre pour nôtre feureté, dont pourtant il n'y a point encore eu d'apparence ni de l'une ni de l'autre coté.   Madame la Gouvernante temoigne, *que l'augmentation ne feroit prife dans un autre fens, que pour conferver nôtre neutralité*; mais Elle dit auffi: *que fi contre toute attente elle feroit prife autrement, elle feroit d'autant plus néceffaire pour détourner tout défaftre de la République.*   Conclufion néceffaire: de repouffer violence par violence, en cas que l'invafion dans l'Etat fe feroit faite, ou même fi quelqu'une des parties vouloit s'oppofer à l'augmentation de nos Trouppes,   & ne vouloit pas fe repofer fur la bonne foi, & les affeurances *qu'elle n'aboutiffoit qu'à nôtre feureté:*

Suppofez une fois Mr., que fi nous fuffions offenfé par hazard par une ou par plufieurs perfonnes; ne vaudroit-il pas mieux de fouffrir une petite offenfe, & fans préjudice de nôtre honneur, & prendre les moyens propres pour prévenir une offenfe encore plus fenfible, à laquelle nous ferions hors d'état de refifter? Je penfe, que fi.   Je juge donc, qu'en cas qu'on em-

pie-

pietroit sur nôtre territoire, & que nos forces
ne suffisent pas, pour repousser avec avantage &
honneur cette invasion, le plus seur seroit de
prendre les voies d'accommodement pour prévenir un plus grand malheur. Nous en avons
deja un exemple en petit, que nôtre *Patriote*
allegue lui même, mais qu'il explique autrement. L'armée alliée avoit passé le Rhin, &
empieté en certaine façon sur nôtre territoire,
dont nous avions grand sujet de nous plaindre.
Nôtre *Patriote* n'allegue ce passage, que pour
demontrer la necessité indispensable d'augmenter nos Troupes. *Ce point*, dit-il, *doit être
remarqué, pour faire voir, quelle petite cause
peut troubler la neutralité de la Republique.*
Mais si c'est une petite cause qui peut troubler
nôtre neutralité, il y a aussi des moyens petits
pour la maintenir. On n'a qu'à jetter les yeux
sur le dédomagement prompt que le Duc Ferdinand de Brunswic fit aux sujets de l'Etat,
qui avoient soufferts quelque domage. Pag. 8.
& 9. nôtre *Patriote* dit: On demandera peut-
être, ,, Le danger étoit-il si grand il y a trois ans,
,, lorsque les armées étoient plus proches de nos
,, frontieres, & qu'on a trouvé moyen de ga-
,, rantir la République de toute insulte & dan-
,, ger, sans une augmentation; n'est-elle pas
,, encore moins nécessaire à cette heure, que
,, les armées s'eloignent de nôtre territoire?

Il est vrai, à certains égards il paroit moins necessaire a present qu'avant ce tems, d'insister à l'augmentation; Car l'exemple que je viens d'alleguer de S. A. le Prince Ferdinand, montre, que nos voisins aussi bien que nous, contribuent à la Conservation de nôtre neutralité. Mais nôtre *Patriote* se repond à soi-même, „ *Car* dit-
„ il, on n'a qu'a répondre, que le sort chan-
„ geant de la guerre peut tellement changer les
„ circonstances, que, par la rétraite de
„ l'une où de l'autre armée la République pour-
„ roit venir dans un plus grand embarras qu'el-
„ le n'a été depuis trois ans jusqu'à présent. ‟
Mais quel danger seroit-ce proprement? Car les asseurances & même les preuves que nous voyons journellement du ménagement des ar- mées par rapport à nôtre territoire, ne nous donnent pas sujet à une necessité absolue d'aug- menter; elles nous ôtent au contraire la crainte pour nôtre pais. Au moins est il vrai, que quoique plusieurs armées fussent plus proche de nos frontières, nous n'avons point eu sujet de craindre. Pour ce qui est du passage de l'armée alliée, ou le domage qu'elle a causé dans une partie de nôtre territoire, il ne peut asseurement pas être un motif à une augmentation de Troup- pes, parcequ'il est arrivé malgré nos voisins, comme S. A. le Prince Ferdinand le dit dans une Lettre particuliere à Madame la Gouvernanté.
„ Que le hazard seul l'avoit mené sur le terri-
„ toire

,, toire de l'Etat, parcequ'il avoit bien eu des
,, Guides qui connoiſſoient le chemin, mais
,, qui ne connoiſſoient pas preciſement les li-
,, mites qui ſeparoient le territoire de l'Etat de
,, celui de Sa Majeſté Pruſſienne.

Mais ces ſujets de plaintes, dit encore le Duc,
auroient été évités, ſi Meſſieurs les Etats (ſavoir
les Députés des Etats du Quartier de Betuwe &
du Comté de Zutphen) avoient eu la juſte pre-
voyance de m'envoyer des députés qui m'auroient pu marquer les limites, ainſi qu'on a fait
durant toute cette guerre à l'égard des François.

Cela doit vous convaincre qu'il n'y a pas
de néceſſité d'augmenter nos Trouppes, parceque la faute de cette mépriſe n'eſt pas à nos
voiſins, evidemment; ils s'en plaignent eux mêmes. D'où il paroit qu'on nous donne toute
ſatisfaction pour la ſureté & la Conſervation de
nôtre neutralité. Car quoique nôtre *Patriote*
diſe à la fin de p. 9. ,, que depuis trois ans en-
,, viron, lorſque l'armée françoiſe étoit ſi pro-
,, che de nos frontières, ce n'etoit qu'un paſſa-
,, ge, dont nous n'avions rien à craindre, par-
,, ceque cette armée ne pouvoit point s'atten-
,, dre à une reſiſtence de ſes ennemis.'' Néanmoins il me ſemble, qu'alors il y avoit autant
de danger pour la République qu'à préſent, avec
cette difference; qu'alors une invaſion auroit
pu ſe faire de propos deliberé, qui maintenant
arriveroit par mepriſe. Mais cela ne prouve

pas

pas non plus, que pour l'empêcher, nous devions nous renforcer, tout comme si la bonne foi de nos voisins les avoit abandonné jusqu'à
ne vouloir plus se resouvenir, que nous sommes neutres, & qu'ils doivent ménager notre territoire. Non obstant cela, notre *Patrion* répond
à une démande par une autre, savoir : ,,Que
,, feroit la République, si elle negligeoit d'aug-
,, menter, & que par le sort de la guerre les
,, choses viendroient à changer tellement de fa-
,, ce, qu'une des armées auroit le dessous &
,, se verroit dans la nécessité d'empieter, quoi
,, que malgré lui, sur le territoire de l'Etat, & d'y
,, chercher un asile, si ce n'étoit pas pour s'y
,, arreter?

Nôtre *Patriate* qui a la conscience bourrelée
se fait une opposition à soi même, se demand-
dant lui même : ,, s'il n'étoit pas plus aisé d'évi-
,, ter quelque déplaisir, en ne faisant pas l'aug-
,, mentation, qui certainement est un moyen
,, d'eveiller nos voisins, & de nous embrouiller,
,, insensiblement dans les troubles, si ce n'en
,, soit ouvertement. `` Si le faire d'une augmentation est un moyen d'eveiller nos voisins,
je crois fermement, que quelque bonne que soit
l'intention, elle ne la rendroit pourtant pas a-
gréable à nos voisins. ,, Montrez les Raisons
,, dit nôtre *Patriote*, par lesquelles on peut
,, prouver que l'augmentation est juste & de
,, Droit. `` Je veux convenir, qu'en cas que
nô-

nôtre territoire fut envahi; savoir si les choses
changeoient de face ainsi, que l'une ou l'autre
des armées voisines, seroit mis dans la nécessité
inevitable d'empieter sur nôtre terrein, & que
nos forces ne suffisent pas pour l'empêcher, &
que certainement l'augmentation se devroit faire pour y veiller, comme dit S. A. R. ,, qu'elle
,, doit servir uniquement à couvrir la Républi-
,, que contre toute insulte, & à la conserver
,, dans sa liberté & sa Religion independente
,, du Caprice d'autrui, ainsi que le deman-
,, de l'honneur d'un Etat libre. " Mais je démande Mr., si la République est capable dans ces
circonstances, de faire une augmentation suffisante? Ce n'est pas assez d'augmenter nos troupes, il faut aussi que l'augmentation satisfasse
à son but, qui est: d'avoir une armée suffisante pour prévenir ou empêcher une invasion,
qui se pourroit faire, soit de *bon gré* ou *malgré.*
Dit-on sur cela, que si l'une ou l'autre Armée
chercheroit malgré elle un asile sur nôtre territoire, nous devrions choisir le chemin d'accommodement & non pas d'armes, nous n'avons
donc pas besoin non plus d'augmentation, ni d'al-
larmer l'economie interieure de notre Etat, &
de l'epuiser. Et quel sujet avons-nous de craindre, qu'une invasion se feroit à dessein dans
nôtre Etat, parceque nôtre *Patriote* dit, ,, que
,, tous nos voisins sont neutres à nôtre égard
,, aussi bien que nous le sommes envers eux,
,, &

„ & que pour cette raifon, ils font tous égale-
„ ment attentifs à nos mouvemens.

S'ils font neutres je m'affeure qu'en cas d'une
invafion à deffein, ils fe déclareroient contre nos
ennemis ; Mais les affeurances étant jufqu'ici
tout autres, puifqu'on ne donne pas le moindre fujet à notre Etat de fe plaindre, je crois
que nous pouvons nous répofer fur la Parole
de nos voifins, auffi bien qu'ils fe font entierement fiés à la nôtre.   Si quelqu'un d'eux
trouvoit bon, pour des Raifons particulieres,de
violer fa parole ; & de fe déclarer nôtre ennemi, en ce cas, j'eftime avec S. A. R. „ que
„ l'honneur d'un Etat libre demande, de por-
„ ter de bon gré les charges du Païs, pour con-
„ ferver la liberté & la Réligion independente
„ du Caprice d'autrui ", & d'emploier les
„ moyens de faire une augmentation, (& même
„ me une fuffifante)pour defendre laRépublique
„ & fes fujets contre tout danger.

Il efcrime en l'air, nôtre *Patriote*, quand il dit
(parlant à vous Monf.) „ qu'on ne s'imagine
„ pas, qu'une augmentation de la milice du
„ païs feroit plus praticable à cette heure, qu'au-
„ paravant, quoique quelques uns foient
„ de ce fentiment ; parceque la France
„ aiant l'œil fur fes ennemis & employant fes
„ plus grandes forces contre eux, nous dévrions
„ prendre cet avantage (fi c'eft un avantage,
„ dit-il encore), mettre fur pied pour une armée
„ con-

„ confiderable, par où nous violerions à deſſein
„ nôtre neutralité : De plus il démande
„ pag. 13. La France ne demanderoit-
„ elle pas les raiſons de ce changement de ſi-
„ ſteme, & ſi on penſe de rompre la Neutra-
„ lité & de choiſir un parti en particulier? On
en peut réconnoitre, qu'il a une véritable
peur de la France, & pourtànt il dit auſſi,
„ que l'Angleterre, la Pruſſe, la maiſon d'Au-
„ triche & d'autres Puiſſances voiſines, ſeroi-
„ ent en droit de faire la même demande. Mais
„ ici il fait un ſaut ſous prétexte d'u-
„ ne ſuppoſition ridicule, qui lui fait paſ-
„ ſer à l'economie de la République en parti-
„ culier. En vérité, Mr., il anneantit tout le
„ ſiſteme de ſes Raiſons par ſes propres paroles
„ pag. 14. Les Traités dit-il, & les alliances
„ de la Republique ne s'étendent pas à cela,
„ que nos Alliés pourroient borner nôtre ſiſte-
„ me, ou nous ôter le pouvoir de le changer
„ en toutes les occaſions à l'avantage du Bien
„ Public.“ Mais qu'y a-t-il beſoin de tant de
circonſtances, quand il ſuppoſe, que nôtre République eſt Souveraine de changer ſes loix &
d'augmenter ou de diminuer ſes forces, ſuivant
les circonſtances & que bon lui ſemble! A
ſavoir : ſi une augmentation dévoit ſe faire particulierement, pour maintenir l'honneur de la
République en cas de beſoin, & pour ajouter au
credit & à l'autorité de nôtre Etat. Je ſuis
donc

donc d'accord en cela avec nôtre Patriote,
„ qu'une force militaire confiderable par terre
„ & par mer, peut faire valoir le credit d'un
„ Etat.

Voila Mr. une petite ebauche de mes fentimens touchant le fiftene de la République,
que je reprefente tel qu'il eft, fans rélation à
la néceffité ou non augmenter la milice du Païs,
ce qui dans ces circonftances de tems doit être
remarqué comme une chofe particuliére: c'eft
pourquoi nôtre *Patriote* dit pag. 10. „ que ce
„ n'eft pas l'augmentation en elle même qui
„ fait tant de difficultés, mais la peur que la
„ neutralité ne foit troublée par elle," & pag.
„ 12. il examine fi une augmentation de
„ Trouppes peut troubler la neutralité de la
„ République ou non? Dans cet examen il
parle affez obfcurement & p. 15. il dit: „ qu'u-
ne augmentation eft *abfolument neceffaire*, ffans
„ que notre neutralité foit violée pour cela, foit
qu'une des Puiffances belligérantes nous en de-
mandat la raifon, ou la prit pour une marque de
partialité ou de Rupture de la neutralité.

MEMOIRES
POUR SERVIR 'A
L'HISTOIRE
DE NOTRE TEMS,
PAR-RAPPORT 'A
LA HOLLANDE.

14.

SUITE DES REMARQUES SUR L'AVIS D'AMSTERDAM, TOUCHANT L'AUGMENTATION DES TROUPES,

J'Ai dit, qu'une augmentation à faire dans ces circonstances, ne doit avoir aucune relation à la neutralité, par-cequ'elle pourroit peut-être donner occasion à rompre la paix, ou à d'autres inconveniens; mais qu'au contraire, il est juste qu'une Republique comme la nôtre, tache de maintenir son honneur & son credit, par des forces suffisantes en même tems. Je vais donc examiner, si une augmentation suffisante est praticable en ce tems ou non? Nôtre Patriote nous aide, en faisant connoitre pag. 10. les raisons qu'on avance, savoir:
» que les finances du Pais ne peuvent pas souf-

O

frir

,, frir une augmentation suffisante ; qu'en ce
,, tems, où presque toute l'Europe est en guer-
,, re, il seroit fort difficile d'effectuer une aug-
,, mentation, faute d'hommes ; & parcequ'il
,, faudroit charger les habitans de nouveaux
,, Impôts. Cependant il léve ensuite ces difficul-
,, tés, dans la Confiance : que si une augmen-
,, tation se faisoit, les habitans porteroient de
,, gré les charges, pour la conservation du Re-
,, pos, de la paix, de l'autorité, de l'honneur
,, & du pouvoir de la République. Il semble
,, n'en point douter, sur tout quand ils
,, verroient l'avantage que la République en
,, tireroit, si on rétenoit nos troupes sur nô-
,, tre territoire ; car la Consomption que feroient
,, ces troupes feroit fleurir le Bourgeois & l'ha-
,, bitant, & le déboursement seroit soulagé in-
,, sensiblement.

Quel belle idée ! Un tel *Patriote* n'eveil-
leroit-il pas l'attention & l'amour de tous les
sujets de la République ? ah oui. Mais consi-
derons aussi ce qu'il dit p. 14. (où un epais nua-
ge semble obscurcir ces Rayons luisans.) ,, On
,, demandera peut-être, dit-il, pourquoi nôtre
,, force militaire n'a pas été conservée dans
,, l'état considerable où elle étoit deja, & pour-
,, quoi a-t-on fait de si grandes reductions "?
Il y repond lui même, ,, que les circonstances
,, ne permettoient pas alors d'entretenir de si
,, grandes forces ; & parceque la plus grande
,, par-

„ partie devoit démeurer hors des frontieres de
„ l'Etat, savoir, en garnison dans les villes & Pla-
„ ces des Païs-Bas d'Autriche, sous le nom de
„ barrières ". Si les Circonstances ne le permettoient pas alors, nous examinerons, si maintenant ce seroit plus praticable, depuis que nous
avons quitté quelques unes de nos barrieres de
Hollande ainsi dites, (ou si l'on veut, quelques
villes des Païs-Bas d'Autriche). Mais non,
cela seroit en vain, car le nombre en est si petit, que la Republique n'en tire aucun avantage.

Il dit pag. 11., avec son A. R.: „ Qui des
„ sujets ne porteroit pas de bon cœur les char-
„ ges du païs, sachant qu'elles ne servent qu'à
„ mettre à couvert la République contre toute
„ insulte &c. " Et page precedente, en op-
„ position à soi-même: que les finances du Païs
„ ne souffrent pas une augmentation." J'a-
voue avec lui: que les finances du Païs ne souffrent pas une augmentation telle que la situation
présente du païs la demande. Mais pourquoi
pas? demandez vous. Je réponds, avec nôtre
Patriote: parceque les Révenus du Païs ne suffisent pas aux arrerages conjointement, avec ce
qui faut pour l'entretien de la République: ainsi
encore moins pourroit-on épargner aux habitans
de nouvelles charges, si l'on vouloit augmenter. Les Charges présentes sont deja assez grandes Mr., sans qu'on cherche à les augmenter de

nouvelles, pendant que le Païs n'est point engagé dans la guerre. C'est pour cette seule raison qu'on a fait les Reductions après la paix d'Aix, pour soulager le Bourgeois & l'habitant de la Republique. Je ne nie pas, que nous dévons employer, pour soutenir l'honneur de la Republique, & pour sa seureté, tout ce qui est dans nôtre pouvoir, & de sacrifier même nôtre bien & nôtre sang, pour la Patrie; mais tout cela ne satisfait pas à l'intention presente de l'augmentation, on n'est pas dans le cas où cela est nécessaire. C'est pourquoi une telle augmentation n'auroit place que dans les cas de bésoin, nommement, qui mettroit la République en mouvement offensif : aussi notre *Patriote* dit pag. 16. que nous dévrions léver une force suffisante, pour maintenir nôtre neutralité non par des Paroles seulement mais par des faits, (en cas de bésoin.) Mais comment effectuer une telle augmentation sans charger de nouveau les habitans? & posé leur bonne volonté de sacrifier tout ce qu'ils possedent en ce monde pour le Bien Public & pour l'Eglise, d'où prendroit-on assez d'hommes pour une augmentation, qui en effet nous seroit necessaire, pour maintenir l'honneur & l'autorité de nôtre Patrie? Plusieurs se feroient gloire peut-être avec nous, de porter les armes, pour la patrie, mais non pas tous certainement; Et hormis le Cas d'une guerre, nous sommes dans une République, qui

nous

nous donne les Droits de liberté & d'indépendence avec la naiffance, pourvû que feulement
nous obéiffions aux loix particulieres des fuperieurs, fans être fujets à la contrainte & à l'efcla-
vage.

Et quand même nous ferions prêts à
verfer nôtre fang pour la patrie en cas de befoin, le nombre qu'on raffembleroit ne fuffiroit
pas, pour une *augmentation réquife* pour nous foutenir dans nos Droits & notre autorité; & fans
une telle force fuffifante il eft abfolument impoffible, en ce tems où toute l'Europe eft embrouillée dans la guerre, de faire accorder ou
fimpatifer la neutralité avec une augmentation.
Nous avons au moins dévant les yeux l'exemple
de l'état du militaire de nôtre Republique, qui
en plus grande partie confifte d'étrangers: comment pourrions-nous nous flatter, de faire une
augmentation fuffifante dans l'interieur de nôtre païs?

Je ferois bien aife Monf., d'avoir un éclaircif-
fement, parceque je fuis encore dans une incertitude parfaite: fi une augmentation des
forces par terre feroit plus praticable à la confervation de nôtre neutralité, qu'à refifter aux
inconveniens qui en réfulteroient? C'eft ce qui
me fait juger, que la neutralité n'a aucune
Rélation à l'augmentation, qu'elle fe *faffe*
ou *point*; par ce qu'elle ne doit être rélative en
ces circonftances qu'à la feureté de la Républi-

que

que en particulier, ou au Rétabliffement des
forces de l'Etat fur un pied confiderable. On
fuppofe, que les habitans de ces Païs foyent fou-
lagés de la perte qu'ils ont foufferts dans la guerre précedente, de forte qu'ils pourroient porter
quelques nouvelles charges pour le Bien & la
feureté de la République ; mais comme j'en
doute encore, je demeure, dans l'efperance
d'une bonne iffue,

Amfterdam   Votre &c.

le 17. Juillet 1758.

REFLECTIONS LIBRES SUR L'AUGMEN-
TATION DES FORCES PAR TERRE,
avec une harange aux Hollandois, pour
les porter à fe foumettre paifiblement aux
Conclufions des Etats du Païs: Pour fervir de
Réponfe aux Anecdotes Patriotiques, fur la
néceffité de faire, ou ne *point* faire l'augmentation.

Cum erraveris, muta Confilium.

QUand vous avez manqué, changez de deffein, & faites mieux; c'étoit la loi d'un
vénérable ancien.

La paifible folitude dont je jouis ici, donne un
calme agréable à mon efprit, & m'ouvre une
vafte étendue de tems, pour reflechir en moi-
même, fur l'état dangereux d'un vaiffeau tantôt
élevé jufqu'aux nues, tantôt tombant fubitement
juf-

jusqu'aux abîmes ; pendant que les vents mugissants, les Coups terribles du tonnerre, & les Rayons azurés des éclairs font bouillir les ondes ameres, & troublent le malheureux marinier, qui s'attend à la mort à chaque moment. Combien est heureux celui qui prévenant un temps aussi affreux a jetté l'ancre de son esperance dans le fond inebranlable de la providence Divine ! Quoique les campagnes d'Overyssel & les prairies de Twentsche présentent tous les jours un spectacle plus agréable que ce théatre affreux, dont je viens de parler ; il arrive néanmoins, que dans la plus belle saison d'Eté, le Repos sous l'ombre agréable d'un chène majestueux est troublé subitement, par un tourbillon hurlant, l'air ayant changé tout d'un coup. Alors je me rapelle le souvenir des tems passés ; je considere, de combien de dangers, de quels malheurs la bonté, la Providence toute sage du Ciel, m'a fait la grace de me sauver. Je tremble en me résouvenant comme j'ai bravé la mort sur les ondes en fureur, pour le chetif metal, sans voir ni connoitre le danger où je me trouvois.

Ce sont ces tristes pensées, qui m'en font naitre d'autres encore plus tristes, quand elles sont dirigées vers le desastre terrible qui ménace ma chere patrie, qui est consideré si differemment.

O 4

En-

Enfoncé dans ces pensées mélancholiques je me trouvois un aprèsmidi, suivant ma coutume, assis sous un vieux chéne, lorsqu'on m'apporta une lettre, dont le dessus disoit, qu'elle venoit d'un *Seigneur* de *Gueldre*; je ne croyois pas qu'elle fût destinée pour moi, parceque l'addreffée étoit à un Seigneur en Overyffel.

Si je n'avois pas sçu les féveres loix que nos superieurs ont publié contre les écrits diffamatoires, je me ferois imaginé, que c'en étoit une; mais cette rigoureufe défense, me fit croire qu'il ne s'en trouveroit plus.

Le Porteur de cette lettre m'asseura, qu'elle étoit addreffée à moi; quoique je lui fiffe connoitre, que je n'étois pas un *Seigneur*, mais un Bourgeois d'une petite ville de nôtre Province, & vrai Amateur de ma chere Patrie. Sur quoi le Porteur me dit, qu'il souhaitoit que j'ajoutaffe plus de foi à fes paroles; & que fi la lettre ne venoit pas d'un Seigneur, que c'étoit peut-être un Clerc, ou quelque garçon de comptoir, comme c'etoit la coutume des gens qui vouloient paffer pour savants, de parer leur peu d'efprit du titre pompeux de *Mr.* ou de *Seigneur.*

J'acceptai enfin le pacquet, & le porteur me dif.nt à Dieu, fit une pironette & difparut.

Ayant ouvert le pacquet & lu le contenu de la lettre ou de cette Piéce imprimée, je me
fen-

ſentis penetré de compaſſion pour mes Compatriotes contemporains; je reſolus de répondre
auſſi-tôt à ce *Seigneur* de *Gueldre*, & de former une idée juſte à mes Compatriotes éblouïs
& mal informés, de l'état malheureux de la Patrie, & de leur faire voir, s'il étoit poſſible:
combien il y en a d'aveuglés par la diſſention,
par préjugé, par un zele inconſideré, & principalement par des écrits ſéditieux de gens mal
intentionnés, de créatures dénaturées, qui cher-
chent la Ruine de nous tous, & d'exhorter ſur-
tout, les habitans de Hollande, au Repos, à la
concorde & la paix, les ſeuls moyens de conſerver à nôtre chere Patrie la liberté & la Religion.

Les principaux points dans vôtre lettre *Seigneur*, ſont ces deux: Premierement le *oui* ou
non augmenter de nôtre milice par terre. Vous
ſuppoſez, que l'augmentation ſoit néceſſaire.
L'autre contient une rémarque: ſi la *neutralité*
que la République a embraſſée, peut-être *alterée* par l'augmentation, ou *non*: vous ſuppoſez, que non. Mais je ſuppoſe au contraire, & ſur de bons fondement je penſe, que
l'augmentation propoſée de nos forces par
terre eſt inutile, parce qu'elle ne peut pas ſatisfaire à ſon but: Et puis, que la *neutralité* de
la République n'en demeureroit pas inalterée.

Premierement Mr., Perſonne n'ignore qu'il
y a, ou qu'il y a eu deux armées dans le *voiſinage*; mais pluſieurs d'entre nous, moi au

moins

moins j'ignore les *Changements*, & principalement *le fort changeant de la guerre*. Vous suppofez, que les forces de nôtre Republique ne fuffiroient pas (fi l'une de deux armées, foit la victorieufe ou la vaincue feroit paffer le Theatre de la guerre fur notre territoire) pour en détourner en ce cas, l'une ou l'autre, ou bien toutes les deux. Je le penfe auffi, & avec vous & moi, chacun, qui a un grain feulement de fens commun. Mais fuppofez-vous donc, (comme cela paroit dans vôtre fifteme) que, fi les Régens augmentoient la milice de 13000. hommes, cela fuffiroit pour repouffer une de ces armées ou bien toutes deux de nôtre territoire?

Je démontrerai l'impoffibilité de cette hipothefe. Ceux qui ont accès aux fecrets favent fort bien, que nôtre République paye actuellement 55. Compagnies de Cavallerie en fervice, 24. Compagnies de Dragons, 439. Compagnies Infanterie, 10. Compagnies d'Orange, 10. de Waldek qui font en Allemagne, 68. Compagnies de Suiffes, 4. Compagnies de Mineurs, 15. Compagnies d'Artillerie, 400. Mariniers à Amfterdam, & 200. fantaffins au fervice de la Compagnie des Indes Occidentales, qui font en tout 40065. têtes. Ajoutez à cela l'augmentation demandée de 13000. hommes, avec lefquels on pourroit affeurement plus effectuer que d'amaffer des Coquilles comme un autre *Caligula*, ou de ruiner des vaiffeaux,

aux, & des Cabanes sans defense, à quoi s'oc-
cupent certains autres Peuples.

Mais je me trouve necessité Seigneur! de demander à vôtre Seigneurie: si Elle a jamais senti
la fumée souffrée de l'ellebore de la mort, ou
jamais eu d'autre commandement que celui de
vôtre fusil de chasse & de vos chiens? Si nous
voyons ces 53065. têtes assemblées sur une place de nôtre territoire, le plus voisin de celui
où sont les armées, & pourveues d'Officiers nécessaires, d'un Chef résolu, des provisions &
munitions necéssaires à la guerre, & avec tout
cela, d'un commun accord, repousser de nôtre territoire toute force étrangere; alors oui,
je tomberois d'accord de la possibilité de l'effectuer, & je souhaiterois même de voir un Camp
Hollandois, fut-il devant ma maison; je serois
moins en peine que je le suis, surtout, si nôtre force par mer étoit à proportion capable de
brider les tirannies de nos amis, voisins &
alliés.

Mais il me vient une autre rémarque. Supposé, que nous ayons là une armée, & que
l'armée Françoise fut obligée à fuir devant ses
ennemis & à chercher un asile sur nôtre territoire, nôtre armée devroit-elle donc repousser
les fuyards vers leurs ennemis, & les mettre
ainsi entre deux feux? Ce seroit autant, il me
semble, qu'un batelier, qui rejette inhu-
mainement un homme tombé dans
l'eau.

l'eau, qui de peur de se noyer, saisit tout, & proche de son bateau s'y accroche & tache de se sauver; appprouveriez-vous qu'il fût si inhumain, ce batelier, de couper la main à cet infortuné? Aussi une telle manière d'agir ne seroit-elle pas compatible avec la *neutralité*, qu'on asseure toujours vouloir garder réligieusement; & une telle cruauté seroit sans doute vengée en son tems par la France, supposé même, avec certaines têtes échauffées, qu'on ne laisseroit que ça & là quelque pierre sur l'autre en France, & que pour réduire ses forces à rien on n'y laisseroit que peu d'hommes en état de porter un fusil. Une deuxième Rémarque que j'ai à faire, est, que si ces 53065. hommes, pourveus de tout, étoient prêts à la défense de notre Patrie, & que le hazard voulût que les ennemis de la France eussent le dessous & se réfugiassent sur le territoire de l'Etat; ou que vainqueurs encore, (comme vous posez) ils *voulussent user de la liberté, que la partie vaincue avoit été obligée de prendre*, comment faire alors? Vous croyez vous bien en état, Seigneur! de persuader au monde clairvoyant, qu'en ce cas nôtre armée auroit liberté, ou bien charge & ordres exprès de repousser cette armée combinée de nôtre territoire, & de la mettre ainsi pareillement entre deux feux. Faites nous donc accroire aussi, que l'Angleterre reconnoitroit un tel pas, pour une impartialité ou *neu-*

tra-

ralité essentielle, que la cour la jugeroit juste,
& nous en donneroit de grandes louanges.

Encore une troisieme Rémarque sur vôtre
Proposition. Si nos 53065. hommes se trouvoient assemblés sur les frontières d'Overyssel
& de Gueldre, dites moi, Seigneur! qui dé-
fendroit le reste de nos possessions? qui garderoit un nombre aussi considerable de forteresses?
Vous sont-elles connues toutes? Savez-vous ce
qu'il faut pour garnir ces Remparts, ces forteresses? Songez vous à la forte Namur, à Maost-
richt, à un Bergen-op-zoom presqu'imprenba-
ble, à Herzogenbosch, à Breda, Venlo,
Graaf, Hulst, Sluis, Sas de Gant avec tous
ses forts, outre un nombre d'autres petits forts
& Chateaux? ne songez vous pas à la Haye,
combien il y faut de gardes? Qui garderoit toutes ces Places? Ou voulez vous qu'on prenne
une partie de troupes de toutes ces garnisons,
pour en former avec celles de l'augmentation une petite armée? Combien forte seroit-elle donc, pour satisfaire à son but, de repousser
les deux armées? La plus foible est de 25000.
hommes : Est-ce que 25000. des nôtres les
peuvent repousser? Mais d'où les prendre? Met-
tra-t'on les 13000. hommes à lever, entre les
autres Régiments & alors en prendre 25000.?
il n'en restera donc que 28065. dans les garnisons,
ce qui est trop peu. Et je vous asseu-
re *Seigneur,* que l'experience m'a appris que dans

anaucune de nos forteresses, il y a une garnison suffisante pour la défendre duement.

Il faudroit pour cet effêt les renforcer encore d'un tiers. Les Pallisades, les Boulevards & les fossés profonds ne se defendent pas eux mêmes, il y faut des trouppes; des forteresses étendues sont précieuses, elles démandent des moiens pour les entretenir.

Vous ne croirez peut-être pas *Seigneur*! que nôtre Etat a autant de trouppes sur pied, qu'on a dit ci-dessus. Mais vôtre incredulité n'est pas ma faute. Je vous asseure que c'est la vérité, quoiqu'il y ait des esprits inquiets, qui veulent persuader au peuple, que nous n'avions sur pied que 25000. hommes, & que le nombre de nos troupes ne montoit pas à ce qu'on en paye effectivement; je vous asseure, *Seigneur* nôtre Etat a vraiement ces trouppes sur pied, & jamais ne furent elles mieux reglées qu'à-present; je ne saurois me refuser de louer le soin & le Zele infatigable de feu nôtre *Stadhouder*, de *Son Illustre Epouse*, & de nôtre Maréchal de Camp Monf. le Prince *Louis de Brunswic*, avéc lequel ces Illustres Personnes ont travaillé à donner une autre face à nôtre état militaire, qu'il n'etoit auparavant. Et je puis soutenir, que quoique nos trouppes soyent inferieures en nombre à celles d'autres Puissances, elles sont néanmoins aussibien disciplinées & exercées qu'aucunes des autres Puissances. Il seroit à souhaiter,

que

que nous puſſions donner les mêmes louanges
à nos forces maritimes, qui importent tant à nôtre Republique, & dont nous parlerons encore.

Je penſe avoir demontré ſuffiſemment par là,
que l'augmentation ſuſdite des forces par terre
n'eſt point néceſſaire dans ces circonſtances de
tems, pareequ'elles ne ſatisferoit pas à ſon but.

Il me reſte donc à démontrer, que l'augmentation ſusmentionnée ſeroit nuiſible en ce tems,
& plongeroit peut-être nôtre Republique dans
de grands malheurs, & qu'elle ne laiſſeroit pas
d'alterer nôtre *Neutralité*.

Qu'on ne me ſoupçonne pas, qu'aveuglé par
le prejugé, je veuille m'oppoſer au ſentiment de notre Illuſtre *Debora*, & être plus ſage que S. A. R.; j'en ſuis bien éloigné: Je revere
la ſageſſe, la précaution la vigilance de Notre
Illuſtre Gouvernante. Mais l'amour le plus
tendre de la Patrie m'excite à ouvrir mon ſentiment avec la même liberté, que pluſieurs autres ont fait, en preſentant à Son Alteſſe Sere-
niſſime & à Son A. R. des Requettes, des Plans &
de pareilles propoſitions, pour éclaircir
le cas. Qu'on me régarde comme un Bourgeois libre, qui les a yeux de coté de ſes peres
qui ont vecu depuis pluſieurs ſiecles
dans les Provinces de Hollande & Seelande, &
pour la pluspart ont été tués on ſont morts
dans le ſervice de l'Etat. Exempt d'une lache
peur pour les hommes, & d'une ame ram-
pante,

pante, j'ai autant de hardieſſe qu'il eſt requis pour être un fidele Citoyen de ma patrie, & un ſujet obéïſſant de mes Magiſtrats, n'enviſageant rien, & n'ayant d'autre intérêt que le Bien Public; l'eſpérance d'une Recompenſe ne me fait pas agir, encore moins le deſir d'exciter des troubles, comme ceux qui ont rappellé le ſouvenir des deux freres martiriſés, afin de ſemer la diſcorde & l'inimitié: Il ſeroit à ſouhaiter que ces plumes aigues & fiellées, de ces *Caméléons* ſur tout, qui changent ſelon le vent de Cour, n'euſſent pas tant ſouillé de papier innocent.

MEMOIRES
POUR SERVIR 'A
L'HISTOIRE
DE NOTRE TEMS,
PAR-RAPPORT 'A
LA HOLLANDE.

SUITE DES REFLEXIONS SUR L'AUG-MENTATION DES FORCES PAR TERRE.

IL paroit evidemment, que la neutralité de nôtre République seroit alterée, par l'augmentation proposée, quand on considere seulement ce que penseroient les Puissances belligerantes de ce changement inattendu. Je ne doute pas, qu'on ne convienne, qu'en ce cas la Cour de Versailles a la même liberté de penser que la nation Angloise: Si donc on juge de même en France de l'augmentation de nos trouppes qu'en Angleteere, voulez vous bien voir *Seigneur*, ce qu'il en résulteroit? jettez la vue sur une ga-

zette

zette Angloise avec moi, nommée: *L'Avertisseur public*, de lundi le 19. Juin 1758. nombre 7377., distribuée au Caffé de Lloyd, Rúe de Lombard, marquée de la marque Royale ordinaire, sans laquelle il ne se distribue point de Gazettes à Londre; Lisez y *Seigneur*, à la page 1. l'Article suivant: & parceque peut-être vôtre *Seigneurie* n'entend pas l'Anglois, en voici la traduction:

A la Haye le 30. de May... Dans le tems qu'on attendoit, que la Princesse Gouvernante, après la Revue de nos Garnisons, iroit à Soesdyk, pour y passer la belle Saison, S. A. R. a remis son depart contre toute attente, à dessein d'assister à l'Assemblée extraordinaire des Etats de Hollande, qui est fixée pour démain.

Il est dit, qu'on feroit dans cette assemblée la proposition à la Princesse, d'une augmentation de nos forces par terre de 13000. hommes. Mais on croit, que cette nouvelle proposition, n'aura pas plus d'effet que la précedente; & si toutefois S. A. R. y entreroit, ce ne seroit, que pour eviter les Réproches de ces Provinces qui ont insisté à cette augmentation, & pour faire voir au Roi son Pere, qu'elle ne néglige rien pour seconder les vnes du ministère Britannique.

Eh bien ! Qu'en pense vôtre *Seigneurie?* Ne croit-elle pas, que les François en jugeroient de même; ne penseroient ils pas d'abord, que l'augmentation de nos forces serviroit à

ap-

appuyer les vuës du Ministère Anglois? Je crois que oui. Et si cette prudente Nation pensoit ainsi, croiez vous *Seigneur*, qu'elle se contenteroit d'en hausser les épaules?

Mais voulez-vous savoir, ce que j'ai entendu dire dernierement d'un véritable *Seigneur* : je m'en vais vous le communiquer fidelement.

" Ce Seigneur pensoit, qu'en cas que nous augmentions nos trouppes d'un nombre, tel que nos Souverains le jugent necessaire à la défence du Païs, la France en seroit fort jalouse, & le regarderoit comme le premier pas pour rompre nôtre neutralité si solemnellement promise : & que, à la premire occasion, cette Nation clairvoyante prendroit en possession la partie de nôtre païs, qui lui conviendroit le plus, pour sa sûreté : Et que dans la suite du tems, quand la France seroit forcée à prendre les armes en Europe, ou que l'envie la prit de faire la guerre à nos amis & voisins les Anglois, cette Puissance, au lieu de se fier à nos promesses, prendroit possession provisionellement comme j'ai dit, afin que notre République, aie les bras liés, & ne soit pas en état d'empêcher la France dans ses entreprises.

Mais disent quelques uns de nos *Seigneurs* & avec eux plusieurs de nos citoyens aveuglés & fort à plaindre : *pour prévenir cela il faut armer, & se mettre en état de défense. La France sait, que nous sommes foibles & fort divisés. Qu'on*

ne

ne se fie pas à cette Cour, elle a toujours cherché nôtre perte, & la cherche encore. Qui ne se souvient pas de l'an 1672., de ces pauvres Bodegrave & Swammerdam, comme elles ont été saccagées & brulées; de la guerre de 1692., de celle après la mort de Philippe Roi d'Espagne, jusqu'à 1713; ne songe-t-on plus à la dernière guerre? que notre païs a été ravagé? que de sang & d'argent n'a-t-on pas perdu à Bergen-op-den Zoom? Toutes ces guerres ont côuté si terriblement à la République, qu'elle est endettée jusqu'aux oreilles. Outre cela, c'est pour la seureté de nôtre Réligion que nous dévions armer, car c'est à elle que la France en veut, & beaucoup de Princes Catholiques avec elle; ils veulent detruire la Religion protestante: c'en est fait de nôtre païs, s'ils parviennent à abbaisser l'Angleterre & la Prusse. L'armement est le seul moyen de nous mettre à couvert; Les bons habitans y contribueront de bon cœur, ils n'en seroient pas plus mal; Car ils se rembourseroient doublement, par la consomption que feroient ces trouppes dans le païs, & nôtre militaire seroit-toûjours dans un état considerable &c. Si fade, si ridicule, & si aveuglément on entend raisonner le pauvre peuple; & pour se l'attirer, on repend des papiers, dans lesquels se trouvent les calomnies les plus viles & blasphematoires, & qui meritent le plus grand chatiment.

Pour

Pour fatisfaire au but principal de cet écrit, il me faut tacher de réfuter les Raisonnemens fufdits des bons habitans féduits, en leur donnant une Idée jufte du vrai état de nôtre chere Patrie, & en leur faifant voir, combien la neutralité, que la République a choifi & réligieufement gardé jufqu'ici, eft falutaire; & combien il feroit nuifible, de s'en départir, & d'augmenter les forces par terre (comme le prétendent ces écrits féditieux qui fe diftribuent par tout) fans avoir foin de la Marine, qui eft le nerf & la fource de nôtre Bien-Etre.

On dit I. *que nous devions armer pour être en état de défenfe.*   J'en tombe d'accord, je penfe auffi que nos forces par terre font actuellement trop petites pour foutenir l'autorité & la Majefté de l'Etat, independente d'autres Puiffances.   Je fuis donc auffi pour l'augmentation, mais d'une manière qu'elle puiffe rendre refpectable nôtre République fans donner ombrage ou jaloufie à aucun de nos voifins.

J'eftime, que s'il plaifoit à la fageffe de leurs Hautes Puiffances, d'établir par voye de Réfolution, de léver par une fuite de 10. ans, 2000. à 2500. hommes par an, & de batir 8. à 10. vaiffeaux de guerre, pour remplacer les vieux, dechûs, & pour augmenter les flottes mêmes; cela pourroit faire un grand avantage à nôtre Patrie fans donner aucun ombrage à nos voifins. Nous aurions en peu d'années une force

con-

considerable par terre & par mer: D'auſſi précieux *meubles* ne donneroient pas peu de rélief
à l'économie de nôtre ſiſteme d'Etat; ſur - tout,
s'il fut réſolu en même tems de tenir toujours
une flotte ſur mer en tems de paix, de 15. à
20. Fregattes, de 24. à 36. Canons; & qu'auſſi-
tôt que l'une ou l'autre des Puiſſances maritimes
commençoit une guerre avec les autres, cette
eſcadre ſeroit renforcée de 20. à 25. vaiſſeaux
de 44. à 60. Canons au moins.

De plus, que tous les Officiers ſubalternes
de Marine au ſervice de l'Etat, ſerviroient toujours ſur la flotte, en tems de paix, pour les
rendre habiles & bons mariniers.

De ne point faire de nouveaux Traités avec
d'autres Puiſſances. Car tous les Traités que nous
faiſons ſont à nôtre déſavantage. Des vaiſſeaux
& ſoldats valent mieux que les meilleurs Traités. Pour tous les Traités de ſubſides & les fraix
des augmentations continuelles nous pourrions
entretenir nombre de Trouppes & de vaiſſeaux;
Et comme nous ne cherchons pas à faire de
conquettes, nous n'aurions pas béſoin de faire
de Traités avec les autres Puiſſances de l'Europe, parceque nous ſerions aſſez reſpectés & con-
ſiderés de toute l'Europe. Point d'autres Barrieres
que nos propres fortereſſes, garnies de 80000.
ſoldats bien dreſſés; & la mer couverte de 20.
Fregattes de guerre, & nos Rades pourveues
de 80. vaiſſeaux de Rang, ſuffiront.

De

De plus il eſt à remarquer, que la conſtruction continuelle de vaiſſeaux de guerre, & le Rétabliſſement des vaiſſeaux qui arrivent & qui partent, donne continuellement occupation à mille ouvriers & artiſans, à quantité de Livranciers, marchands boutiquiers, fabriquants, qui trouvent à gagner mieux leur pain; Combien de Charpentiers de vaiſſeaux, Maréchaux, faiſeurs de cables Cordiers, & toute ſorte de gens de métier n'y gagneroient, ils pas de quoi bien vivre, & augmenteroient par la Conſomption ſeule le fond pour payer la milice du pais.

La France, dit on, ſait que nous ſommes fort foibles & diviſés : Mais l'Angleterre le ſait auſſi; & ſi l'on veut ſavoir ce que les Anglois penſent de nous non ſeulement, mais diſent dans leur *Public Avertiſer* du 24 - 27. Juin 1758. voici leurs propres Paroles ſous l'Article de Londre, le 26. de Juin.

On parle diferemment ici des priſes des vaiſſeaux Hollandois: il eſt dit auſſi, que les marchands de toutes les villes commerçantes ont envoié des députés à la Haye, qui ont fait des plaintes ſerieuſes ſur les dépredations & le domage que nos vaiſſeaux de guerre & nos Capres leur ont fait: On ne ſait pas encore la reponſe; mais quelle qu'elle ſoit, on ne s'en ſoucie pas ici, ſachant bien que les forces par mer des Hollandois n'egalent aucunement les nôtres, pour pouvoir diſputer avec nous ſur mer.

P 4

Voyez

Voyez, chers Compatriotes, deux peuples, qui connoissent notre foiblesse & nôtre dissention. Mais quel tort cela nous fait-il du côté de la France, cette Puissance si injustement haïe? Et au contraire, quel avantage nous en revient-il du coté de nos *voisins, amis & étroits alliés, les bons & fidelles Anglois?* Qui se sert, qui profite de nôtre foiblesse? la France ou l'Angleterre? je pense la derniere, & non pas la premiere.

Qu'on ne se fie pas, dit-on aussi, à cette Cour, (de France) elle a de tout tems cherché nôtre perte & la cherche encore. Qui ne se souvient pas de l'an 1672., de Bodegrave & Swammerdam, comme elles ont été saccagées & brulées; de la guerre de 1692., de celles qui ont suivi; que de sang & d'argent n'a-t-on pas perdu à Bergen-op-zoom? Toutes ces guerres qui ont coute terriblement a la Republique, l'ont endettée jusqu'aux oreilles. Tels sont les raisonnements des gens qui se connoissent aux affaires d'Etat autant que rien, des gens mal intentionnés, auteurs de ces dangereux troubles; & le peuple crédule & séduit, dit Amen à ces raisonnemens pervers.

Mais en quoi ne peut-on pas se fier à la Cour de France? Le Roi, les Ministres, les sujets font ils quelque chose de mal à nôtre Republique? Non. Si cette Cour a promis à nôtre République qu'on ne nous feroit pas le moin-

dre

dre mal, en cas que nous demeurions parfaitement neutres, comme de raison, ne l'a-t-elle pas
gardée, cette promesse? Si les François n'avoient
pas régardé nôtre territoire comme sacré, ils
auroient disputé aux alliés le passage du Rhin,
sur nôtre territoire ; mais telle étoit la Consideration des François pour nôtre Republique, que
le Prince dé Clermont aima mieux risquer l'interêt de sa Cour, le bien de son armée, l'issuë
mème heureuse ou malheureuse du passage des
alliés au-delà le Rhin, que de souffrir que les
Trouppes sous son commendement, empietas-
sent sur le territoire de l'Etat, soit pour combattre leurs ennemis, ou pour les empêcher dans
leurs entreprises.

Ceux qui supposent que la France cherchoit
nôtre perte, se connoissent aux affaires d'Etat
de l'Europe comme les tauppes aux couleurs.
Il est impossible que la France puisse jamais vouloir nôtre perte, à moins que nous ne la cher-
chions nous mêmes, en obligeant cette cour,
comme il est arrivé, à nous chatier. Et pour
ce qu'on dit: la France nous cajole, & attend
son tems pour nous surprendre ce sont des
fables, de contes bleus, de la poudre qu'on jette aux yeux des innocens.

Ceux qui ont quelques Connoissances des
differens sistemes des Cours de l'Europe, savent
fort bien, que le sisteme principal de la France est de préferer son propre Intérêt à celui de

tou-

toutes les autres nations; mais elle ne fait en cela que ce que font aussi les autres nations, excepté en ce pais-ci, où un excès d'amitié préfere l'intérêt des pais étrangers au sien propre.

La France ne peut jamais faire du mal à nôtre République, sans se faire du mal à soi même. Toute la richesse des habitans de son plat pais, consiste dans des vignobles, des champs, & des Salines. Et la richesse des habitans des principales villes de France, consiste dans le Commerce, & en ce qu'ils avancent de l'argent aux Campagnards, sur les fruits de leurs champs, qui sont envoyés hors du pais, & que pour cet argent ils achettent les éffets dont ils ont béfoin. Si donc la vente & le debit de ces produits du pais est impossible aussi bien que de ceux qui leur réviennent de leurs Isles en Amerique, la plus grande part & la plus pauvre des habitans de France sont dans la plus grande misere, à mourir de faim, dont j'ai été temoin oculaire dans la guerre precedente.

L'envoi des produits François est donc empêché, quand ils sont en guerre avec nous; toute Marchandise Françoise est déclarée alors pour contrebande ici, & l'entrée en est défendu. Ce pais est le Canal par lequel deux tiers presque des produits de l'Empire de France & de ses Isles se distribuent. Le dommage que nous en souffrons est petit en Comparaison de celui des

ha-

habitans de France, parcequ'on ne peut pas se
contenter uniquement par le vin & autres semblables produits François.

Quand la France est en guerre avec l'Angleterre & que nous soyons neutres, cet Empire
peut debiter tous ses produits dans les autres
païs par le moyen de nôtre navigation, qui,
suivant le Traité fait avec le Roi d'Angleterre,
de la manière la plus solemnelle, doit être libre, pourvu qu'on ne transporte pas de contrebande. Par ce moyen la France peut trans-
porter ses effêts d'un port de mer François à
l'autre, & de la France en tous les lieux du monde, suivant la lettre toute claire du Traité mentionné, qui est violé à cette heure si injustement,
contre droit & raison, & foulé aux pieds.

La France ne pouroit entrer en possession
de ce païs, qu'à son grand desavantage, quand
même on le lui offriroit: il ne lui rapporteroit
pas la millieme part de ce qu'il fait à cette heure. Si la France en vouloit à nous, elle l'auroit déja fait: on ne peut pas attribuer à nos
forces, ni à sa foiblesse, & encore moins à l'assistence de nos *alliés*, *voisins*, & *amis*, si cela
n'est pas arrivé; mais uniquement à la bonne
intention que la France a pour nous. Pour ce
qui est de la triste époque de 1672. & de l'an
1747. & de tout le malheur que la République
a souffert alors de la France, elle ne peut s'en-
prendre qu'à elle même. Si nous ne nous étions

pas

pas mêlés dans la guerre entre elle & l'Angleterre, elle n'auroit pas tant fait souffrir de malheurs
à ce pais ; mais nous nous étions attirez nous
mêmes cette rude verge. Lorsque nous com-
battions la succession de la maison de Bourbon
en Espagne, nous soutinmes assez long-tems
l'Equilibre de l'Europe, quoique sans Stadhouder : Nos armées furent victorieuses ; Nos Heros cueillirent des Lauriers & de la Gloire partout,
lorsque nos *fidelles amis, nos si étroits alliés, les
Anglois*, nous abandonnerent d'une manière in-
fame, en faisant la paix avec l'ennemi commun, & nous laissant seuls aux prises avec lui.
Toutes les forces de la Maison de Bourbon
tomberent sur nous, & nous perdimes dans un
an ce que nous avions gagné en 10., aux depens
des bourses des habitans & du sang de nos Heros.
Nous fumes obligés à faire la paix aux meilleures
conditions que nous pumes, & la République
se sent encore aujourd'hui des suites d'une si
longue guerre, uniquement pour la défense
d'autrui. Si nous avions profité d'une si salutaire neutralité dans la derniere guerre, sans
suivre les instigations des Anglois, la France ne
nous auroit pas fait le moindre mal non plus
qu'apresent : Et sur ce qu'on dit, que nous étions
obligés à garder le Traité de Barriere, ou quelque autre, on n'a qu'à repondre, comme il est
dit plus haut : que 80000. hommes & 100.
vaisseaux de guerre, coutent moins & sont plus
seurs

ſeurs pour l'Etat, que le meilleur Traité de Barriere, ou quelqu'autre que ce ſoit, qu'on puiſſe
faire avec une Puiſſance.   On perſuade au peuple innocent; qu'on ne devroit pas demeurer
neutre, parcequ'il y *alloit de la Réligion Proteſtante, que la France avec d'autres Princes Catholiques Romains tachoient d'extirper*: ce ne ſont que
des diſcours pour éblouir les Citoyens.

J'ai montré déja, que le ſiſteme de la France
conſiſte principalement en ce qu'elle n'enviſage que ſon intérêt, ſans redouter perſonne: Les
perſonnes d'entendement conviendront, que la
Réligion ne peut ſervir aucunement à faire reuſ-
ſir ce deſſein.   C'eſt tout un à la France, qui
que ce ſoit qui lui rende ſervice; ſoit un Turc,
un Africain halé du Soleil, un pale habitanr d'I-
ſpahan. Nous en avons l'exemple dans l'amitié
durable entre la France & la Suede, qui eſt Proteſtante; mais qui n'a jamais eprouvé ni dommage ni inſidelité de la France.   Il ne regne
pas d'Inquiſition en France, mais un deſir de
s'agrandir ; Elle ne peut pas venir à bout de ſon
deſſein ſans moyens : Le principal de ces moyens,
c'eſt d'entretenir une amitié conſtante avec nôtre République ; par conſequent ce point de
Réligion fait autant à l'iſſue du principal projet
de la France, qu'une plume venale à la defence
de la Contre-neutralité.   Si la France veut jouir
des fruits de ce Païs heureux, qu'elle enviſage
ſurtout, il faut qu'elle ait ſoin avant toute choſe,

ſe, que ce païs démeure dans l'état de pouvoir
Produire ces fruits, il faut qu'il demeure floriſant; ce qui eſt abſolument impoſſible, ſi on
vouloit introduire une ſeule forme de Réligion
& contraindre les conſciences. Ce païs doit ſa
grandeur & ſon bonheur uniquement à ſa liberté: & qu'eſt-ce que cette liberté qu'on a toujours
dans la bouche, ſi ce n'eſt la jouiſſance libre de
nos poſſeſſions & particulierement la liberté de
Conſcience. Je ne parlerai pas des prerogatives, des privileges qu'a ce Bijou de l'Europe,
en général, & chacune de nos villes en particulier, ſans la jouiſſance desquelles ces riches
Provinces ſeroient bientôt decheues de leur état
floriſant: & que déviendroit ce Païs, s'il ſeroit
privé de ſon Commerce? Quel avantage la
France, ou quelque autre Puiſſance en tireroit-elle? Quand le Commerce lui ſeroit oté, ſes
revenus né ſuffiroient pas à entretenir les ecluſes & les *Digues* du païs, encore moins les
fortereſſes.

Que d'autres Princes aſſiſtent la France pour
extirper la Réligion Proteſtante, cela eſt trop
ridicule pour s'y amuſer; il y a beaucoup de
bigots, de Phariſiens, qui ſe rangent du
coté de la pluspart de Miniſtres, pour ſeduire
le peuple innocent & craintif, en lui donnant
l'impreſſion, que nous ſommes trahis, le païs
vendu, qu'on tache de nous rendre Papiſtes
nous tous; & autres Pareilles chimeres. Par de
ſem-

semblables inventions les esprits sont echauffés, le feu de la discorde est allumé & gagne jusqu'aux Magistrats du païs à l'aide de la Puissance superieure, à quoi je ne saurois penser sans horreur.

Je ne juge pas mal fait qu'on soit armé, si cela se pouvoit faire sans donner ombrage à nos voisins, comme je l'ai deja remarqué plus amplement ; mais je ne puis pas comprendre comment *les bons habitans* pourroient être chargés d'avantage. La raison? la voici: Parceque nôtre païs est déja actuellement chargé de dettes en tems de paix, plus qu'il ne peut porter. La preuve en est dans la *petition* générale de l'Etat de guerre de l'an 1757., donnée loyalement comme de coutume, aux Etats Généraux, par le Conseil des Etats & S. A. R., où Elle se plaint, de ce que la Province de Seelande avoit representé *le mauvais état de ses FINANCES, demandant de l'assister par le Comptoir géneral de l'Union, parcequ'elle étoit hors d'état de contribuer sa quote*; Et le Conseil des Etats dit entre autres: *D'où donc doivent être reparés & payés la milice & autres charges de la Province de Seelande, & d'où satisfaire au Comptoir géneral de l'Union, si la Province démeure en reste des fournitures qu'elle doit faire aux Rentes & intérêts de la Généralité? La pensée seulement du desordre qui en résulteroit, inquiette S. A. R. & le Conseil: Et les accable de crainte & d'effroi pour les deliberations à faire pour le maintien de l'Union.*

Le

Le 24. Dec. 1749. Leurs H. P. ont ordonné par Réfolution de même date, une *négociation* pour trouver l'argent néceffaire à la réparation des fortifications de cet Etat, déchues depuis la derniere guerre; mais l'argent negotié pour cet important ouvrage, bien loin d'être fuffifant, une partie du Don gratuit de la Compagnie des Indes Orientales (qui eft originellement pour le foutien du Comptoir général de l'Union) a été déftinée à être employée (par le Confeil d'État & S. A. R.) à fournir les Magazins du plus néceffaire, & à des dépenfes que les citconftances démanderoient.

16.

MEMOIRES
POUR SERVIR 'A
L'HISTOIRE
DE NOTRE TEMS,
PAR-RAPPORT 'A
LA HOLLANDE.

SUITE DES REFLEXIONS SUR L'AUG-MENTATION DES FORCES PAR TERRE.

IL paroit clairement que les Finances de la Province de Seelande font dans un très mauvais état. Comment donc peut-on dire, que les habitans paye-roient volontiers d'avantage, pour armer, n'e-tant pas en état de payer les charges ordinaires.

Penseroit-on, que vû que la Seelande eſt hors d'etat de payer ſa Quote ordinaire, & moins encore de nouvelles charges, les autres *Provinces* feroient ſeules la depenſe d'une telle augmentation? Cela eſt impoſſible, parceque ſuivant le traité de l'Union, chacun eſt obligé à porter ſa part des charges publiques; Auſſi,

Q

per-

perſonne n'eſt obligé de païer les dettes de ſon voiſin, s'il ne peut päs les ſatisfaire lui-même.

Les habitans n'en feroient pas plus mal, de päyer quelque choſe de plus; ils ſe rembourſſeroient doublement par la Conſomption que ces troupes feroient dans le païs, & nôtre milice feroit toujours dans un état plus conſiderable. C'eſt ainſi que raiſonne un hibou qui fuit le jour; & le peuple credule, imite bonnement ce Caquet. Mais quelles ſont les Provinces & les villes qui contribuent le plus à la Caiſſe? n'eſt-ce pas la Province de Hollande, qui ſeule donne plus d'argent dans la Caiſſe du païs que les ſix autres enſemble? n'eſt-ce pas la ville d'Amſterdam qui importe le plus à la Hollande? je juge que oui. Quel avantage feroit-ce pour les habitans de Hollande en general, & pour chaque bourgeois en particulier, d'Amſterdam, de Rotterdam, & de quelques autres villes, qu'un Soldat nouvellement levé dépenſe par ſemaine ſa ſolde de $27\frac{1}{2}$ Sols, à Venlo, Bergen-op-den-zoom, Breda, Hertzogenboſch &c.; belle invention aſſeurement! la Hollande payeroit $\frac{5}{8}$ de la charge, & la ſolde qui cauſe la charge feroit depenſée dans les fortereſſes ou autres Provinces de la Généralité; & on feroit accroire à ceux d'Amſterdam, de Rotterdam & à d'autres Hollandois, que le profit leur reviendroit de ce que le ſoldat depenſe par ſemaine. Grande ignorance! tromperie ouverte!

Il

Il seroit plus à souhaiter, que Nos Superieurs fissent équiper sans retardement un nombre considerable de vaisseaux de guerre, pour purger la mer de ses écumeurs, & pour proteger nôtre navigation contre la Conduite insolente, insuportable & malhonnette de la *Nation Angloise*, dont les *brigandages*, contraires au Droit de Gens, aux loix, aux *Traités*, & à la raison, continuent toujours, & dont les Capres non seulement mais même les vaisseaux de guerre, & leurs juges ignorans & injustes, reduiront bientôt nôtre païs à la derniere pauvreté pourveu qu'on ne s'y oppose pas à tems. Un tel équipement fait un debit dans le païs, & toute sorte de gens s'en trouvent bien ; si au contraire on ne reprime pas ces pirates, plusieurs des plus considerables Marchands sont resolus, de laisser pourrir ici plûtôt les vaisseaux, & de manger eux mêmes les biens qui leur restent, que de les abandonner ainsi aux griffes de ces vautours anglois, cette nation *perfide, violateur des Traités.* Je prévois, que dans moins d'un an, la pluspart de nos charpentiers de vaisseaux, & autres artisans, qui travaillent à la Construction des vaisseaux, étant sans besogne, seront reduits peut-être à la bésace, à moins que le Ciel ne nous en préserve, en donnant à Nos Hauts Magistrats le Cœur, & la sagesse, de sécourir efficacement nôtre commerce & navigation, en ce tems critique ; afin que

Q 2

nous

nous ne voyons pas croitre les herbes dans la place principale de l'Europe, dans les rues & fur les grandes places des Bourfes des villes commerçantes de Hollande; mais que les Marchands puiffent faire leur trafic dans les autres Contrées, & les autres ne foyent pas obligés à chercher un afile plus feur, pour leur Commerce. Le peuple aveugle crie imprudemment : qu'on faffe la guerre à la France , & qu'on affifte l'Angleterre! La France ne nous fait point de mal, pendant que l'Angleterre nous coupe la gorge, en raviffant aux proprietaires leurs juftes poffeffions.

Que nous ferions heûreux! fi chaque Hollandois reconnoiffoit le prix & la néceffité de la *Neutralité*; Mais helas! nos Citoyens font feduits, & excités à la fedition, par les Ecrits damnables qu'on en voit femés de nuit dans les ruës. Quiconque a encore une goûte de fang fincere dans les vaines, ne fauroit fouffrir une action auffi noire & maudite. C'eft pour cette raifon que j'ai pris la plume , pour contredire à ce Mr. de Gueldre, qui tache d'infpirer la difcorde & que afin que la Concorde & l'amour de la paix prennent enfin le deffus, la foule de femeurs de Difcorde, ce fpectre d'enfer, qui déchire nos entrailles , foit fupprimé & rejetté fon maudit deffein anneanti.

Qu'eft-ce donc qu'ont fait vos Magiftrats? Dites le moi, fi vous pouvez, Vous autres Hol-
lan-

landois! Eſt-ce qu'ils ont embraſſé une *Neutra-lité* qui mille ans après ſera reconnue encore pour trahiſon? Ah rendez en grace au Ciel! LEURS HAUTES PUISSANCES, & Les PUISSANS SEIGNEURS PERES DE LA PATRIE ſe ſont acquis par là une Gloire immortelle, un Nom qui dévroit être marqué en lettres d'or, pour tous les tems à venir, au lieu que s'ils en avoient agi autrement, ils en auroient été réſponſables au Ciel, à leur propre Conſcience & à la poſterité.

Ne privez donc pas chers Compatriotes! nos dignes & louables Magiſtrats de la louange qu'ils meritent; mais laiſſez leur cueillir les fruits de leur Zele infatigable, des peines & des travaux avec leſquels ils veillent au ſalut de la patrie, dans ce tems critique. Ne vous rappellez qu'avec horreur les evenements des tems paſſés, lorſqu e les braves Regents, qui avoient vieillis ſous le fardeau du Gouvernement, furent privés du lit de l'honneur, & les ſales du Conſeil evacuées: ceux qui avoient part à ces forfaits s'en ſont fort répentis après, & s'en ſont bien ſentis: je tremble en me reſouvenant du triſte jour, où la vengeance Divine ſacrifia pluſieurs ſeditieux d'Amſterdam & pluſieurs innocens avec eux, qui perirent à la même place à-peu-près. La juſtice ſacrée avoit été violée, & les Magiſtrats, Vicaires de Dieu, avoient été maltraités.

Q 3

Ne

Ne vous laissez pas persuader chers Compatriotes, que nous rompions l'alliance avec l'Angleterre par la Neutralité que nous gardons, cela est absolument faux. Leurs H. P. n'ont aucune part à la fraction de paix entre la France & l'Angleterre, & cette guerre regarde autant la République qu'elle regarde le Schach de Perse. Il seroit à souhaiter que cette Nation tumultueuse & qui a rompu la paix, observât aussi réligieusement les Traités qu'elle a fait avec nous, que nous les observons. Voulez vous voir mes Compatriotes, comment *Leurs H. P.* se sont declarées sur cela au commencement des troubles, lisez avec attention l'extrait suivant de la Lettre de *L. H. P.* du 30. Dec. 1756. aux *Nobles & Puissans Seigneurs* les Etats des Provinces, où *Elles* disent dans le 5. paragraphe :

Car les hostilités ont commencé non seulement en plusieurs endroits en Amérique, ainsi qu'on a veu cette année, que les flottes sont venues en action ensemble dans cette contree, & ont pris QUELQES VAISSEAUX DE GUERRE SUR LES FRANCOIS; on est depuis alle si avant que la Mer de l'Europe n'est plus seure, où UNE FLOTTE FRANCOISE CONSIDERABLE DE VAISSEAUX DE MARCHANDS A ETE PRISE: Et quoique jusqu'ici la France n'ait point encore fait de résistence sur cette derniere mer, & RENDU MEME UN VAISSEAU DE GUERRE QU'ELLE AVOIT PRIS, il ne s'en-
suit

suit pas de là, qu'il y eut moins à craindre de ce Coté là ; au contraire, ont peut conclure, QUE LA MODERATION DE LA FRANCE CHANGERA BIENTOT EN VENGEANCE, & fera passer peut-être le theatre de la Guerre en Europe.

De plus, dans le 8. paragraphe.

Nous sommes asseurés que les préparatifs de la France ne regardent point nôtre Etat ; QUE LES DIFFERENS EN AMERIQUE NE TOUCHENT PAS, ET QUI, OBSERVANT RELIGIEUSEMENT SES TRAITES & évitant soigneusement de donner à ses voisins quelque ombrage, se peut attendre au reciproque de leur coté.

Les Nobles & Puissans Seigneurs Conseillers des Etats des Provinces Unies, disent dans la *Petition* pour l'état de guerre, presenté pour l'an 1756. pag. 9. §. 4. *Les differens en eux mêmes entre la France & l'Angleterre ne concernent point la République. Il ne lui convient aucunement de se meler dans une guerre, & elle doit même eviter soigneusement de donner aucun ombrage. C'est son interêt de cultiver l'amitié de toutes les Puissances, parceque l'amitié de tous lui importe, soit par rapport à sa situation, ou à son commerce.*

Par ce que nous venons d'alleguer, les bons Citoyens reconnoitront, que suivant le jugement de deux principaux Colleges la guerre ne nous sert ni ne nous régarde point du tout, Parceque les Anglois sont les agresseurs, & ce

Q 4

sont

font eux qui ont fait paffer la guerre en Europe. Le Traité d'Alliance qui fubfifte entre cet Etat & l'Angleterre pour jamais, contient feulement, que les deux Puiffances doivent s'entre affifter, quand l'une ou l'autre eft attaquée dans fes Etats; mais cela n'eft pas ici le Cas, l'Angleterre n'a pas été attaquée dans fon propre Empire par les François.

Il eft vrai que les Anglois, lorfqu'ils demandoient du fecours de nôtre Etat en 1755. ils alleguoient pour raifon, que leur Empire étoit menacé d'une defcente, mais la defcente doit être réelle & non pas menacée feulement pour que le fecours trouve place. Et quoiqu'on avertit les Anglois que l'armade qui fe faifoit alors en France vifoit à Port-Mahon, ils aimoient mieux s'aveugler, & tourmenter nôtre Etat pour les troupes auxiliaires pretenduës, que de pourvoir à tems à leurs poffeffions précieufes en la Mediterranée.

Ayant donc montré la perverfité des efprits feditieux, je penfe que les habitans de Hollande éloignés de partialité & de mutinerie, prêteront à leurs legitimes fuperieurs l'obéiffance & l'hommage dû, & affermiront ainfi leur propre bien avec celui de la République. Les fages Confultations de nos Peres de la Patrie & de S. A. R. Madame la Gouvernante, ne tendent qu'à la confervation & à l'affermiffement du bonheur de la Hollande & à mener les troubles à une heureufe fin.

COM-

COMPARAISON DES HARANGUES DE S. A. R. MADAME LA PRINCESSE GOUVERNANTE &c. AVEC L'AVIS DONNE' PAR E'CRIT DE LA PART DE LA VILLE D'AMSTERDAM, SUR LE SUJET DE L'AUGMENTATION PROPOSE'E.

POur éviter de fuivre l'exemple de ceux, qui, auffitot qu'il y a quelque différence de fentiment entre les perfonnes du Gouvernement, font l'apologie de leur parti & accufent les autres de vuës pernicieufes, nous fuppofons avant toutes chofes, que S. A. R. Madame la Gouvernante & la Ville d'Amfterdam traitent amiablement de l'augmentation pour & contre. Nous prendrons feulement la liberté d'examiner & de comparer enfemble les Raifons alléguées, pour inftruire ceux de Nos Concitoyens qui ne font pas au fait, & je m'y porte d'autant plus volontiers, que les pièces qui ont été publiées fur ce fujet, ne l'ont été fans doute que pour encourager à cet éxamen.

La Princeffe Gouvernante dit dans fa première harangue: ,, que S. A. R. dès le Com,, mencement des troubles entre la France & la ,, Gr. Bret. en Amérique, avoit jugé, qu'ils ,, pafferoient bientôt en Europe, quoique cela ,, ne regardât pas la République. — Elle avoit

Q 5   ,, ré-

„ réprefenté à Leurs Nobles & Grandes Puif-
„ fances, que le moyen le plus efficace, de n'y
„ être pas impliqué, confiftoit dans une aug-
„ mentation des forces par terre.   En effet
„ il étoit à craindre, que les Armées s'appro-
„ cheroient de nos frontières; & que les Ar-
„ mées d'Autriche & de France venant à livrer
„ bataille à celle des Alliés, le Parti qui auroit
„ le deffous chercheroit peut-être fa feureté fur
„ le territoire de l'Etat, qui étant dépourvû de
„ forces fuffifantes pour s'y oppofer, alors, la
„ Republique auroit le malheur de voir fon pro-
„ pre terrain devenir le Theatre d'une guerre,
„ où il n'a aucune part & ne veut y entrer ni
„ directement ni indirectement ".   Que l'augmentation fur le pied qu'elle a été propofée par
fon A. R. le 9. de Juillet 1755. eft de la dernière néceffité.   „ Non pour prendre part pour
„ cela aux troubles, & de s'en mêler, mais à ce
„ feul deffein de maintenir la neutralité & l'in-
„ dépendance de la République par ce moyen,
„ & pour couvrir les frontières de l'Etat contre
„ toute infulte.

S. A. R. eft d'avis, que l'Augmentation eft
„ d'autant plus néceffaire pour détourner de la
„ Patrie tout défaftre à craindre ", fi quelqu'une
des Puiffances belligerantes en vouloit prendre
ombrage, comme fi „ elle avoit d'autre objet,
„ que celui de la feureté & de l'independance
„ naturelle de l'Etat.

S. A.

S. A. R. ajoute encore, „ qu'elles ne servi-
„ roient (les charges) qu'à mettre à couvert
„ la Republique de tout outrage, & à la con-
„ server dans sa liberté & sa Religion, indepen-
„ dante du Caprice d'autrui, ainsi que l'exige
„ l'honneur d'un Etat libre.

Dans l'autre harangue de Madame la Princesse, S. A. R. dit, que, depuis sa première harangue, „ les Circonstances étant devenues plus
„ critiques, & non seulement la seureté, mais
„ l'honneur de l'Etat exigeoient que cette affai-
„ re (l'augmentation) fût résolue au plûtôt.
„ Elle ajoute: Il est superflu, de vous repre-
„ senter N. & Puiss. Seigneurs! ce que c'est
„ qu'un païs environné d'Armées étrangères, &
„ qui ne peut pas se défendre, même contre
„ un accident imprevû! ce que c'est qu'un
„ Commerce une Navigation sur une mer sans
„ defense & sans protection... "

La Princesse veut qu'on pourvoye à ces deux
choses, Elle insiste „ à la sécurité du premier
„ avec tout l'empressement que lui inspire l'a-
„ mour pour le Bien public, pendant qu'Elle
„ a donné & donne encore assez de preuves du
„ soin qu'Elle prend de l'autre; l'un, dit S. A.
„ R. doit être observé, & l'autre ne doit pas
„ être négligé.

Il ne faut pas une grande pénétration pour
comprendre clairement de ces passages: que
l'argument sur quoi S. A. R. s'appuye en recom-

men-

mendant l'augmentation, confifte dans la poffibilité & dans l'apparence, que les troubles entre
les Puiffances belligérantes pourroient caufer
quelque difgrace à la République, au prejudice de fa feureté, de fon indépendance & de fon
honneur; ces poffibilités & apparences fon fondées fur la formation des Armées étrangeres
dans le voifinage de l'Etat, fans qu'une force
fuffifante puifle s'y oppofer; & fur l'accroiffement
des vaiffeaux des Puiffances en guerre, qui pourroient rendre la mer impraticable pour nous,
fans que l'Etat pût oppofer des forces fuffifantes.

Meffieurs d'Amfterdam n'ont donc pas bien
compris, ce femble, les harangues de Madame
la Princeffe, parcequ'ils difent: *que,, les moyens
,, qu'on avoit employés de tems en tems pour per-
,, fuader & prouver la néceffité de l'augmenta-
,, tion, étoient fort différents entre eux*". Ils
trouveront, s'il leur plaît de faire Reflection,
que les moyens n'ont aucunement differé, ni
ne diffèrent encore. Ils confiftoient en 1755.
dans une prévoyance, que l'Etat pourroit être
outragé au préjudice de fon honneur, de fon
independence & de fa feureté, par des armées qui
pourroient fe former dans fon voifinage; & par
l'accroiffement de vaiffeaux qui pourroient troubler notre marine. Ce font encore les mêmes
moyens lorfque ces armées *qui pourroient fe
former*, fe font actuellement formées, ont environné nos frontières, & à prefent paffent con-
tin-

tinuellement par devant notre territoire ; & que
notre navigation eſt effectivement troublée. On
ne ſauroit donc dire : que les moyens employés
de tems en tems pour perſuader l'augmentation
étoient différents ; il faut avouër au contraire
qu'ils ont été toûjours les mêmes : avec cette
différence, qu'ils ſont devenus plus démonſtra-
tifs, à préſent, qu'on voit effectuer ce que l'on
prévoyoit comme poſſible & vraiſemblable en
1755. *S. A. R. n'a pas laiſſe d'avertir du danger
& d'exhorter lorſqu'il en étoit tems.*   Mais ſuppoſé, que les moyens différaſſent ; doit-on avoir
égard à la différence des Raiſons plûtôt qu'à
leur force & à leur poids ? j'eſtime, avec la
permiſſion de Meſſieurs d'Amſterdam, que le
premier ne peut abſolument pas avoir lieu, &
que le ſecond ſeul mérite d'être pris en conſidération.

Or, pour ce qui regarde la force & le poids
des dits moyens, la queſtion eſt Imo. de Sçavoir
ſi aſſeurement l'Etat couroit riſque d'être outragé au prejudice de ſon honneur, de ſon independance & de ſa ſeureté ? IIdo. Si l'augmentation propoſée étoit le moyen le plus efficace
pour prevenir cet outrage ? Il paroît hors de
diſpute entre S. A. R. & la Ville d'Amſterdam,
que l'Etat a pu être outragé ſur mer, & notre
Navigation troublée le démontre manifeſtement :
auſſi voit on que la Ville d'Amſterdam n'auroit-
pu oppoſer de bonnes raiſons contre l'Augmentation

tation des forces par terre, quoique pourtant
il n'en paroît rien dans leur Avis.   Meſſieurs
d'Amſterdam ſoutiennent par rapport au Continent, la négative des deux Points ſusmention-
nés, pour leſquels S. A. R. ſoûtenoit l'affirmative.

Il ſera queſtion de voir premierement, ſi
l'état des Armées dans notre voiſinage eſt tel
que la République en pourroit craindre quelque
outrage.   On ne ſauroit mieux réſoudre ce
point, que par ce qu'on voit arriver aux Païs,
qui ne peuvent pas faire réſiſtance, ſans chercher bien loin des exemples du ſort de tels Etats,
qui n'ayant pas la moindre part dans les guerres,
directement ni indirectement, ont été ruinés,
pour n'avoir pas pû réſiſter: jettons les yeux
ſur quelques Etats de l'Allemagne; demandons
ſi *Caſſel*, *Brunswik*, *Bremen*, *Dantzig*, *Co-
logne*, *la Weſtphalie &c.* ne ſervent pas d'exemples, qu'on peut ſouffrir par le voiſinage des
armées des Puiſſances qui ſe font la guerre?
S'il n'eſt pas poſſible, qu'il s'éleve des diſcordes
entre elles & nous? Si elles ne nous demande-
roient pas des choſes qu'elles croyent équitables,
qui pourtant ſeroient tout contraires à notre
honneur, à notre independance & à notre ſeureté? Si nos envois d'argent & de Marchandiſes
ne pourroient pas être troublés par leurs trouppes, & notre commerce en Allemagne conſidé-
rablement affoibli? Pour en nier la poſſibilité,

il

il faudroit donner dans cet Abſurdité, qu'il n'é-
toit pas poſſible, que les François lorſqu'ils venoient à *Bremen* miſſent garniſon dans la Ville:
& que les Hanovriens le pouvoient faire de même. Qu'il n'eſt pas poſſible que les Ruſſes &
les Pruſſiens elevaſſent le Théatre de la guerre
en Pologne &c. Je penſe que la poſſibilité de
l'outrage ne peut pas être conteſtée ; mais on
en niera peut-être la vraiſemblance, en aſſûrant
qu'on n'avoit pas ſujet de rien craindre.

Sur ce point il faut remarquer première-
ment; s'il eſt ſeul de la prudence de ſe précau-
tionner contre les dangers vraiſemblables, &
point contre les poſſibles. Nous poſons pour
l'affirmative. Qui verra t'on tant ſoit peu prudent qui ne ſe précautionne contre des Cas poſſibles dans ſes affaires domeſtiques auſſibien que
dans celles de ſon Etat ? & même contre des
poſſibilités hors de toute attente. C'eſt toujours pour des Cas poſſibles & non pas pour de
vraiſemblables que les Marchands font aſſeurer leurs Marchandiſes: ſi c'étoit pour de vraiſemblables, trouveroit-on beaucoup d'aſſeu-
reurs ? Il faut encore remarquer à cela, que le
poſſible ne diffère du vraiſemblable qu'en degré,
& que le premier devient plus ou moins vraiſemblable ſelon le changement des circonſtances. Lorſque les François paſſoient le Weſer,
& occupoient l'Electorat d'Hanovre, il étoit
poſſible qu'ils pourroient occuper Bremen ;
mais

mais il devint vraisemblable qu'ils se serviroi-
ent de cette ville, leurs trouppes étant deja aux
environs de la place.   Si donc il étoit possible
en 1755. que la République pourroit éprouver
quelque disgrace, vû la formation des Camps
dans son voisinage, il est devenu vraisemblable, les armées s'y étant effectivement formées.   Et si à présent il n'est que possible,
que les Puissances belligerantes feroient quelque
chose au préjudice de nôtre honneur, de notre seureté, & de notre independance, il deviendroit vraisemblable à mesure que les degrés
de la possibilité augmentent, par les Circonstances.

MEMOIRES
POUR SERVIR 'A
L'HISTOIRE
DE NOTRE TEMS,
PAR-RAPPORT 'A
LA HOLLANDE.

17.

COMPARAISON DES HARANGUES DE
S. A. R. MADAME LA PRINCESSE GOU-
VERNANTE &c. AVEC L'AVIS DONNE'
PAR E'CRIT DE LA PART DE LA
VILLE D'AMSTERDAM, SUR
LE SUJET DE L'AUGMEN-
TATION PROPOSE'E.

IL eſt certain qu'il eſt poſſible non ſeulement, mais auſſi vraiſemblable, que la
République pourroit eſſuyer quelque
outrage: La vraiſemblance ſe prouve par la coutume & l'obſervance de toutes les armées, qui ſans
diſtinction, ſont uſage de tout ce qui peut leur
convenir. Les François s'expriment ainſi: *tout ce
qui eſt à notre bienſeance, eſt autoriſé par la rai-*

R

ſon

son de guerre. Pour peu qu'on soit versé dans l'histoire & dans les Principes de Politique, on peut savoir jusqu'où cette *bienséance & raison de guerre* ont été étendues & poussées? & s'il y a lieu de douter, que les Puissances en guerre n'occuperoient quelques unes de nos villes s'il leur convenoit, asseurées de notre foiblesse, & de l'état sans défense où nous sommes? Que l'on dise, qu'on ne pourroit pas s'imaginer cela; je demande, Pourquoi le Roi de Prusse a-t-il occupé la Saxe? Pourquoi les Russes ont-ils voulu entrer à Dantzig? Pourquoi tant de livraisons de la Westphalie aux François? Selon moi, il est à craindre pour nous la même chose, comme arrive à présent à nos voisins. C'est pourquoi S. A. R. a dit: „ Voilà aussi ces armées. Cha-
„ cun de Vous sait le triste sort qu'elles ont cau-
„ sé aux Pais voisins de nous, & la crainte qu'el-
„ les ont causé, & causent encore à quelques-
„ uns des alliés ". Ce n'est pas une *terreur panique* mais fondée sur les circonstances du tems; comme l'histoire ancienne & moderne le confirmera par mille exemples.

La possibilité ou la vraisemblance de tels outrages est combattu par Messieurs d'Amsterdam, par la Neutralité qui subsiste entre la France & l'Etat. Ils disent: „ que cette prudente ma-
„ nière d'agir (savoir: de s'informer de l'in-
„ tention de la France, & la Résolution de ne
„ pas armer) avoit tiré l'Etat d'embarras, &
„ pour

,, pour son propre territoire, & pour les Pais-
,, Bas d'Autriche, & que toute crainte d'une
,, invasion du côté de la France étoit disparue ".
Si l'Etat est sorti d'embarras, il ne lui reste plus
de crainte; la Possibilité aussi-bien que la vraisemblance d'être outragé, sont évanouis: mais
sur quoi se fonde donc cet évanouissement? Sur
la neutralité? Je demande: est-ce que la Raison de ne pas violer la neutralité est toûjours
plus forte que *la Raison de guerre & le droit de
bienséance*? est-on asseuré qu'aux Conseils des
Armées & dans les Cabinets on la mettra toûjours après le devoir d'observer la neutralité? y
auroit-il d'exemples pour preuve d'une telle discretion? Seroit-elle probable par la façon ordinaire d'agir & de penser dans les Conseils d'Etat
des Puissances? je tiens, que non; & je crois
qu'en pareil cas la neutralité succomberoit.
Supposé que la neutralité se soit faite avec toute la bonne foi, qui ait jamais eu place entre
Puissances; ne peut-il pas naître quelque més-
intelligence entre les François & nous? Savons
nous pour certain, que les François ou les Alliés
ne seront jamais obligés par quelque événement
d'empiéter sur notre terrain, d'occuper une de
nos Villes, en faire une Place d'armes, ou pour
la commodité des fournitures? Si le cas existoit,
qu'une des Armées surprît Nimwegue: que feroit-on? si elle promettoit de tout payer comp-
tant, s'excusant par la nécessité? si elle parloit

comme le General Fermör aux Dantzigois? vous diriez: que la Neutralité seroit violée; mais on vous démontreroit, ou l'on voudroit démontrer clairement, *par des Raisons très solides & très convaincantes*, que ce ne seroit que pour vous mettre plus en état de garder la neutralité, & d'empêcher que l'Ennemi ne vous la fasse quitter. Tout asseuré donc que nous soyons par la neutralité contre une Invasion du côté de la France, elle ne nous garantit pourtant pas de toute injure, à la quelle on donneroit à juste titre le nom d'invasion.

Cela considéré, on aura de la peine à comprendre la force du Raisonnement suivant, que Messieurs d'Amsterdam nous proposent encore, savoir: „ La Republique, n'ayant aucune part „ dans les troubles entre les Puissances belligé- „ rantes, ni donné aucun sujet de méconten- „ tement contre l'Etat, Elle n'a pas sujet de „ craindre, qu'on attaque son territoire, mait „ qu'elle se doit reposer sur la foi des Traités.

Ne peut-on pas demander sans absurdité, sur ce Raisonnement: *La République n'a-t-elle jamais à craindre une attaque de son territoire, qu'en Cas seulement qu'elle eût part aux troubles entre les Puissances belligerantes, ou qu'elle leur eut donné quelque sujet de mécontentement contre l'Etat?* La Politique des Peuples & des Princes est-elle aussi ferme, qu'on puisse être entièrement tranquille, quand on se garde d'offenser personne

sonne? si l'histoire des tems passés, la propre expérience, la Raison nous a appris que non? Au-moins dévrions nous apprendre par les dépréda-tions présentes des Anglois, qu'à ce soin de n'offenser personne, à ce repos sur la foi des Traités, il faut ajoûter aussi une force suffi-sante, parceque souvent la voix des Traités ne touche pas l'oreille, à moins qu'elle ne soit accompagnée d'un bon nombre de Canons.

Et à considérer l'essentiel de la chose, pour-quoi notre seureté est-elle appuyée uniquement sur la promesse d'une non invasion du Côté de la France? La Princesse parla-t-elle d'une Invasion de la France en particulier, ou parla-t-elle de toute injure en général, de tout ou-trage que la République pourroit essuyer au pré-judice de son honneur, de sa seureté, de son independance? L'outrage ne peut-il venir d'au-cun autre côté que de la France? Nous ne donnerons pas d'indice ici; mais il nous sera permis de dire, qu'il seroit à souhaiter, qu'en débattant des sentiments, on ne changeât pas l'état de la question (ce qui confond les cho-ses), & qu'on n'alterât pas la pensée de l'autre, mais qu'on la proposât telle qu'elle est.

Il paroit clairement de tout ce que nous ve-nons de dire, que la neutralité mentionnée, quoiqu'elle nous don nât quelque asseurance contre une invasion des François, elle ne nous met pas à couvert contre toute injure & outra-

ge en général, ni en particulier contre une insulte du côté de la France, où la raison de
guerre & la bienséance parleroient plus haut que
la neutralité.

Mais posé, que nous ayons des Traités de
neutralité avec toutes les Puissances, s'y répo-
sera-t-on absolument? Pourquoi est-ce qu'on
entretient des Trouppes en tems de Paix? Pourquoi le Roi de Danemark, le Prince peut-être
le plus paisible de l'Europe, vient il d'augmenter ses forces militaires? Pourquoi Sa Majesté
les fait-elle camper maintenant? n'est-ce pas,
pour être en état en tout cas, de maintenir sa
seureté, son honneur & son indépendance? Si
donc on trouve nécessaire en tems de Paix de
fonder sa seureté, non seulement sur les Traités
mais en même-tems sur des forces proportion-
nées? pourquoi se reposer uniquement sur des
Traités de neutralité, & négliger l'autre moyen,
quand les Armées sont dans notre voisinage, &
que par conséquent il y a plus d'occasion à des
inconveniens? Si des raisonnemens naturels ne
nous convainquent pas assez de la nécessité d'appuyer les Traités de forces suffisantes, qu'on
jette encore la vue sur les véxations & les forfaits des Anglois. Les Traités éxistent, qui
nous en devroient garantir; cependant les vexa-
tions continuent, puisque nous n'avons pas pu
opposer à tems une force suffisante. Nous nous
plaignons, & je crois, que nous avons raison.

de

de nous plaindre: mais est-ce que la nation Angloise le considere ainsi? Elle nous dira, que
c'est nous qui violons les Traités, qui soutenons
son ennemi en plusieures façons, qui faisons
un commerce incompatible avec notre devoir
d'alliés avec elle.   Ils ont tort les Anglois, direz
vous, & j'en tombe d'accord: mais cependant
ils sont dans cette fausse idée & agissent suivant
elle. Et qui nous asseure, qu'il ne vienne pas
à l'une ou à l'autre des Puissances belligerantes
quelque Idée erronée? Ne devrions-nous pas
nous tenir en état de pouvoir résister en tout cas,
pour conserver notre independance, notre honneur, & notre seureté?

Il est incontestable, je crois, par toutes ces
raisons, que les circonstances de la République
sont telles réellement, qu'elle est exposée à être
outragée au préjudice de sa seureté, de son
honneur & de son independance.

Venons à la deuxieme question, savoir: *si
l'augmentation proposée est le moyen le plus efficace pour prévenir cet outrage.* S. A. R. le soûtient, & Messieurs d'Amsterdam le nient.

Naturellement il faudra répondre à cette question par l'affirmative. Car il n'est rien qui ré-
tienne plus l'homme à ne point outrager l'autre, que la crainte d'une résistance efficace, &
conséquémment les moyens qui effectuent cette
résistance sont essentiellement les plus efficaces.
Il s'ensuit de là naturellement cette conclusion:

R 4

que

que nos forces n'étant pas suffisantes à faire une
resistance efficace, *le moyen le plus sûr, de demeurer hors des troubles, se trouve dans une
augmentation des forces par terre.*   C'est ce que
pensa & que dit notre Gouvernante,

Mais Messieurs d'Amsterdam, bien loin de
penser ainsi avec S. A. R. ,, témoignent au
,, contraire qu'au commencement des troubles
,, une augmentation auroit eu un effet contrai-
,, re; qu'après les instances réitérées de l'An-
,, gleterre une telle démarche n'auroit servi
,, qu'à persuader la Couronne de France, que
,, la République, que les différents en Améri-
,, que ne concernoient point, pensoit, en
,, cas que les troubles pasâssent de l'Amerique
,, en Europe, d'y prendre part, comme dans
,, le tems passé; & les suites naturelles en au-
,, roient été de s'attirer & d'encourir le danger,
,, qu'on pensoit d'éviter, & dont une augmen-
,, tation bien plus grande n'auroit pû garantir:
,, qu'on ne sauroit donc attribuer, qu'à la sage
,, conduite & les mesures prudentes que sous la
,, direction Divine la République avoit prises
,, dans ce tems critique, que l'Etat n'a pas été
,, embrouillé dans la guerre, & qu'il a été af-
,, seuré après, contre toute crainte du côté de
,, la France, par le moyen de la neutralité.

Nous trouvons dans ce passage, premierement: qu'il est parlé de la *France* uniquement,
au-lieu qu'il est question de toutes les Puissances

en général, comme il a été remarqué plus haut. 2.) Qu'il n'y a pas de raison, pourquoi une augmentation *faite sur les instances réiterées de l'Angleterre, auroit fait justement un effet contraire*. Car qu'importe-t-il à la chose, que ce soit Pierre ou Paul qui m'avertit d'un danger que je cours, que Pierre soit en guerre avec Paul? au moins le raisonnement n'est pas juste, de dire: parceque Pierre est en guerre contre Paul, vous ne devez pas vous armer contre un péril que Pierre vous montre. Il s'agit seulement de sçavoir, si l'avis de Pierre est fondé, & s'il y a un danger essentiel. Et c'est ce que nous avons trouvé ci-dessus être réel. Il est indifférent à la question de l'augmentation, si les avis nous sont venus du côté d'Angleterre; ils ne nous obligent pas d'en faire un autre usage, que celui qui nous paroît le plus raisonnable. Je conviens, que l'Angleterre nous auroit bien voulu entrainer dans la guerre contre la France; mais l'intention de l'Angleterre n'étant pas une régle ni une loi pour nous, elle n'est ici non plus d'aucune force, & nous démeurons maîtres de notre volonté, pour faire ce que bon nous semble. 3.) Qu'on met ici gratis: que l'augmentation n'auroit servi de rien, „ *qu'à persuader la couronne de France, que la* „ *République prendroit part aux troubles, com-* „ *me dans les tems passés.* Si l'on disoit: que l'augmentation *y auroit pu servir*, on en convien-

R 5

droit,

droit, mais poser affirmativement: *que l'augmen-*
tation n'auroit servi de rien autre chose, cela ré-
pugne à la nature de la chose, qui pouvoit uniquement servir à nous mettre simplement dans
un état de sécurité contre des Cas imprevûs. Et
en tout cas, que nous touche la persuasion sin-
gulière de la France? S'est'elle souciée de ce que
nous pensions, lorsqu'elle augmentoit tout d'un
coup ses forces par terre de 70000. hommes,
il y a quelques années? S'en est-elle souciée lorsqu'elle ténoit enfermée notre République de ses
troupes? Dévons-nous nous régler aux intentions de la France? Sommes nous dépendans de
l'Empire de France, des Favoris de son Roi?
comment cela seroit-il compatible avec notre
liberté, notre honneur, & notre independance?

Il suit une autre remarque: *La neutralité di-*
sent Messieurs d'Amsterdam, *nous a délivré de*
notre crainte, elle nous a asseuré contre toute
crainte du côté de la France. Ils soûtiennent
„ que la République, ainsi que les autres Puis-
„ sances entourées de voisins puissants, se devroit
„ fier sur la foi des Traités. Si cela est
vrai, que la neutralité nous a asseuré suffisâm-
ment, & que nous devons pour cette raison
nous fier sur la foi des Traités, pourquoi cette
même neutralité n'a-t-elle pas produit le même
effet à l'égard de la France, & lui a ôté toute
crainte que notre République se mêleroit dans
les troubles? Du moins la France se trouve ici
                                            dans

dans une même degré avec la République. Voudroit-on établir, que nous autres Hollandois seuls nous dévions nous fier à la foi des Traités, sur les promesses à nous données, & que les autres n'avoient pas besoin d'en rien faire à notre égard, mais qu'ils pouvoient demander que nous restions dans l'impuissance, à leur discrétion, & que la France sur-tout est privilégiée à cela? Sur ce que Messieurs d'Amsterdam donnent comme un exemple en ces termes : *ainsi que d'autres Puissances*, on pourroit demander sans absurdité: où sont *ces autres Puissances?* A considérer tous les divers Etats je n'en saurois trouver un seul, dont on puisse dire, que se fiant sur la foi des Traités il n'augmentât aussi ses forces à mesure que ses Voisins sont armés. Je vois au contraire, qu'ils suivent constamment cette maxime de politique, que la simple raison nous préscrit comme une leçon *.

Qu'on nous permette de nous arrêter encore un moment à l'effet de ce fondement que proposent ici Messieurs d'Amsterdam. Si la République est obligée de se conformer à l'Idée de

la

* L'une des fins de la société Politique est de se défendre à forces réünies, de toute insulte ou violence du dehors. Si la société n'est pas en état de repousser un agresseur, elle est très imparfaite, elle manque à sa principale destination, & ne peut subsister longtems. Vatel. Droit des Gens Lib. I. Ch. XIV. §. 177.

la Cour de France, elle l'eſt auſſi à l'égard des autres Puiſſances: & quel ſeroit donc l'état de notre République, ſi nous devions ſuivre, ici l'Idée du Roi de Pruſſe; là, l'Idée de l'Empereur; dans une autre choſe, celle du Roi d'Eſpagne &c.? Si une augmentation par Mer perſuadoit le **Roi d'Angleterre**, que nous prendrions part dans les troubles contre lui, ne devrions-nous pas pour cette raiſon équipper des Vaiſſeaux pour aſſeurer notre Navigation? il n'eſt pas à croire que Meſſieurs d'Amſterdam ſoutiendront ici le contraire.

Une autre conſidération que donne l'Avis de ces Meſſieurs, eſt telle. C'eſt nous qui avons réſolu la neutralité avec la France: à qui eſt-ce donc, à juger des moyens pour conſerver la neutralité, à la France ou à nous? je ne crois pas que le premier point ſoit appuyé par Meſſieurs d'Amſterdam. Il s'en ſuivroit 1.) que nous ſerions obligés de ſuivre dans l'économie privée de notre Etat, non pas notre jugement, mais celui de la France, & par conſéquent ſon bon plaiſir. 2. Qu'en ſuivant en cela l'Idée de la France, nous changerions réellement la neutralité en partialité pour la France. Si c'eſt à nous à juger des moyens, que nous importe l'Idée de la France? Nous ſeuls ſommes en Droit de juger, ſi nous pouvons demeurer dans la neutralité, & ſi nous dévons augmenter

ter notre force par terre & par mer, & d'en faire ce que bon nous semble.

La France, comme s'expriment Messieurs d'Amsterdam, se seroit persuadée, que la République vouloit prendre part aux troubles, *tout comme dans le tems passé.* Ne pourroit-on pas opposer à cette persuasion, une pareille du côté de la République, que la France *ainsi que dans les tems passés* songeoit à faire des conquettes aux dépens de nos barrières. Cette persuasion seroit-elle mal fondée & moins conforme aux événements des tems passés ? Quand on fixe l'œil sur le sistême que la Cour de France a toûjours suivi depuis le Cardinal de Mazarin, & qu'on le compare avec celui de notre Republique à l'égard des autres Puissances, qu'en concluera-t-on ? Aucune des Puissances n'ignore que la République ne fait aucune prétention, qu'elle ne pense pas à faire des Conquêtes, qu'elle ne cherche qu'à conserver ce qu'elle a & le Commerce qui la soûtient. Cette Situation de notre République comparée avec le systême de la Cour de France, dans lequel des deux pourroit-on supposer une intention de violer la Neutralité ? Et pourquoi alléguer *l'exemple des tems passés* ? Est-ce pour nous inculquer que la République avoit pris part dans les différends en ces tems là, contre la France, non obstant les Traités, sans droit ni raison, seulement parcequ'il lui plaisoit ? Cela, ce me semble,

ble, ne s'accorderoit pas avec la vérité de l'Hiftoire, qui nous apprend evidemment le contraire. Eft-ce, pour infinuer, que nous devions demeurer hors des troubles, quoique les
Traités nous y engageaffent contre la France?
& que la France nous veut tenir dans l'impuif-
fance, 1. afin que nous ne foyons pas en état
de fatisfaire à notre devoir; qui ne s'accorde pas
à fon intérêt; & 2. que nous pourrions alléguer
notre foibleffe pour raifon de ne pas accomplir
les Traités? Quoiqu'il en foit, c'eft dommage,
que Meffieurs d'Amfterdam fe foient contentés
de parler généralement, & nous laiffent defirer la
démonftration des troubles *dans les tems paffés*,
qui de l'Amérique en Europe nous ont engagés
à une guerre contre la France, où cette Couronne ne nous eût donné aucun fujet de prendre part, & dans laquelle nous n'ayons abfolument pas dû prendre part. Cette demonftra-
tion paroît d'autant plus néceffaire, qu'on peut
foûtenir, non fans fondement, que de pareils
cas ne fe trouvent pas dans l'Hiftoire, & qu'outre cela, l'affertion pour les tems paffés, eft
une pure fiction, qui n'eft fondée nulle part.

  ,, C'eft pourquoi, difent Meffieurs d'Am-
,, fterdam, qu'on ne fauroit attribuer, qu'à
,, la fage conduite & aux mefures prudentes,
,, que fous la direction Divine la République
,, avoit pris dans ce tems critique, que l'Etat
,, n'a pas été embrouillé dans la guerre, &
             ,, qu'el-

„ qu'elle a été affeurée contre toute crainte du
„ côté de la France, par le moyen de la neutra-
„ lité“.   Nous avons veu ci-devant, jufqu'à
quel point la neutralité nous a affeuré; Remar-
quons à préfent, que, s'il faut attribuer uniquement à cette prudente conduite que l'E-
tat eft demeuré éxempt de troubles, que c'eft
par cette même prudente conduite qu'il a été
préfervé de ceux du dedans.   D'où il naît naturellement cette queftion: de quelle manière,
& pour quelle raifon, & avec qui l'Etat auroit'il
été néceffairement embrouillé dans la guerre?
L'augmentation ne fait tort à aucune des Puiffances, comment donc auroit-elle néceffairement dû jetter les fondemens d'une guerre?
Telle Puiffance que ce foit qui nous auroit offenfé à caufe de cette augmentation, auroit agi
contre les Principes du Droit des gens.   Ceux
donc qui nous infinuent, que la France nous
auroit infulté à caufe d'elle,   & nous auroit
embrouillé dans la guerre, répréfenterit la France difpofée à nous infulter par une invafion
contre tout droit, raifon & équité.   Dès Perfonnes qui fe réprefentent ainfi la chofe, comment peuvent'elles en même tems régarder la
neutralité comme le moyen qui nous affeure
contre toute crainte du côté de la France?
Comment peut-on fe repofer fur une Couronne qu'on fuppofe être en état de violer le Droit
des Gens à notre égard, en nous infultant in-
jufte-

juſtement? 2. Par où Meſſieurs d'Amſterdam prouvent - ils que que la prudente Conduite nous a garanti de la guerre? je trouve cette aſ-ſertion ſans preuve. Je comprends que nous pourrons demeurer hors de la guerre avec 100000. hommes, plus facilement qu'avec 30000. Et je comprends avec la Princeſſe Gouvernante, que le moyen le plus efficace de demeurer hors des troubles, conſiſte dans l'aug-mentation des forces par terre. La Raiſon eſt évidente. Car celui, qui, avec la faculté de faire ce que bon lui ſemble, poſſéde auſſi le pouvoir (*) de l'éxécuter, eſt en état d'éffectuer ce qu'il veut. Donc la République étant réſolue à la neutralité entre la France & l'Angleterre, & ayant la faculté ſuivant les Traités de demeurer neutre, & le pouvoir en même tems de ſoûtenir ſa neu-tralité, la République dis-je eſt eſſentiellement dans l'état qui eſt requis pour demeurer dans la neutralité: & ſi le pouvoir n'eſt pas ſuffiſant à cet effet, une augmentation peut en réparer le défaut. Meſſieurs d'Amſterdam ne dénient pas, que le pouvoir de la République ne ſuffit pas, en diſant: *que l'augmentation en queſtion ſeroit trop peu, ſi l'on avoit à craindre une attaque de quel-que ennemi.* Il eſt donc hors de conteſtation, que pour pouvoir maintenir la neutralité, une Augmentation eſt abſolument néceſſaire.

* Faculté morale, & Pouvoir phiſique.

18.

MEMOIRES
POUR SERVIR 'A
L'HISTOIRE
DE NOTRE TEMS,
PAR-RAPPORT 'A
LA HOLLANDE.

18.

SUITE DE LA COMPARAISON DES HA-
RANGUES DES. A. R. MADAME LA PRIN-
CESSE GOUVERNANTE &c. AVEC L'A-
VIS DONNE' PAR E'CRIT DE LA PART
DE LA VILLE D'AMSTERDAM,
SUR LE SUJET DE L'AUGMEN-
TATION PROPOSE'E.

ON dira peut-être qu'on voit *par l'événement*, que la prudente conduite observée jusqu'ici nous a garanti des troubles, parceque nous n'y avons pas été engagé jusqu'àprésent; mais pour ne pas dire, que cet heureux événement pour nous, peut être vraisemblablement attribué à la Bataille de Ros-bach, & aux événements qui l'ont suivis, on donne à considérer, si cette assertion ne donne

S

pas

pas raison de demander d'un autre côté: Si les véxations & les violences réitérées des Anglois, font à regarder comme des effets de cette prudente conduite *uniquement?* Et la même prudente Conduite qui traite avec tant de circonspection & tant de complaisance avec la France, au préjudice même de l'honneur de l'Etat, n'auroit elle peut-être pas *seule* choqué l'Angleterre, & incité la Nation Angloise à nous montrer par des faits, qu'elle veut être autant en autorité entre nous que la France? Cela est seur au moins, que pour observer la neutralité, il ne suffit pas d'éviter les faits, mais même l'apparence, qu'on favorise plus un parti que l'autre. Ce qui fournit encore une preuve, que si l'on mêle la persuasion ou l'Idée de la France, dont il a été parlé, entre les raisons qui empêchent l'augmentation, cela ne marque pas une neutralité mais une partialité en quelque façon.

Je prends la liberté de conclure de tout cela, que l'argument de Messieurs d'Amsterdam n'a point du tout enervé la Proposition principale de S. A. R.; mais qu'il lui laisse toute sa force, savoir: que pour pouvoir demeurer hors des Troubles, maintenir la neutralité, & prévenir tout outrage, une Augmentation des forces est le moyen le plus efficace.

Mais disent ceux d'Amsterdam à quoi bon ces discussions? selon eux, ,, il seroit superflu ,, de s'amuser à une perquisition scrupuleuse

,, des

,, des recherches néceſſaires pour la ſeureté de
,, la République, raiſonnant politiquement, par-
,, ce qu'on comprend, que de pareilles diſcuſ-
,, ſions, ſavoir les Raiſons de Politique & cel-
,, les de finances, ne vont pas de pair." Ce
Raiſonnement paroît déciſif au prémier coup
d'œil : & en effet, il paroît hors de conteſtation, que toute diſcuſſion ſur ce qu'on voudroit
entreprendre eſt en vain, quand les moyens
manquent. On peut pourtant oppoſer; que
ſuivant ce raiſonnement on ne prendroit plus
déſormais en conſidération les circonſtances des
tems & des choſes : ſavoir, ſi elles nous preſſent
& demandent des efforts? s'il ne vaut pas mieux de
ſacrifier une partie de ſes Biens en faveur des finances, pour conſerver le reſte? s'il ne vaudroit
pas mieux de ſecourir les finances pour la ſeureté de la Religion, de la liberté, des Biens &
de la vie (toutes ces diſcuſſions ſont traitées
de vaines ſpéculations par Meſſieurs d'Amſterdam) que de regarder ſeulement les finances,
ſi elles ſuffiſent, ou non?

Pour mettre ceci plus dans ſon jour, qu'il
nous ſoit permis de regarder de plus près l'argument pris des finances.

Nous convenons qu'elles ſont fort accablées,
mais nous demandons en même tems : ſi un
Marchand agiroit prudemment, qui, à cauſe
que ſa Caiſſe eſt affoiblie ne feroit pas aſſeurer
ſes Effets en Mer, & par ménage s'expoſeroit à

les

les perdre entièrement? Ces charges ne seroient qu'un prix donné à l'asseurance de la liberté, de la Religion & de ses possessions; & si les circonstances demandent que ce prix soit haussé, qui est-ce qui ne l'augmenteroit de bon cœur, comme les Commerçans ne balancent pas d'augmenter les prix à mesure du danger. Si c'etoit, qu'on ne voyoit que pauvreté, point de richesse dans nôtre patrie, si tous les habitans étoient depourvus des moyens réquis pour la conservation & la defense de la Patrie, les raisonnements de politique se reduiroient à de vaincs spéculations: en ce cas nous nous trouverions dans les termes des tems *Espagnols*; & il ne nous resteroit que de nous offrir à quelque autre Puissance, & d'implorer son sécours: Mais tant que cela n'aura pas place & que l'indépendence sera chere aux Hollandois libres, les discussions des finances ne seront pas séparées non seulement de celles de Politique, & iront de pair avec elles non seulement; mais elles seront toujours subordonnées à la perquisition d'une seureté morale parfaite.

Nous estimons avoir démontré assez clairement, des harangues de S. A. R., que la seureté du Païs n'est pas affermie comme elle le dévroit être, & qu'il est nécessaire de faire une augmentation pour l'affermir, quoique nous convenons que les finances sont accablées. Il ne reste donc que la question: si l'on pourra trouver les moyens de sécourir les finances.

Mes-

Meſſieurs d'Amſterdam diſent que, „ quoi-
„ qu'il ſeroit fort à ſouhaiter, que les forces
„ de la République par terre & par mer fuſſent
„ plus conſiderables, toute conſideration de
„ les augmenter ceſſoit à-préſent, à cauſe de
„ l'état accablé des finances; non qu'ils prétendent, qu'on ne régarde point à la ſeureté du
Païs, ou que les finances ne pourroient point
ſécourir du tout; mais ils croyent, que le
„ mauvais état des finances ne permet pas, de
„ ſonger à augmenter les dépenſes ſans l'ex-
„ treme néceſſité. Ils ſont rejouis, de ce qu'il
„ y a encore des réſources dans le Zéle & l'amour
„ des Citoyens pour la Patrie; mais ils com-
„ prennent auſſi, que c'eſt le devoir de bons
„ Régens, d'avoir ſoin, que de pareils ancres
„ principales ne ſe perdent pour rien, mais
„ qu'il falloit les réſerver à un tems où la Re-
„ publique pouvoit en tirer un avantage eſſen-
„ tiel, qui ne ſe trouvoit pas dans l'augmen-
„ tation propoſée &c.; qu'on doit epargner ſoig-
„ neuſement la derniere reſource qu'on a
„ encore, pour en faire un uſage ſalutaire,
„ quand malheureuſement les choſes viendroient
„ à l'extremité". Nous avons deja vû la poſſibilité non ſeulement, mais auſſi la vraiſemblance, que la République peut être outragée au préjudice de la ſeureté, de l'honneur & de l'independence de l'Etat, & que les argumens que
ceux d'Amſterdam ont allegué, ne ſont

S 3

d'au-

d'aucun poids: la question est donc venue enfin à la
demande: s'il y a des moyens de fécourir les
finances accablées ou non? Madame la Princesse
juge que Oui: „ Qui des fujets ne les porte-
„ roit pas de bon cœur, (les charges) fachant
„ qu'elles ne doivent fervir qu'à défendre la Ré-
„ publique contre tout outrage, & à confer-
„ ver par là fa liberté, & fa Réligion, indepen-
„ dentes du Caprice d'autrui, ainfi que le de-
„ mande l'honneur d'un Etat libre". Ceux
d'Amfterdam ne combattent pas la bonne difpofition des habitans, mais ils veulent que ces
refources ne doivent être employées que dans
l'extreme néceffité; ce qui nous engage à une
nouvelle demande, favoir: qu'entend-on par
cas de l'extreme neceffité? Eft-ce le cas de l'extreme néceffité, quand nous avons perdu quelque millions en Effets fur mer, quand on a
penetré dans le Païs & qu'il eft faccagé? ou eft-ce
la dernière neceffité, quand il eft vraifemblable
que la navigation va être troublée, & vôtre
droit violé par des Trouppes étrangères? les ancres principales doivent-elles être épargnées,
jufqu'à-ce que l'ennemi foit en Marche vers
Amfterdam? font elles perdues, quand nos frontières font défendues? N'eft-ce pas un avantage réel qu'en tire la République, quand la feureté de la Patrie fe repofe fur fes propres forces
& non pas fur la caprice d'une Puiffance étrangere? Et qui niera que c'eft l'extreme neceffité,

fi les moyens qu'on peut encore mettre en ufage
maintenant, nous peuvent être abfolument ô-
tés? Il faut battre le fer pendant qu'il eft chaud,
dit-on; c'eft à dire, que quand on a les moyens,
(qui ne font pas toujours à nôtre difpofition, &
qui nous peuvent être néceffaires) il faut s'en
fervir. Pofé que la force combinée des Autrichiens & des François auroit le deflus, de forte que les alliés fuffent mis hors d'état de défenfe, ou qu'il arrivât le contraire; & pofez
que le parti victorieux par mécontentement
fondé, ou non fondé, vint nous attaquer; comment nous défendre? comment mettre en ufage
les Réfources epargnées? Où jetter les ancres
principales? on ne pourroit pas avoir de Trouppes de l'Allemagne, a prefent comme dans les
autres tems, encore moins d'autres Puiffances,
& la République ne peut former des forces
militaires qu'à l'aide des autres nations, comme
perfonne n'ignore: les vainqueurs ne voudroient pas, & les vaincus ne pourroient pas nous
donner des Trouppes, les Refources en argent
nous feroient abfolument inutiles. Et pofé
que nous en pourrions avoir, ne fuccomberions-
nous pas fous la puiffance de l'ennemi, avant
que nos nouvelles Trouppes fe feroient mis en état
de nous fecourir? Ajoutons à ces confiderations,
que l'Etat eft actuellement fans alliance; il ne
peut compter fur l'affiftance d'aucune Puiffance.
Le peril le plus grand où fut jamais la Républi-
S 4   que

que fut en 1672.; toutes nos Réfources,
nos ancres principales, nous auroient-elles fau-
vés, fi le *Brandenbourg*, *l'Empereur*, & *l'Efpagne*
n'étoient accourrues? Quelles font les Puiffances qui nous fecourreroient maintenant? Et cependant le peril feroit infiniment plus grand dans
le cas que nous réprefentons, qu'en 1672. Qui
ne voit pas, que les refources & les ancres principales, epargnées ne ferviroient alors qu'à mettre l'ennemi d'autant plus en état de nous fub-
juguer? Que fervent toutes les Réfources aux
Saxons, que cet Electorat a plus que d'autres?

„ Il n'eft pas à préfumer difent Meffieurs
„ d'Amfterdam, que les Puiffances engagées
„ dans la guerre, voudroient s'attirer encore plus
„ d'ennemis fur les bras, cela n'eft *aucunement
préfomtif* pour le préfent: mais

1) Ne fe peut-il pas par le fort changeant de la guerre, qu'une des Puiffances qui
ont à prefent les mains toutes pleines, les auroit libres? Il n'eft pas préfomtif à prefent qu'elles nous attaqueroient ; mais la préfomption
donne-t-elle affeurance? Peut-on s'y répofer?
ne doit-on pas veiller & s'armer contre des cas
inopinés auffibien que contre de préfomptifs?

2.) On pofe dans ce Raifonnement, qu'il
n'eft pas préfomtif que la France, comme une
des Puiffances belligerantes s'attireroit plus d'ennemis; & auparavant on avoit affeuré, que cette
Couronne nous auroit effectivement attaqué &
en-

envelopé dans la guerre : Arguments qui se
contredifent non-feulement, mais qui s'entre-
refutent.   Diroit-on pour eviter la Contradiction, que la France l'auroit fait en 1755.
non pas à cette heure qu'elle a les mains pleines,
il s'enfuivroit, que cette Couronne remife en état
comme en 1755. par des operations plus heureu-
fes, pourroit encore, comme foutiennent Meffieurs d'Amsterdam, nous offenfer & envahir
contre droit & raifon : cette Confequence ju-
ftifie & corrobore ma fuppofition.   „ Il n'eft
„ pas non plus préfomtif felon ceux d'Amfter-
„ dam, qu'une Armée fuccombante, pourfuivie
„ d'une victorieufe, chercheroit une rétraite fur
„ un Territoire, où naturellement elle ne pour-
„ roit attendre que de la réfiftance au lieu de l'af-
„ fiftance.   Si cela eft, il eft fort préfomtif
„ auffi, qu'elle chercheroit une retraite fur le
„ Territoire de l'Etat, fi naturellement elle ne
„ peut attendre de refiftance, ainfi cela revient
„ encore à ce que dit S. A. R. “ que le moyen le
plus efficace pour demeurer hors des troubles
fe trouve dans une augmentation des forces du
Païs.   Car nous avons vû que Meffieurs d'Amfterdam font convenus, que nos forces ne fuffifent que pour detourner les avanies & les infultes
des marodeurs &c. mais nullement à détourner
une attaque. Il paroit donc clair comme le
jour, que l'armée fuccombante n'a point à
craindre de refiftance, & il fera donc fort diffici-

S 5

le

le à comprendre comment ces Meſſieurs ont pu prendre pour fondement d'une reſiſtance preſomtive, une naturelle dont ils ont réconnu ouvertement l'impoſſibilité pour le préſent.

Avant que de quitter l'Argument des finances rémarquons encore: qu'il produit peu d'effet ſur l'eſprit de gens que j'ai entendu raiſonner quelquefois de cette façon: Si, diſent-ils, nous conſiderons notre hiſtoire depuis 1748. juſqu'ici, nous trouvons que la contradiction a toujours regné, quand on a parlé d'augmentation de Trouppes, ou qu'on en a voulu licencier; toujours les finances étoient accablées, & dès-là la raiſon de ménage a du prevaloir. Et cependant, par où a été réparé la perte du Breſil que nous avons faite? Par où nous a-t-on reſtitué les Contributions payées aux François & à Münſter, dans le ſiecle paſſé & de nôtre tems? La perte des vaiſſeaux innombrables, qu'on nous a enlevé dans les tems paſſés & maintenant, par où a t-elle été reparée? S. A. R. & le Conſeil des Etats ne diſent-ils pas: „qu'on ſe rapelle „ de la Caſſation qu'on fit après la paix d'U-„ trecht (pour ne pas monter plus haut) con-„ tre l'avis des Généraux & contre les répreſen-„ tations du Conſeil des Etats. Le fameux „ Octroi de l'Empereur, en 1722., pour etablir „ une Compagnie des Indes Orientales ne ſe „ feroit pas fait, ſi la République avoit été „ dans une meilleure poſture. Les dernieres „ né-

„ négotiations ſur l'execution du Traité de Bar-
„ riere auroit eu vraiſemblablement un meil-
„ leur ſuccès, ſi après la Paix d'Aix la Chapel-
„ le la Republique eut pu demeurer armée: à
„ tout compter, le point de ménage nous a
„ fait perdre dix fois d'avantage, que nous
„ n'aurions fait, ſi nous nous étions mis en état
„ de répouſſer force par force. · Qu'oiqu'il en
ſoit, il eſt ſeur, que l'œconomie & le ménage ne
ſatisfont pas à leur but, quand ils nous expo-
ſent à plus perdre que nous ne profitons. Il eſt
certain, que c'eſt le devoir *de fidelles & bons
Regens d'avoir ſoin que ces ancres principales ne
ſe perdent envain;* Mais il n'eſt pas moins leur
devoir d'avoir ſoin, que la patrie demeure dans
l'état de ſeureté, d'honneur, & d'independence,
dans lequel ils l'ont réçu de nos péres. „ Car
„ ſi l'on veut rémettre à la poſterité (ce ſont les
„ paroles de S. A. R.) la Republique conſervée
„ dans ſa liberté, ſa Religion & dans ſon inde-
„ pendence, que perſonne ne s'imagine, que
„ cela ſe puiſſe faire, en laiſſant le pais deſtitué,
„ dans ces circonſtances, d'une force ſuffiſante.

On croiroit, à lire le paſſage où ceux d'Amſterdam parlent des Reſources (que notre Province a plus que les autres) que depuis 10. ans
toutes les charges étoient démeurées ſur le même pied, à la réſerve ſeulement du 200me denier ſur les Maiſons: mais ne doit-on pas ajouter à l'abolition du 200me .denier quelques au-

tres

tres taxes *ordinaires & extra- ordinaires?* La quotisation personnelle n'a-t-elle pas été entierement abolie depuis les derniers troubles? La charge sur le blé à moudre n'a-t-elle pas été diminuée de 10. fl. à l'introduction des Collectes? autre chose n'a-t-il pas été dechargé en partie? Les impots sur les tavernes, la bierre, le vin, les boissons fortes, sont ils les mêmes? N'a-t on pas accordé plusieurs avantages à la navigation, & particulierement aux pêches d'Islande, de Groenlande & du Détroit? N'a-t-on pas exemté cette dernière de toute charge sur la consomption?

Dans la supposition, que nous n'avions pas à craindre d'être insultés des Puissances belligerantes, Messieurs d'Amsterdam disent: „ si ce n'e-
„ toit que pour detourner les avanies & les In-
sultes des Marodeurs &c. le pied sur lequel se trouvent les troupes de l'Etat suffisoit. Donner
„ un tour ridicule à des Raisonnements serieux,
„ en des choses serieuses, cela asseurement pa-
„ roit contre le Respect dû aux Régens. Mes-
„ sieurs d'Amsterdam n'ont qu'à lire encore une
„ fois la harangue de S. A. R. pour voir clairement, qu'il s'agit de detourner toute sorte d'insultes, qu'elles qu'on les puisse nommer.

Mais disent Messieurs d'Amsterdam, „ si l'on
„ avoit sujet de craindre une attaque ennemie,
„ une augmentation de 13450. hommes est
„ trop petite". Qu'il leur plaise de me permettre de faire sur cela les Reflections suivantes.

1.) Qu'on

1.) Qu'on met ici deux extremités, fans un milieu. N'y a-t-il pas d'autres cas entre les avanies de Marodeurs &c. & une attaque contre laquelle nous ne pourrions pas tenir avec cette augmentation? Ne fe peut-il pas, que l'une ou l'autre place put être furprife, quelque Fort, quelque Paffage occupés? N'y a-t-il pas mille cas, où l'honneur & l'independence de l'Etat pourroit être offenfés?

2.) Suppofé, que nous pourrions mettre en Campagne 20000. hommes, & que nous euffions à craindre une attaque de 30000., une augmentation de 13000. certainement aideroit beaucoup. Plus nous augmentons nos forces, plus nous obligeons auffi celui qui nous veut attaquer d'employer de plus grandes forces, à faire plus de dépenfes; nous rendons l'attaque plus difficile & moins pratiquable, à qui l'entreprendroit facilement, s'il n'avoit qu'à entrer dans le pais, & entretenir fes troupes de la bourfe des habitans. Qui niera, que nous ne foyons plus en état de détourner un danger avec 13000. hommes de plus, que 13000. hommes de moins.

3.) Je doute fi Meffieurs d'Amfterdam ont fait réflection, qu'on peut démontrer par leur raifonnement même, que notre force n'eft point neceffaire en géneral; & que la Province de Seelande fe peut excufer fur ce fondement, difant: que parceque nos forces ne

fuf-

fuffifent pas pour repouffer une attaque; elle profite de l'occafion, pour rétrancher le fuperflu, au redreffement de fes finances.

4.) On peut retorquer ce même Raifonnement, fur l'Equippement de vaiffeaux, & dire: qu'une augmentation de 12. vaiffeaux étant trop petite pour refifter à la force des Anglois par mer, il feroit fuperflu, inutile & malfait, d'equipper des vaiffeaux. D'où il refulteroit donc: que S. A. R. & le Confeil des Etats n'ont pas demandé fans fujet, à la petition generale de guerre en 1757. ,,s'il ,, ne feroit pas bien fait, de vendre les ma- ,, gazins du païs, les vaiffeaux, canons, avec ,, tout ce qui y appartient, d'acquitter du pro- ,, venu les Capitaux empruntés autant qu'il ,, fuffifoit, de diminuer les droits fur les Mar- ,, chandifes qui entrent ou qui fortent, & de ,, les abolir entierement peu à peu, & de laif- ,, fer aux Negotians le foin pour eux mêmes. Que diroit-on de quelqu'un chargé de dettes, & qui méprifant l'occafion d'epargner tous les jours, par où il pouvoit avec le tems acquitter fes dettes, raifonneroit ainfi: ces 10. florins que je gagne aujourd'hui ne me peuvent pas fauver; ceux de demain, après demain, non plus; ainfi n'y fongeons pas.

Si une augmentation n'eft pas fuffifante à repouffer efficacement une attaque; elle nous peut donner occafion à gagner du tems, pour mettre en œuvre d'autres moyens.

Il paroit par toutes ces Raisons 1) que les Provinces de Gueldre & Overyssel sont justement en peine. 2) que S. A. R. a eu raison de favoriser le sentiment pour l'augmentation; 3) que les Raisons contraires ne sont d'aucun poids.

L'appel des Troupes, en Allemagne actuellement, au service de l'Etat, plait assez à Messieurs d'Amsterdam, comme pas à Charge des finances; mais cette condescendance étant clausulée & ne faisant rien aux raisons contre l'augmentation, nous la laissons-là. Nous dirons quelque chose touchant l'article de l'Avis de Messieurs d'Amsterdam où ils disent,,qu'on voyoit ,, encore tous les jours que le pavillon de ,, l'Etat est violé, que le commerce, la source & le nerf de l'Etat, est troublé par une Puissance dont on &c. Je suis bien eloigné de défendre les Anglois, je verrois au contraire avec plaisir empécher leurs exactions par de bons Coups de Canons. Mais attribuer leurs exactions à la Puissance, n'est-ce pas aller trop loin, est-elle juste cette imputation, bien considerée? La Couronne réconnoit-elle ces violences? Les Anglois feroient-ils bien de mettre sur le Compte de l'Etat, le Commerce défendu de plusieurs de nos Marchands, qui favorisent la France contre les Anglois? Asseurement non. Pourquoi donc imputer à la Couronne ce que font les Capres de leur chef, & desquels les Anglois eux-mêmes se plaignent, qui peut-être y perdent encore d'avantage.

Et si l'on reflechit sur le silence sur ce qu'on a occupé Ostende & Nieuport, tout comme s'il n'etoit point arrivé; que cette occupation n'a pas été faite par des Capres, mais sur les ordres de la France & d'Autriche, contre le but & la lettre expresse des Traités; que notre Droit a été violé par là, notre seureté alterée: Les Anglois ne nous accuseroient-ils pas de partialité; & ne courrons-nous pas risque de tomber de la Neutralité dans une guerre avec cette Nation, qui troubleroit encore beaucoup plus nôtre Commerce, la source & le Nerf du Bien de l'Etat, & accableroit infiniment plus les finances, qu'une augmentation de 13000. hommes?

Les harangues de S. A. R. & l'Avis de Messieurs d'Amsterdam étant comparés, je puis conclure avec certitude; que ce dernier quoique fort etendu sur le pappier, n'opere en aucune partie contre les harangues de la Princesse.

MEMOIRES
POUR SERVIR 'A
L'HISTOIRE
DE NOTRE TEMS,
PAR-RAPPORT 'A
LA HOLLANDE.

19.

LETTRE DE S. A. R. MADAME LA GOU-
VERNANTE AUX NOBLES ET PUIS-
SANTS SEIGNEURS LES ETATS DE HOL-
LANDE ET WESTFRISE, ECRITE
'A LA HAYE, LE 14. DE DE-
CEMBRE 1758.

NOBLES ET PUISSANTS SEIGNEURS!
ET BONS AMIS!

Ous avons bien réçu Vôtre Lettre, Nobles & Puissans Seigneurs, du 27. Sept:
passé, contenant une démande de
nôtre avis sur la réquête y jointe, que les Patrices de Harlem vous avoient présenté, se plaignant
de l'élection que nous avons faite de Salomon
van Echten Bourguemaitre de la dite ville, &
tendant à ceque Vous vouliez bien les main-

T   tenir

tenir dans leurs Privileges, & fpeciellement dans l'Octroi & le Privilege de 1651, Et de prendre de telles mefures que felon vôtre grande Sageffe Vous jugeriez à propos à cette fin.

Pour fatisfaire à vôtre intention, Nobles & Puiffants Seigneurs! Nous eftimons néceffaire de Vous informer avant tout, de ce qui s'eft paffé quelque tems auparavant entre la Régence de cette ville, & Nous fommes affeurés, que vous ne ferez pas moins étonnés & dedaignés de l'entreprife de ces 18. Perfonnes des Patrices. Vous comprendrez auffi, Meffieurs, que le Caractère eminent & la dignité dont nous fommes révétue dans ces Provinces, en dévroit être garanti; & pour cette raifon, Vous approuverez qu'en fuppeditant nôtre avis, nous ne prétendons nullement nous compromettre avec ces 18. perfonnes, encore moins Nous mêler de difputer avec eux, fur les Droits inconteftables de nôtre fils, Gouverneur héréditaire de ces Provinces, ou de les défendre contre eux. Si Nous entrons néanmoins dans cette matière, ce n'eft qu'afin que Vous puiffiez juger N. & P. Seigneurs! fi leur Conduite n'eft pas fort éloignée des principes d'un Gouvernement bien réglé; & que, fi ces gens feroient imités malheureufement, par d'autres, il en refulteroit, que dans la fuite, les Loix, les Coutumes & ufages ne feroient plus la Régle du Gouvernemens de ces Provinces & villes; mais que par

un

un pouvoir arbitraire on feroit ce qu'on jugeroit de sa Convenance; mais Nous sommes convaincus, que personne ne voudra soutenir, qu'un tel Gouvernement puisse prosperer.

Il y a plus de trois ans environ, que Nous fumes instruits, que 20. des 32. des Patrices de la ville de Harlem s'étoient ligués, à l'exclusion de 12. de leurs Collegues, & que Mr. *Jacques Deutz* étoit à la tête de cette cabale. L'un & l'autre, ne Nous étoit pas vraisemblable: Le premier, parcequ'il ne pouvoit pas être inconnu aux Régens de Harlem, à ceux au-moins qui étoient dans la 'Régence avant l'an 1748., que la Correspondance, qui subsistoit dans cette ville, lorsque feu Nôtre Illustre Epoux parvint au Gouvernement de ces Provinces, fut formellement annéantie sur son avis, comme opposée aux Loix fondamentales du Gouvernement, & dérogeantes à l'autorité du Gouverneur, comme les Régens d'alors le comprirent fort bien; Et lorsque la Régence fut changée en 1748. il fut ordonné expressement par les Commissaires, que les Régens veilleroient soigneusement, que dans la suite il ne se formât pas de Correspondance, ce qui fut accepté de chacun d'eux. Et le second, parceque le dit Mr. *Jacques Deutz* est un de ces Régens, qui ont représenté à feu Notre Illustre Epoux l'abus de cette correspondance, durant laquelle il avoit été privé de sa

T 2

char-

charge de Baillif de Remaemerland & de tous ſes autres offices. Et dépuis il devint par éſection de feu Notre Illuſtre Epoux, Hoogheemraad de Rhynland non ſeulement, mais auſſi Bourguemaitre de la ville. Nous jugeames donc juſte de Nous informer de l'affaire, & trouvames que l'un & l'autre n'etoit que trop vrai.

Nous comprimes auſſitot l'indécence de ce fait, par lequel les Privileges de Harlem & les Conſtitutions du Gouvernement ſeroient entierement renverſées, & 12. hommes de la Régence privés du Droit qu'ils avoient egalement avec leurs collegues, & dont ils ne pouvoient être privés, que pour des crimes, qui anéantiſſent le Droit de Bourgeoiſe, ou pour d'autres raiſons fondées dans les Droits & dans les Privileges, & que par conſequent une telle entrepriſe ne pouvoit abſolument être permiſe. Nous connoiſſons Nôtre devoir, de conſerver partout dans ces Païs une bonne Police, de maintenir les Villes & Perſonnes dans leurs Droits & Privileges, & de faire ceſſer au contraire tout les abus & deſordres; Mais au lieu de faire d'abord uſage de nôtre autorité legitime & de detruire immédiatement la Cabale, Nous préferames par une inclination naturelle à la moderation, les voies de douceur; Nous mandames l'un & l'autre des ligués, & en les entretenant

tenant de leur accord entre eux, Nous les ex-
hortames à s'en defister, alleguant les raisons
pourquoi cela se devoit faire sans rétardement.
Mais la Réponse que nous eumes tendoit moins
à nier la ligue ou à la justifier, qu'à l'excuser &
lui donner des couleurs, entre autres par cela:
qu'elle ne renfermoit rien au préjudice des
Droits de Nôtre fils.   Néanmoins Nous jugeames par ce qui s'étoit passé dans les entre-
tiens, avoir raison de nous attendre, qu'après
avoir bien réflechi sur l'affaire, les ligués son-
geroient aux moyens de la redresser: Au moins
nous nous y attendimes, mais l'issue en fut,
qu'à la prémiere Nomination des Bourguemaîtres en 1756. deux de ces 12. Exclus, Salomon van Echten & Mr. Daniel Jan Camerling
furent passés, on leur préfera deux autres de
la ligue; ce qui marqua assez clairement, que
la ligue subsistoit toujours.   Nous en temoigna-
mes Nôtre surprise & Nôtre déplaisir, en les
dehortant souvent de cette manière d'agir ;
Mais en consideration que les Personnes qu'on
avoit passé, ne s'en plaignoient pas à Nous,
& que nous esperions toujours que nôtre mo-
dération méneroit plutôt les ligués au droit chemin, Nous avons fait, avec Récommendation
serieuse pourtant, pour l'avenir, l'election du
nombre de ceux qu'on avoit nommé; ce que
les Ligués Nous ont objecté après comme une
approbation de leurs faits.   Nous n'en sommes

<table><tr><td>T 3</td><td>pas</td></tr></table>

pas démeurés là , mais Nous avons de tems en tems entretenu l'un & l'autre de la Cabale pour prévenir les suites desagréables & les difficultés qui en pourroient résulter , mais le tout sans effèt.

Cependant, le tems de la nomination des Bourguemaîtres pour l'an 1757. approcha, & les Ligués étant accrus au nombre de 21. par la mort d'un des 12. exclus, ils continuerent leur conduite illicite, passant dans la nomination Mr. Justus Witte, Mr. Floris van Zanen, & Salomon van Echten, tous les trois du nombre des Personnes exclues, & qui de droit auroient dû être nommés, en vertu des Privileges & de l'usage très ancien. Cela fut cause, que les trois personnes résusées protesterent contre la Nomination, comme illegale, & les 8. autres des Patrices se joignirent à eux, pour en porter immediatement leurs plaintes à Nous, démandant Rédressement, & d'être maintenus dans les Privileges de la ville ; ils rémirent en même tems une Nomination, telle que selon eux, elle feroit conforme aux Privileges de la ville. Nous réçumes alors la nomination qui avoit été formée par les 21. autres des Patrices, avec requisition d'en faire l'élection: Mais ces deux démandes étant diametralement opposées, Nous en donnames Connoissance à la Régence en Corps, & de Nôtre dessein de nommer des Commissaires pour discuter cette affaire , & Nous en faire
leur

leur Rapport; Nous en donnames la Commiſſion à Mr. *de Waſſenaar de Catwyk*, de l'Ordre
des Chevalliers & Nobles de cette Province, &
à Mr. *van der Duſſen* Conſeiller & Chef dans
cette ville, qui ajournerent les deux parties pour
les entendre, & pour voir, s'il n'y avoit pas
moyen d'accommoder convenablement cette
affaire & de rétablir la Concorde & la Paix entre les Perſonnes de la Régence? Nous ne répe-
terons pas ce qui s'eſt paſſé là-deſſus, ni le dé-
ſagrement que nous en eumes, parcequ'il
vous ſera encore en fraiche mémoire N. & P.
Seigneurs! & qu'il Nous écarteroit trop loin de
Nôtre but en détaillant la Cabale & les actions
de ceux qui en étoient.   Dans vôtre Réſolution
du 19. de Nov. 1757. il vous avoit plu N. &
P. Seigneurs, de Nous prier entre autres, de
Nous employer pour concilier au moins par Nôtre interceſſion les troubles qui s'étoient élévés,
& de retablir, s'il étoit poſſible, la harmonie
entre les Régens; d'exhorter en même tems les
Seigneurs de Harlem, d'y contribuer de leur
poſſible.   Ce deſſein ſalutaire répondant pleinement à Nôtre Idée & inclination, Nous avons
auſſi employé tous les moyens imaginables en
propre Perſonne & par Nos Commiſſaires, &
où enfin, après bien des négociations avec les
deux parties, & pluſieurs propoſitions qu'on
leur avoit fait, cette affaire en vint là, que quelques points & articles projettés furent agréés des

T 4

deux

deux côtés, par lequels les troubles devoient être
aſſoupis & en même tems prevenus
pour l'avenir. Il y en avoit *deux*, ſur
leſquels l'accommodement s'appuyoit principalement: le *premier*, d'être libre de tout engagement d'un côté comme de l'autre; & le
ſecond, de ne pas exclure dorenavant perſonne
de la nomination par haine, par envie ou par
quelque autre raiſon. Les Exclus étoient prêts
d'y donner leur conſentement, mais les ligués
faiſant reflexion ſur les paroles ſuſdites: *ou par
quelque autre raiſon*, firent enſuite difficulté de
le mettre par écrit: ils diſoient, qu'il ſuffiroit
d'en convenir de bouche. Mais un autre point
touchant la ſatisfaction de Mr. Juſtus Witte,
qui dévoit être nommé à la place d'un autre,
qu'on avoit nommé, & auquel on penſoit
donner une Commiſſion, ſervit d'acheminement
aux Ligués, à rompre la négociation ſi fort a-
vancée déja. La nature de la choſe démandoit
donc de réprendre la Cauſe par les griefs contre
les Ligués, qu'on leur devoit communiquer pour
y repondre; cela étant prêt de s'executer, Nous
fumes inſtruits, que les Ligués avoient pris la
Réſolution de ſacrifier au feu l'Acte de l'engag-
gement; & peu de tems après Nous apprimes,
qu'à l'occaſion de la Commiſſion dans le Conſeil d'Etat, qui devoit être conferée par la Chambre des Bourguemaîtres de la Ville de Harlem,
il y avoit apparence de recommencer les Négo-
cia-

ciations interrompues, qui réellement furent
réprifes, & menées fi loin, que, pour des raifons alleguées par les Ligués, les deux points fur
lefquels on differoit, furent rémis à être réglés
après l'Election des Bourguemaîtres, que Nous
allions faire; On défera à Mr. *Gysbert Jan van
Bruyn* la Commiffion dans le Confeil d'Etat,
& Mr. *Juftus Witte* fut nommé à fa place: fur
cette nomination Nous nous prétames auffitot à
l'élection, Nous perfuadant, que toute diffention étoit fur le point d'être accommodée;
Nous ne pouvions pas penfer autrement, à
moins de foupçonner la bonne foi des Ligués
fans néceffité, l'arrangement fusdit ayant été fait
avec toute l'apparence de fincerité & fans être
écrit; on avoit fait fuffifante promeffe dans
les Conferences ténues fur ce fujet, d'apporter
toute facilité, à régler au moins les deux points
indecis, avant le tems du changement de la
Régence. Nos Commiffaires de leur côté a-
voient promis de faire tout leur dévoir, pour
Nous perfuader d'y contribuer auffi, & principalement, de confirmer certain Réglement,
projetté par les Patrices de la Ville de Harlem
en 1752. pour lequel Nôtre approbation avoit été
démandé, pour mettre fin à toute difcorde. Mais
Nous nous trompames. Nos Commiffaires ren-
trant en Conference avec les deux Parties, ne
trouverent pas la facilité fur quoi ils avoient fait

T 5

état

état, & se virent obligés enfin, à faire la proposition à tout le Corps des Patrices, de mettre pour
base d'assoupissement de ces troubles le susdit
Reglement projetté en 1752. & de le perfection-
ner par le moyen de deux ampliations pour le
présent & pour l'avenir.   La premiere de ces
Ampliations fut inserée dans le 6.me Article, où
il est parlé de la Nomination, en ces termes :
*Sans en exclure personne par haine, par envie,
ou par quelque autre raison*; Et la seconde dans
le 15. Article, où il est parlé de l'observance de
ce Reglement en ces termes: d'ailleurs tout le
Corps des Patrices ont declaré pour plus grande
asseurence d'amitié & d'harmonie, de se désister
de tout engagement pour toujours, promet-
tant aux autres en gens d'honneur, de n'en prendre jamais separement, mais de se comporter
toujours comme il convient à des personnes
d'un même Corps.   Mais la réponse que Nos
Commissaires réçurent là-dessus contenoit, que la
plûpart des personnes du Corps des Patrices, y
ayant fait reflexion, trouvoient, que la première Ampliation renfermoit des choses directement opposées aux privileges de l'Etat, & que du
contenu de la 2.me Ampliation il ne resulteroit
que dispute, troubles & beaucoup d'inconveniens, & que par consequent ils déclinoient la
proposition.   Nos Commissaires comprennant,
que rien ne s'accordoit moins avec le contenu
de leur Commission & leur vraie intention, que

de

de faire des propofitions de cette Nature, ayant
declaré dans toute cette negociation, de bouche
& par écrit, que Nous comme eux n'envifa-
gions autre chofe, que de retablir le repos
& l'harmonie entre les Régens, & de conferver les
Privileges, tachoient bien d'obtenir un eclaircif-
fement, & furtout une défignation des Privileges auxquels la propofition feroit contraire,
mais en vain.   Ainfi la Negociation fut rompue abfolument. Le tems de la Nomination étant
venu le 7. Sept. 1758. l'affaire fut tellement
dirigée, que Samuel van Echten en fut exclus
la troifieme fois : il protefta contre, & en même tems avec les autres exclus, porta fes plaintes à Nous, afin que Nous réparions ces Griefs
& ces outrages continuels.   Nous reçumes auffi
une Nomination conforme aux privileges de la
Ville ; & celle faite par les gens ligués.   De
ces deux Nominations à la charge de Bourguemaitre, Nous élumes Samuel van Echten, &
le fimes connoître aux Officiers de la Ville de
Harlem, avec charge de le mettre en poffeffion
de la charge, en prenant de lui comme des autres Bourguemaitres élus, le Serment ufuel.
Nous paffons fous filence ce que Meffieurs Jacques Deutz, & Mathieu Guillaume van Val-
kenburg ont entrepris en cette occafion dans la
chambre des Bourguemaîtres, & ce que l'on a taché
d'effectuer, en affemblant illegalement les Patrices, & par les extravagances qu'on a fait,
Nous

Nous fumes obligés pour empêcher que le feu de la difcorde ne gagnât de l'hôtel de la ville entre le peuple, de procurer fi non une moderation, du moins quelque circonfpection ; auffi 18. des Ligués, dont le nombre étoit accru à 22. par la mort d'un des exclus, ont pris la Réfolution de s'addreffer à Vous N. & P. Seigneurs, pour la fin marquée dans les préliminaires. Quatre de ceux qui avoient figné le Contract brulé, n'y paroiffent pas: pourquoi? c'eft ce que Nous remettons au tems de dévoiler, par lequel Nous attendons auffi que Nôtre Conduite équitable & légitime dans ce cas-ci comme auffi en d'autres fera mis enfin au deffus de l'atteinte des imputations des fautes dont Nous Nous réconnoiffons Innocente & libre envers la Hollande : n'ayant d'autre but que de foutenir Nôtre autorité légitime, les Droits de Nôtre Fils, & d'améner dans ces villes, dans ce Païs & à fes habitans tout ce qui peut effentiellement faire leur bonheur.

C'eft ce que nous avions à Vous répréfenter N. & P. Seigneurs, & comme Nous avons fait fuccinctement ce récit hiftorique, fans y mêler Nos réflexions de propos déliberé, pour ne point Vous prévenir N. & Gr. Puiffances! Nous croyons, que Vous y aurez trouvé abondemment matiére d'être furpris auffi bien qu'indigné de l'enchainement de cette affaire, & que Nous avons de juftes raifons de ne point Nous
mê-

mêler de ces 18. Perſonnes particulieres des Patrices, qui en rompant le bon ordre dans l'Etat, ont depuis trois ans continuellement excité des troubles dans la Régence, ſans donner aucune attention à Nos Répreſentations du domage qui en reſulteroit pour le Païs, pour la ville, pour leurs Perſonnes & familles: Auſſi ne pourrons Nous pas admettre, que ces 18. Particuliers des Patrices, qui ſe ſont érigés en Parti contre Nous, & en conteſteurs des Droits de Nôtre Fils, puſſent déliberer & réſoudre en cette affaire, en vertu de la pluralité qu'ils s'attribuent, comme s'il étoit impoſſible qu'en des cas particuliers quelcun pouvoit être juge & partie à la fois.

Nous n'alleguons point cela, pour nous ſouſtraire de donner plus de lumière à la Cauſe, non, il n'y a aucune raiſon pour cela. Nous ne craignons pas de mettre devant les yeux de tout le monde Nos actions, & encore moins devant les Vôtres N. & P. Seigneurs! de qui la juſtice ne ſouffrira jamais que les droits légitimes de Nôtre Fils, Gouverneur Héréditaire de ces Provinces, ſoyent diminués; Vôtre Sageſſe eſt trop grande pour ne pas pénétrer que tout Retranchement fait à l'autorité de Gouverneur, eſt directement rétrancher l'autorité de la Régence même, & une violation de la Conſtitution préſente, que tous les Régens du Païs ont promis par ſerment de ſoutenir.

Il y a plusieurs choses à rémarquer ici, que, pour éviter la prolixité, & pour être distincte, Nous réduirons aux articles suivants:

Que c'est une chose illicite, répugnante à tout gouvernement bien réglé, que de former une Cabale, pour exclure ses Co-Régens; & que tout ce qui en est fait ou conclu n'est d'aucune validité; que la coutume & les Privileges de la ville de Harlem ne permettent pas, que personne put être exclu de la nomination si c'est son rang, sans des Raisons légitimes.

Que c'est du devoir du Gouverneur, de changer les Magistrats & les loix, comme il a été fait à l'occasion de ces deux nominations, suivant la Régle de ces Privileges. Et enfin, que l'Octroy de 1651. n'est pas ici un objet de Differend.

Les ligues particulieres dans un Corps de Régence ne sont absolument pas permis; la simple proposition decide cette question; parceque par ce moyen en changeant la face du Gouvernement de l'Etat, la forme intérieure change aussi des Personnes du Corps de la Régence dépossedés de leurs Droits; leur honneur est offensé, ils sont prostitués aux yeux de la République comme s'ils étoient indignes de leurs Places, & d'être admis aux affaires & à leurs charges. Il n'est pas nécessaire d'en dire d'avantage, tout homme d'honneur en pensera de même.   Or il se trouve que le nombre des
Ma=

Magiftrats de la ville de Harlem a été mis à 24.
en vertu d'un Privilège de Marie de Bourgogne
le 24. de Mars 1546. ce qui demeura ainfi,
jufqu'à 1581. où fur leur réquifition Prince
Guillaume I. d'heureufe memoire les augmen-
ta à 32. ce Nombre fut reduit par Vôtre Octroi
N. & P. Seigneurs de 1718. le 22. Febr. en
conformité du Privilege fusdit, à la Requifition
de la Régence de la ville de Harlem, pour des
Raifons y alleguées; & dernierement ce nombre
a été encore porté à 32. en 1748. le 7.
d'Octobre par la difpofition de feu Nôtre Illuftre Epoux: fi donc 12. perfonnes de ce nombre (10. au moins) font exclues des charges &
emplois de la ville, par un accord que les autres
en plus grand nombre ont fait entre eux, foit
par écrit ou de bouche, il eft clair, que la vraie
Conftitution du Gouvernement eft renverfée,
& l'adminiftration des affaires demeure entre les
mains d'autant de perfonnes, qui fe font liguées
d'exclure leurs Collegues; le nombre des Régens
eft diminué fans privilége ni Octroi non feulement, mais directement au contraire, & reftraint
à autant qu'il y a de ligués.   Nous ne dirons rien
des fuites pernicieufes, des effets que pourroit
avoir une telle Cabale, au grand dommage des
villes & du Pais; chacun voit au premier coup
d'œil que cette chofe eft plus dangereufe qu'elle ne peut être réprefentés.

Nous

Nous difons feulement, que, la Cabale étant vicieufe & illegitime en elle même, tout ce qu'elle fait au préjudice des autres, eft nul & non valable, & Nous eftimons, qu'il Vous feroit fort ennuïeux N. & P. Seigneurs, fi Nous ajoutions un feul Argument pour le prouver.

MEMOIRES
POUR SERVIR 'A
L'HISTOIRE
DE NOTRE TEMS,
PAR-RAPPORT 'A
LA HOLLANDE.

20.

SUITE DE LA LETTRE DE S. A. R. MA-
DAME LA GOUVERNANTE AUX NO-
BLES ET PUISSANTS SEIGNEURS LES
ETATS DE HOLLANDE ET WEST-
FRISE, ECRITE DE LA HAYE LE
14. DE DECEMBRE 1758.

NOBLES ET PUISSANTS SEIGNEURS
ET BONS AMIS!

Peut - être douté - t'on, si jamais
quelqu'écrit de la ligue ait existé? Nous déclarons donc, que
Nous avons été assuré sur ce sujet, puisque
ceux mêmes qui ont signé le Contract, l'ont
avoué à Nous en propre Personne, & c'est

H   d'eux,

d'eux, que Nous savons auffi, que l'acte fait là-deffus, a été facrifié au feu, afin qu'il n'en put refter la moindre toute. Nous fouhaiterions pouvoir affirmer avec autant de fondement, qu'avec le brulement de ce Contract, le préjugé, le mécontentement, la difcorde euffent ceffés; mais cela n'eft pas, à Nôtre grand régrèt. Difons auffi quelques mots de la Coutume de Harlem, fondée fur les Privileges de la ville, qui ne permet pas, que quelcun qui eft en rang, foit exclu de la nomination, fans des Raifons legitimes. Pour mettre cela dans fon jour, il eft néceffaire de rémonter dans l'hiftoire des tems paffés, & de Vous informer N. & P. Seigneurs, que lorfqu'au commencement du XV. Siecle la difcorde entre les Régens étoit montée à un tel degré, il y avoit à craindre des meurtres & d'autres grands inconveniens, le Duc Albrecht de Bavière, pour prévenir ces maux & retablir le Répos, a ordonné par Privilege du 4. de Mars 1402. trente trois hommes, qui y font nommiés, d'entre lefquels le Duc éliroit tous les ans à St. Gertrud 7. Echevins, & ces 7. Echevins éliroient tous les ans à l'Anonciation, d'entre les 26. autres 4. Confeillers, qui depuis ont reçu le Nom de Bourguemaitres. Ces 7. Echevins & 4. Confeillers dévoient être dans l'office durant l'efpace

d'un

d'un an, pas plus long-tems. Et pour bien connoitre les raisons de cette discorde, & les moyens de la faire cesser, il suit une autre ordonnance en ces termes: *& celui qui a été Echevin ou Conseiller ne le deviendra plus, avant que chacun de ces 33. Personnes à été Echevin & Conseiller, c'est à dire: que chacun des 33. est dans le même Droit comme l'autre.*

De plus lorsqu'en 1445. il s'éleva de nouveaux troubles à Harlem. Philippe Duc de Bourgogne ordonna par Privilege du 7. Sept. 1445. pour les appaiser: *que les Patrices de la Ville de Harlem après avoir publiquement preté serment pour cet effet, eliroient 84. Personnes des plus riches, plus honnettes, régulieres, & paisibles de la ville, de quelle condition qu'elle soient; sans en exclure quelcun par haine ou envie, ou par quelque autre semblable raison. Ces 84. Personnes doivent nommer & elire tous les ans deux jours avant S. Marc, 22. Personnes des plus riches, des plus honnetes, des plus regulieres, & paisibles de la Ville, de quelle Condition qu'elles soyent, sans en exclure personne comme il est préscrit, & les doivent presenter à Nous ou à Nos Commissaires, pour en elire 4. Bourguemaitres 7. Echevins &c.* Mais ayant trouvé que ce nombre de 84. étoit

trop

trop grand , & que cela caufoit que fouvent ils ne pouvoient pas s'accorder, il a été diminué à 44., par octroi du même Duc en 1453. le 18. Fevrier. Cet Octroi étant aboli par le Duc Charles de Bourgogne , il s'éleva encore des troubles pour la Régence dans cette ville. Il fut donc ordonné fur la demande de ceux de Harlem, par Octroi de Marie de Bourgogne , en 1476. *que déformais & par tous les tems, ces 24. Perfonnes élues des Patrices de Harlem, AP-PELLE'ES PAR LEURS NOMS , dévoient élire, fur leur ferment, 22. Perfonnes des plus riches, honnettes & paifibles de la ville de Harlem, SANS EN EXCLURE QUELCUN PAR HAINE OU ENVIE, OU POUR QUEL-QUE AUTRE SEMBLABLE RAISON; de ces 22. perfonnes feront élus tous les ans, deux jours avant St. Marc, où c'eft la coutume de renouveller Notre Droit, 8. Perfonnes des plus honnettes & des plus paifibles, qu'on préfentera à Nous ou à Nôtre Commiffaire &c.* Cet octroi qui a été confirmé encore par l'Archiduc Philippe en 1495. le 7. Dec. s'eft derangé par les troubles fuivants. Depuis ce tems on ne trouve plus de Privilege ou octroi de lui ni des Comtes fuivants, fur le fujet de l'élection des Magiftrats : Nous ne touchons pas ceux du Prince ce Guillaume I. de glorieufe memoire, ni les Votres N. & P. Seigneurs, lorfque ces Provinces n'avoient pas de Gouverneur, ni ce qui a été ordonné par feu Notre Illuftre Epoux, le 7. d'Octobre 1748., Notre but étant de Vous faire rémarquer N. & P. Seigneurs, que les fondements de la Régence de Harlem ne fouffrent abfolument pas des fciffions, ni des Complots & Cabales, pour porter préjudice à quelcun.

Dans le Privilege de 1402. il eft donc clairement ordonné, que tous les Patrices doivent dévenir Bourguemaitres & Echevins à leur tour, & que Perfonne ne le doit rédevenir avant que les autres ne l'ayent été, & que tous étant egaux, jouiffent du même Droit. Tel eft auffi le Privilege de Philippe de Bourgogne de 1445., celui de Marie de Bourgogne de 1476. fans qu'il fe trouvât le moindre ombre que depuis il eut été revoqué. Nous eftimons fuperflu de nous y arrêter. Car il eft averé, que les Régens font egaux entre eux, & que perfonne ne doit être exclus par haine: il s'enfuit naturellement que la Cabale qui y tend, ne peut pas avoir place. Qu'on ne s'imagine pas, que ces Privileges & Octroys foyent abolis, parceque dans les ordonnances qui depuis ont été faits, touchant l'é-

U 3   lection

lection des Magistrats, il n'en est pas fait mention expresse, ni fait quelque disposition en forme: par exemple, que le nombre de 80. étoit reduit & fixé à 44. 33. 24. & 22. Car il n'est rien de plus certain, si non, que les derniers Privileges & Octroys ne derogent pas les précedens, que dans les choses seulement qui y sont expressement marquées, ou qui ne sont absolument pas compatibles avec les précedens, ou qu'elles soyent abolies en termes exprès: ce qu'on ne trouve pas dans ceux-ci, ni ne peut être trouvé. Dans les anciens tems les Régens de la ville de Harlem étoient *egaux*, ils le sont encore; l'un ne pouvoit exclure l'autre pour de frivoles raisons, & cela ne se fera pas à cette heure non plus, ni ne doit se faire quand même ces Privileges ne seroient pas dans le monde; parceque un mal moral ne doit jamais être permis, encore moins approuvé. Mais voici des Octroys de Privileges, sur lesquels le changement des Magistrats de Harlem est fondé, sans que durant tout le Gouvernement, depuis le Stadhouder Guillaume III. de Glorieuse Mémoire, on s'en soit départi avec quelque effet; c'est-ce que savent les Régens de Harlem qui ont quelque connoissance de ce qui s'est passé de ce tems là,

&

& dont les preuves se trouvent encore dans leurs Régistres aussi bien que dans les nôtres.

Nous avons en cela l'œil, entre autres sur ce qui s'est passé en 1681. lorsque *Balthasar Coeymans* Co-Régent de la ville de Harlem, étant tombé en décadence, fit Cession de Biens à ses Créanciers ; On croiroit, qu'un Cas de cette nature n'etoit que trop suffisant pour exclure de la Nomination la personne qui s'y trouvoit, sur tout dans la ville de Harlem, où, suivant le Privilege d'Albrecht Duc de Bavière, du 4. Mars 1402. la qualité même de Patrice se peut perdre, à cause de la *pauvreté* ; Mais non: la Coutume fondée sur d'autres Privileges vouloit de ne passer personne; ainsi la chose fut prise en déliberation par les Patrices le 29. d'Août 1681. & conclue unanimement : de prendre le dit Coeymans en nomination des Bourguemaitres & Eschevins qu'on alloit faire le 7. de Sept. après.   Quelle démonstration plus claire pourroit-on imaginer, que ce n'est pas une chose arbitraire dans la Régence de Harlem que d'exclure quelcun de la Nomination ; mais qu'il y faut des Raisons bien fortes pour en venir là, & qu'on n'en vient pas là, à moins que d'avoir auparavant examiné les raisons dans une Assemblée légitime ?

U 4

Ajou-

Ajoutons encore le cas, qui exista en 1687. lorsque le 30. d'Août les Patrices de Harlem resolurent de nommer aussi de ceux qui étoient en Commission ou emploiés de la part de l'Etat, pour suppléer au defaut du nombre des personnes nominables, de la nomination qui se dévoit faire le 7. Sept., & de ne pas mettre les noms de ces personnes dans les billets, où selon la coutume, on marquoit les personnes qui n'étoient pas nominables. Mais le jour de la nomination étant venu, 25. personnes des Patrices s'aviserent de pretendre la liberté de former leur nomination de ceux qui étoient dispensé, comme des autres ; c'est à dire, de pouvoir passer l'un ou l'autre des personnes nominables: en consequence Mr. *Guillaume Fabricius* ancien Bourguemaitre, qui étoit nominable indispensablement, & qui étoit au Rang, fut passé: Il protesta, & en porta ses plaintes au Prince Guillaume III. de Glorieuse mémoire, qui ayant reçu la nomination susdite, au lieu d'en faire une élection, en donna Connoissance à la Régence de Harlem, & donna Commission à Messieurs van *Halewyn & Munter*, Conseiller de la Cour de Hollande, pour s'en informer. Ces Messieurs ayant fixé le jour où l'examen commenceroit, la Regence de Harlem trouva bon d'envoyer une députation

tion de 8. Personnes à Monsieur Fagel alors Grand-pensionaire de Hollande & Westfrise, pour l'informer de ce qui s'étoit passé entre les Patrices le 7. Sept. Après quelques Conferences tenues, Dr. Guillaume van Tess: elen (qui étoit alors Commissaire de la Chambre des comptes, de Hollande, & pour cette raison avoit démandé d'être dispensé de la nomination de Bourguemaitre) fut dispensé, & on mit à sa place Mr. *Guillaume Fabricius*, qui avoit protesté, entre autres, & fut élu Bourguemaitre par Son A. S. le Prince Stadhouder. Ainsi le differend finit par des rémercimens exprès & écrits de *Halewyn & Munter* à Monsieur de Fagel, sans que durant le reste du Régne de ce Prince il s'en soit élevé; Les nominations de Bour-guemaitres se sont faits depuis avec assez d'unanimité, sans exclure personne.

Nous appellons assez d'unanimité, quand comme en 1698, de 12. personnes destinées à la nomination, 6. avoient 31. voix, une 30. une, 28. & les 4. autres, chacune une voix. En 1699. 7. avoient 31. voix, un, 27; & trois ensemble avoient 4. voix ! En 1700. 4 avoient 31., un 30., deux. 29. un 28. & 4. ensemble avoient 6. voix. Et en 1701. 6 avoient 31. voix, un 30. un 27. & les 3. autres ensemble 5. voix. Ce

U 5   qui

qui a bien pu arriver alors comme à cette heure, par la préférence donnée à un Beaufils par le Beaupere, ou à un Beaufrere &c. ce qui pourtant ne tire point à confequence, pour exclure de la nomination quelque perfonne par une pluralité liguée.

Nous n'alleguons plus rien, confiant que le dernier cas allegué eft fi clair, qu'il ne faut pas la moindre application, & qu'il eft évident, que perfonne dans fon Rang ne doit être prejudicié dans fon droit. Les Régens ayant eu occafion dépuis d'examiner la chofe de plus près, & de prendre confeil, ont préferé de faire juftice au plaideur, fans donner la peine au Gouverneur de décerner une Commiffion, de difpofer la chofe autrement, & de faire fon élection après la nomination changée & rectifiée. Nous laiffons à juger, fi la prévoyance des Régens d'alors ne vaut pas beaucoup mieux que la conduite des Régens d'à préfent? Au moins, Nous aurions pû faire Nôtre élection d'une feule nomination, au lieu que Nous avons été dans la neceffité abfolue de la faire de deux, pour l'accorder aux privileges & coutumes de la ville de Harlem.

C'eft une chofe connue que l'inftallation des Magiftrats dans les villes, eft du departement des Stadhouders, qui feuls font en

Droit

Droit de changer les Bourguemaitres, Echevins & Juges. C'est aussi une chose connue, que les villes sont en droit de proposer au Stadhouder quelques personnes pour ce changement de Magistrats, sur aucun autre pied pourtant, si non, que la proposition soit conforme aux privileges. L'examen n'en convient qu'au Stadhouder, qui seul est en droit de faire le changement susdit, non pas à son bon plaisir, mais conformement aux Privileges, qui en cela lui sont la seule Régle, & non pas la seule nomination; La raison en est palpable, le Stadhouder étant chargé en général de maintenir & de conserver les privileges du Païs, des villes & places, doit maintenir en particulier les Privileges qui régardent les Qualités des Régens, & avoir soin sur tout qu'il ne s'y glisse des desordres, afin que les Bourgeois & habitans soyent assurés d'être gouvernés par des personnes qualifiées pour la Régence, & qui y sont parvenues d'une maniere légitime, auxquelles ils doivent aussi d'autant plus d'obéissance & de confiance.

C'est là un point de grande consequence: Car si l'on donne aux Bourgeois & habitans sujet de douter de la légitimité de leurs Régens, ou qu'ils peuvent présumer avec quelque apparence qu'ils usent de moyens non
per-

permis, pour parvenir à la Régence ou pour s'y soutenir, il est naturel que l'amour se perd, la fidelité chancele & l'obéissance enfin cesse entierement. Le devoir de Stadhouder est de prévenir cet inconvenient, en observant exactement ces privileges, & de serrer ainsi plus étroitement le lien entre les Régens & les Bourgeois.

Si donc les Privileges sont la seule Régle pour le Stadhouder, en faisant une élection, & qu'il lui est présenté d'une partie au nom de la Régence une nomination, qu'on accuse d'illegalité, & en même tems une nomination de l'autre partie qu'on dit être légitime, on voit d'abord qu'après avoir satisfait aux réquisites des nominations, & après les avoir exactement examinées, il ne reste que d'en faire une élection suivant les Privileges de l'Etat. C'est ce que Nous avons fait, sans préjudicier personne à son Droit ou à son rang; mais d'une manière comme Nous avons montré, qui durant le Cours de 30. ans de la Régence du Prince Guillaume III. de Glorieuse memoire, a toujours été observé. Les personnes des Régens nous touchent tous également, Nous prétendons de n'avoir pas plus d'intérêt personel dans l'un que dans l'autre ; Ce que Nous n'avons pas laissé d'insinuer particulierement à la Régence

gence de la ville de Harlem, l'assurant, que pourvû qu'elle se départit de sa partialité, Nous en donnerions de Nôtre coté des marques réelles; mais tout fut envain: après avoir mis tout en œuvre pour rétablir la Paix & le bon ordre Nous en vinmes enfin à faire l'election des Bourguemaitres, de personnes proposées conformement aux Privileges. Nous le simes connoitre aux Officiers de la ville de Harlem, sans que Nous sachions qu'il Nous soit donné une Regle à suivre dans les expressions, ni que l'usage des termes & des expressions propres, ou autres qui disent autant, eut jamais donné sujet à des differens, en de pareils cas, du tems de Prince Guillaume III. de glorieuse mémoire.

Nous pourrions alleguer plusieurs cas sur cette matière, pour faire voir, que le Stadhouder a été dans la nécessité de faire usage de son droit, en faisant une élection conformement aux Privileges & pour les maintenir, au lieu de se borner simplement à une nomination formée par la pluralité. Mais ces Cas étant connus dans les Places où ils ont existé, & les Régistres n'en faisant point mention, Nous Nous en dispensons N. & P. Seigneurs, persuadée que Nous avons suffisament démontré d'avoir fait d'entre les Nominations

tions préfentées une élection legitime & conforme aux privileges & coutumes de la ville
de Harlem , au Droit incontestable que
Nous avons , & à nôtre devoir , d'empêcher un mal qui veut gagner ; & de prévenir qu'une pretendue liberté d'exclure ses
Co-Regens n'obtienne pas l'apparence de
droit. C'est à quoi tend l'entreprise des Ligues , qui s'appuyent principalement sur vôtre Octroi de 1651. N. & Gr. Seigneurs
dont Nous avons parlé dessus, & qui n'est pas
un Objèt de differend ici. Car si cét Octroi
avoit toute la vigueur, s'il obligeoit à réin-
troduire l'ancienne forme de Régence, on
n'en démontreroit pas, qué les Patrices de
la ville de Harlem avoient la liberté d'exclure
par le moyen d'une Cabale leurs Co-Regens
de la Nomination de Bourguemaitres , ni
que Nous étions obligées de faire une é-
lection bornée par une nomination si illegitime.
Sans qu'il soit besoin d'examiner ici , si cet
Octroi est obligatoire aujourd'hui ou non ,
il ne se montrera que trop, pour peu que Nous
rémarquions seulement , que cet Octroi est
venu au monde , lorsqu'après la mort de
Prince Guillaume III. de glorieuse memoire,
ces Provinces étoient destituées de Stadhouder, à qui il appartenoit d'instituer les Magistrats ; il fallut donc suppléer à ce défaut
en

en 'donnant d'autres ordres, auxquelles la Régence de Harlem se dévoit régler en formant nomination & nomination & faisant l'élection. Nous ajoutons, qu'il se trouve dans cet octroi nombre de choses, qui, lorsque le Gouvernement de Stadhouder fut rétabli, furent abolies & revinrent d'elles mêmes sur l'ancien pied, sans une révocation expresse du dit Octroi, ou qu'il en eut été nécessaire, cet octroi étant regardé comme un Réglement d'Interim, qui cesse, quand les Raisons, pourquoi il avoit été fait, cessent. Cela s'éclaircit encore plus par les Octrois que Vous avez donné, N. & P. Seigneurs, à ceux de Harlem dans les derniers tems, où il n'y avoit pas de Stadhouder, & par ce qui a été ordonné par feu Nôtre Illustre Epoux en 1748. mais Nous le passons, pour dire encore, que d'autres choses dans cet Octroi, touchant l'Ancienneté &c., n'est aucunement un objet de dispute, parceque les Patrices de la ville de Harlem Nous ont déja demandé il y a quelque tems l'approbation de l'arrangement qu'ils avoient projetté en cela, & en quoi Nous n'aurions point été difficile, si la paix, l'amitié & le bon ordre eussent pu être rétablis.

En finissant Nous disons encore, que dans un pais libre, il n'est reconnu d'autre liberté que celle qui s'accorde avec les Principes du

droit

droit public de l'Etat, avec les Regles de l'équité, & avec l'obligation que chacun a envers son prochain; que la liberté que les ligués se veulent donner, repugne à ces principes, en ce qu'elle annéantit les Privileges de la ville; renverse l'equité; & se croit permis de prejudicier aux droits de son prochain, & outre cela, Nous veut ôter la Faculté de faire usage de nôtre droit d'élire des Régens auxquels on avoit donné absolument l'exclusion. Nous confions donc N. & P. Seigneurs! que vous ne voudrez pas diminuer les Droits du Stadhouder qu'il a justement exercé, ni d'y faire quelque changement préjudiciable en un tems de minorité, mais que Vous refuserez la démande des supplians, qui s'approprient le nom de la pluralité des Patrices de Harlem, mais ne la représentent nullement, & que vous ferez cesser toute deliberation sur ce sujet : Nous Vous recommendons, *N. & P. Seigneurs & Bons Amis*, à la Protection de Dieu, étant

N. & P. Seigneurs
Vôtre affectionnée.
Signé

ANNE (S. S.)

à la Haye le 14. Dec,
1758.

Sur les Ordres de *S. A. R.*
contresigné
F. J. de Larray.

21.

MÉMOIRES
POUR SERVIR A
L'HISTOIRE
DE NOTRE TEMS,
PAR-RAPPORT A
LA HOLLANDE

REFLEXIONS SUR LA DISGRACE DE MONSIEUR DE BACK, ET SUR LA PRETENDUE FACTION DE LOEVESTEIN.

ON se souvient encore avec quel acharnement on a vû repandre dans la Haye des Ecrits sans aveu, tendans à rendre suspects comme non amis de Madame la Gouvernante ni de l'Angleterre, d'abord Mr. de Back, qui a été demis ensuite, pour n'avoir pas approuvé dit-on, la conduite tenue avec la Ville de Harlem; ensuite le Grand Pensionaire Mr. de *Stein*, & même Mr. le Fiscal Wibo. Les

X

pa-

papiers scandaleux qui ont courus les rues & les Carrefours pour émouvoir le peuple, contre tous ceux qui ne sont pas du Parti Anglois ou Prussien, sont innombrables.

Si une telle conduite est étrange, il ne l'est pas moins, qu'on ne voye point faire la moindre demarche pour empêcher ce desordre : il seroit facile de decouvrir cependant les auteurs & les distributeurs, puisqu'on sait déja dans le Public, que cela vient de certain petit Monsieur, qui a une petite Imprimerie dans sa maison pour les imprimer clandestinement, & qui de nuit passe par la Haye à cheval & deguisé, pour les répandre. Quoiqu'il en soit, cela est sûr au moins, qu'on n'a pas encore dit un seul mot à ce Monsieur.   Il paroit donc, que le faire & le distribuer de pareilles vilainies n'est pas pris en si mauvaise part, qu'il se devroit. Mais s'il est bien permis, & s'il convient ? c'est une autre question.

Les loix du païs defendent journellement, de faire & de repandre de pareils Ecrits, sous peine d'une amende considerable, que ceux qui s'en rendent coupables sont obligés de payer. Mais il semble qu'on voudroit introduire dans ce païs la liberté Angloise, qui souvent sent la dissolution.   Car comme il est permis dans cet

Em-

Empire à un chacun de dire ouvertement &
d'écrire son sentiment sur les affaires d'Etat,
S. A. R. a pareillement souffert depuis quelque
tems, qu'il aye été écrit sur toutes sortes de
sujets, touchant le Gouvernement du païs,
& même sur de tels que les Magistrats a-
voient encore en deliberation; & qu'un chacun emploiât verd & chaud pour faire entrer le Public dans de son parti. Je ne crois
pas que c'est en agir prudemment, que de
permettre cela; parceque ceux, qui ont le
pouvoir en main, en souffrant d'un coté,
que le sentiment qu'ils seroient bien aise de
voir gagner pied par tout, est defendu publiquement par des ecrits, ils donnent aussi
l'occasion d'autre coté, à ceux d'un sentiment contraire, de le combattre publiquement. . . Mais de quelque maniere qu'on le
prenne, il est certain au moins, que dans
une Republique bien gouvernée, on ne devroit
pas souffrir, que les personnes considerées
& qui ont le Gouvernement soient attaquées
dans leur Honneur & Reputation: c'est exciter le peuple à la sédition, ce qui est abo-
minable & très dangereux. Cependant ceux
qui pourroient mettre ordre à ces écrits ré-
pandus, les regardent avec indifference. Messieurs de *Back*, de *Stein*, de *Wibo* & tous
les autres de la pretendue *faction de Loeve-*

2 X
Stein

stein, ont été décriés de plus belle; mais je tiens, que si quelcun auroit osé attaquer de la même maniere, je ne dis pas Madame la Princesse, mais seulement quelcun de ses favoris, on verroit bientôt exiger haut-à-la-main, qu'on punisse l'auteur d'un tel Ecrit, comme un seditieux, coupable du Crime de lése Majesté &c.

Aussi seroit-ce agir fort imprudemment, que d'ôser répandre des libelles contre les Grands Seigneurs qui sont en autorité & en grande grace auprès de la Cour de Madame la Princesse.

Quoique l'on sache assez, qu'il y a des personnes, qui ne sont guères contentes de la Conduite tenue dans divers cas, & qui voyent, que tant de braves gens comme ces Messieurs que nous venons de nommer, sont calomniés impunément, ils s'imaginent d'avoir aussi la liberté de blamer ce qui est blamable, mais je comprends qu'ils font mal ces gens là; car il n'est pas permis à personne, de quelque parti qu'il soit, d'injurier les personnes d'un Rang élevé. Et ceux qui pensent se disculper par le Droit de talion ne considerent pas, il me semble, qu'il est beaucoup plus louable & genereux de souffrir un tort que d'en faire aux autres. Monsieur de Back a suivi cette ma-
xi-

xime, en fouffrant fans murmurer fa Difgrace, & laiffant au tems à juftifier que
l'augmentation par mer étoit plus néceffaire que par terre. En effet à préfent, on
fera bientôt en état d'envoyer vers l'Angleterre, fur un nombre refpectable de Navires, les 12 mille hommes qu'elle demande, & par là elle peut être engagée à fatisfaire la République, felon le Droit
de la Nature, des Gens & des Traités.

Quand à Mr. de Bak, il lui eft arrivé ce
qui arrive ordinairement, quand un grand
Seigneur perd le credit, car alors chacun
fait dire quelque chofe de lui, & ceux-
mème, qui peu auparavant cherchoient à
s'introduire dans fon amitié par la plus lâche
flatterie, le dedaignent & le meprifent : la
même chofe eft arrivée auffi par rapport
à Monfieur *de Back*. Peu de femaines a-
vant fa chute, il étoit confideré & honno-
ré d'un chacun, & à cette heure chacun
s'imagine avoir le droit de parler mal de
lui, tout comme l'ane dans la fable, qui
ofoit frapper de coups de pied le Lion affoibli. On croit même rendre un fervice
à la Cour en vomiffant les plus viles accufations & invectives qu'on puiffe inventer
contre ce Monfieur *de Back*. Cependant

X 3

des

des perſonnes impartiales, de braves gens, penſent qu'il n'a aucunement merité cet outrage, & qu'au contraire il a toujours été un des plus fidelles Miniſtres que S. A. ait jamais eu.

L'accuſation vague, qu'il s'etoit rendu coupable d'une Correſpondence défendue avec la France, & que cela ayant été découvert avoit cauſé ſa diſgrace, cela n'a trouvé entrée que chez ceux qui ne ſont point inſtruits des intrigues pratiquées de tout tems pour rendre ſuſpects ceux dont on à craindre les lumiéres ou la probité. Il n'eſt que trop commun en Hollande, d'accuſer de braves Regens du crime d'une correſpondence defendue, & cette accuſation eſt ſi vieille & ſi ſouvent rechauffée, qu'il feroit etonnant qu'elle trouvât quelque credit auprès des perſonnes de bon ſens. Au moins cela eſt très ſûr, qu'on accuſe *Monſieur de Back* de ce crime ſans aucun fondement. Car d'un côté ſon emploi n'avoit rien de commun avec la direction des affaires d'Etat : & de l'autre côté, il eſt aſſez connu à ceux, qui ſavent la diſpoſition de la Cour, que depuis long tems S. A. R. n'a aſſeurement pas pris Conſeil de ce Miniſtre, ſur les affaires publiques. Ainſi il n'a rien ſû des ſecrets de l'Etat, qu'il eût pu dècouvrir à la Cour

de

de France.   Et tout ce qu'il savoit avec d'autres Gens de façon, de la disposition de la République, on n'a que faire en France de Monsieur de Back pour le savoir, la Cour en pouvant être assez instruite par son Ambassadeur qu'elle a à la Haye.   Outre que si ce Ministre s'étoit rendu coupable de trahison, S. A. R. asseurement l'en auroit puni d'une autre façon que de le disgracier simplement, sous le foible pretexte de Negligence dans son Emploi, pretexte qui n'est averé nulle part, en aucun point, mais au contraire il est suffisamment demontré qu'il n'est point coupable des faits dont les Libelles l'ont accuse, & le Public a bien dû s'étonner qu'on aye laisse courrir impunement ces Ecrits scandaleux.   En effet, s'il étoit coupable on devoit le punir rigoureusement pour servir d'exemple aux autres; mais s'il est innocent, comme on le croit avec fondement, on devoit aussi le declarer libre de cet opprobre, & empêcher qu'il ne soit calomnié & noirci dans son honneur & reputation; d'autant plus qu'il est certain qu'il a toujours fait son devoir en Honnet-Homme en tout ce que sa charge de Sécretaire de S. A. R. exigeoit de lui, & que personne n'a eu sujet de se plaindre de lui à cet egard.   On dit même, qu'après sa disgrace les Officiers de la Chancellerie de S. A R. sont venus encore tous les jours prendre conseil de lui : d'où il paroît assez qu'il étoit entierement au fait, & très propre pour la Charge qu'il remplissoit. Et comme on n'a jamais oui dire, que les affaires dans la chancellerie de S. A. R. fussent mal administrées, il ne suffit pas de dire simplement, *que Monsieur de Back s'étoit rendu coupable de negligence dans son Emploi:* mais il faut démontrer en quoi la négligence a consisté: & c'est ce que je crois qu'on ne pourra jamais faire.

Mais on me dira peut-être qu'il est difficile de s'imaginer, que Me. la Gouvernante l'ait disgracié, sans qu'il l'ait merité ; parcequ'elle étoit trop sage, pour faire cela, sans grande raison.

Pour faire comprendre ce cas, qu'on me permette d'inserer ici la comparaison d'un Fermier, qui rend exactement les Revenus de sa metairie à son Seigneur, qui cultive au mieux sa terre, tellement que ce Seigneur ne peut trouver de fermier plus fidele ni plus vigilant & plus capable. Cependant quelques Envieux qui voudroient cette Ferme, s'empressent à rendre ce Fermier suspect à son Seigneur, disant *qu'il neglige sa terre, qu'il ne l'engraisse pas comme il doit, qu'il ne se-*
mﾴ

me pas regulierement, & que dans peu, il
ne pourra plus payer le Revenu accordé. Si
ce Seigneur, ajoutant foi à de semblables
discours, congedie ce fidele & capable fermier pour en prendre un autre qu'on lui
recommende, seroit ce là une preuve que le
premier Fermier est coupable?

Je crois avoir assez fait sentir que le pretexte dont on s'est servi pour disgracier
Monsieur de Back, n'a point de vrai fondement. Mais comme les Libelles avancent que Monsieur de Back est de la prétendue Faction de Loevestein, qu'on accuse
d'aimer trop la Liberté, & de prétendre
qu'étant Hollandois on ne pouvoit être sujet
que de l'Etat, & non du Stadhouder, je
tacherai de donner une courte Idée de la
faction de Loevestein.

Après la conclusion de la Paix avec l'E-
spagne en 1648, les Etats de Hollande jugerent, que la Guerre de 80 ans étant enfin terminée, il n'étoit pas necessaire d'entretenir tant de Troupes, qu'on en avoit
eu sur pied durant la Guerre; qu'il falloit
donc reduire ces troupes de l'Etat, pour
delivrer en partie le païs de ses dettes, &
les habitans de leurs grandes charges.

Mais cela ne plaisoit pas à Guillaume II.
alors Stadhouder, qui aimoit mieux que la

République gardât les grandes forces militaires qu'elle avoit alors sur pied, que de les
diminuer.   Cela causa une Dissention entre les Etats de Hollande & celles des autres Provinces qui s'étoient attachées au
Stadhouder.   Cependant les Etats de ces
Provinces, voïant qu'au Commencement de
l'an 1650. on ne vouloit pas faire un autre état militaire, & qu'on les vouloit obliger à entretenir autant de milice que l'année precedente, ils résolurent enfin, après
bien des Reflections, au Mois de Juin
suivant, de congédier quelques Compagnies,
de les declarer libres, & de ne leur paier
plus la solde.

Le Prince, troublé de cette Resolution,
entreprit à la tête d'une députation qu'il s'é-
toit choisie, un voyage par les Villes de
Hollande, pour faire des rémontrances con-
re cette Reduction.   Mais comme il ne
fut pas réçu dans quelques Places à son
gré, parceque cette deputation n'étoit pas
suivant l'ordre & la Constitution de la Republique, il trouva bon, après être re-
tourné à la Haye, d'arrêter inopinément 6.
des Etats Députés de Hollande, & de les
envoïer prisonniers à Loëvestein, pendant
qu'il avoit envoïé le Comte Guillaume,
Gouverneur de Frise, avec des troupes pour
surprendre & usurper la Ville d'Amsterdam.
Mais

Mais cette entreprise échoua. Cependant la Ville se vit forcée de faire un accord avec le Prince, & de promettre, entr'autres que Messieurs *Bitker*, que S. A. haïssoit le plus, quitteroient la Régence. Sur quoi le Prince relâcha les 6. Etats Députés qu'il tenoit prisonniers à Loevestein, à condition cependant, qu'ils ne devoient désormais remplir aucune Charge dans le Gouvernement. Peu de tems après le Prince mourut, & la République, se voyant rendue à elle-même, on retablit les martyrs de la Liberté; ces Messieurs reprirent leurs places dans le Gouvernement & leurs Dignités.

On comprendra aisement, que ces Messieurs, entre lesquels étoit Jacques de Wit, le pere du Grand Pensionaire, avoient conçu naturellement peu d'amitié pour un Gouvernement Stadhouderien, vû leur emprisonnement à Loevestein, & que la propre experience leur avoit fait connoître le danger que la liberté courroit si la République se donnoit un nouveau *Stadhouder*. Et comme non seulement tous ceux qui étoient alliés à eux par parenté ou autrement, étoient du même avis, mais aussi plusieurs autres, qui pensoient avoir vû par l'exemple de Guillaume II. ce qu'un Stadhouder ôsoit entreprendre (sur-tout quand il a assez de troupes à ses ordres) soit par la seduction des mauvais conseils, soit par le pouvoir de passer impunément les bornes de son pouvoir legitime, tout cela forma un Corps considerable de Personnes, qui tous n'aimoient point le Gouvernement de Stadhouder.

Cependant après le Massacre des Dewitt, & sur tout après le changement qui est arrivé depuis que la Cour de Londres a donné sa Princesse Royale au Prince de Nassau, & que celui-ci sous le Nom de Guillaume V. Prince d'Orange, s'est fait déclarer lui & ses descendans males & femelles Stadhouder, Capitaine & Amiral General, bref le Chef ou le Prince Hereditaire de cet Etat Libre, la République paroît dependante absolument de cette Maison comme les Principautés le sont de leurs Princes, & le peuple paroît déja être accoutumé à se regarder comme sujet, & par consequent il n'est pas croyable qu'il se trouve encore des Hommes qui aient le courage d'arborer l'Etendart contre le Gouvernement Stadhouderien, & dès-là le nom de *faction de Loevestein* doit tomber de lui-même dans l'oubli. Les Amis de ce Gouvernement doivent travailler avec soin à anéantir le nom de Parti republicain ou de Loevestein, afin que cette Autorité hereditaire male & femelle s'exerce sans contradiction dans la Republique, & que les Generations postérieures y deviennent aussi accoutumées que les François le sont à celle de leurs Rois.

AVIS

DE L'EDITEUR DES MEMOIRES
POUR SERVIR A L'HISTOIRE DE NOTRE TEMS.

POur se mettre du fait de la justesse des Vues & de la Conduite des diverses Parties intéressées dans la Guerre presente, il faut nécessairement lire les Ecrits *Pour* & *Contre*; mais la quantité & la diversité en est si grande, qu'on est tenté de conclure qu'il n'y a pas moyen de juger lequel des Partis deffend la Cause & les vrais Intérêts de l'Europe en general, & de l'Empire en particulier. Chacun en appelle au Public, & représente avec beaucoup de sagacité & d'énergie l'injustice de son Ennemi. Pour se faire une Idée solide, il faut non seulement faire un Choix des Piéces qui sont generalement reconnues pour les plus judicieuses, mais aussi les lire dans un certain ordre.

Pour servir de Suite aux Memoires du Tems que j'ai donné jusqu'à present, & afin d'achever de former un RECUEIL suffisant du *Pour* & *Contre* par-rapport aux diverses Parties belligerantes, j'ai rassemblé cinq autres volumes, d'un nouveau Corps de Piéces essentielles pour ce grand Procès, sous le Titre suivant:

NOU

NOUVEAUX MEMOIRES POUR SER-
VIR A' L'HISTOIRE DE NOTRE TEMS,
PAR RAPPORT AU *POINT D'APPUI
DES PUISSANCES DE L'EUROPE DANS
LA GUERRE PRESENTE*, ou *TABLEAU
MILITAIRE, POLITIQUE, CRITIQUE,
IMPARTIAL*; 5. vol. 8vo.

PLAN DE CES NOUVEAUX MEMOIRES.

VOLUME I. (*a*) *Discours préliminaire*, ou
Idée generale de cette Guerre; & (*b*) une
Dissertation sur l'Usage present du *Feu du
Canon & du Mousquet*, Piéce très utile
pour juger des Batailles.
(*c*) *Le Point d'Appui general des principales
Puissances*, traduit de l'Anglois de Milord
BOLLINGBROKE.
VOLUME II. Intitulé le *Point d'Appui entre
la France & l'Angleterre*, contient.
(*a*) un *Discours general* sur le Point d'Appui de l'Europe, avec sa suite.
(*b*) Nouvelle Lettre d'un Hanovrien.
(*c*) Le *Tableau general* des Operations militaires jusqu'au Commencement de la
presente année 1759.
(*d*) Histoire ou *Poëme heroï-com. de notre
Tems*.
VOLUME III. (*a*) Le *Point d'Appui entre la
Hollande & l'Angleterre*, avec les *suites*,

(b) Au-

(*b*) Autre Histoire ou *Poëme heroi-com. de la presente guerre.*

VOLUME IV. (*a*) Le *Point-d'Appui* ou les Intérêts presents *de la Grande Bretagne.*

(*b*) *Discours de M. d. G.*

(*c*) *Le Point d'Appui de la Nation Angloise.*

(*d*) Poëme pour l'Histoire de notre Tems.

VOLUME V. (*a*) Nouveau *Point d'Appui entre Therese & Frederic, ou Tableau militaire de 1758.*

(*b*) *Point d'Appui entre l'Empire & Frederic.*

POINT D'APPUI PATRIOTIQUE ALLEMAND par-rapport aux *Operations de la presente Guerre dans la Haute & Basse Allemagne,* particulierement fur les Operations des *Alliés de S. M. L'Impératrice-Reine,* jusques la Battaille de Bergen inclusivement.

(*d*) Suplement, ou Recueil de Lettres diverses.

Ce nouveau Corps de Memoires du Tems revient par la quantité des feuilles, à la valeur de deux années fimples comme fe donnent & fe payent actuellement les *Memoires du Tems,* & on peut l'avoir d'abord.

NB. J'ai

NB. J'ai fait graver & l'on peut avoir à
part les Portraits, les Cartes ou Plans des
Battailles, & fig. en taille douce, qui
servent à cet Ouvrage; savoir

1. Les Portraits des 4. principales Puiſſances
belligerantes, & ceux des Generaux de
Schwerin & Daun : chacun compté 3. feuil-
les: fait   18. feuilles.

2. Le monument Emblematique. 4. feuilles.

4. Les 18. Plans des Battailles, l'un portant
l'autre 3. feuilles.   fait   54. feuilles.

Ces Portraits, Fig. & Plans, font enſemble
valeur de $1\frac{1}{2}$. année des Memoires du tems.
Ainſi le Corps de l'ouvrage avec les Fig.
revient enſemble à la valeur de $3\frac{1}{2}$. années
des dits Memoires, tels qu'ils ſe payent
à preſent.